Das Innovationsökosystem

T0349503

Christian Junker · Bernd Büdding
Hrsg.

Das Innovationsökosystem

Erfolgreiche Methoden und Instrumente
am Beispiel des Münsterlandes

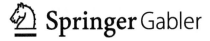

Hrsg.
Christian Junker
Technologieförderung Münster GmbH und
FH Münster
Münster, Deutschland

Bernd Büdding
Münsterland e.V.
Greven, Deutschland

ISBN 978-3-658-36116-7   ISBN 978-3-658-36117-4 (eBook)
https://doi.org/10.1007/978-3-658-36117-4

Die Deutsche Nationalbibliothek verzeichnet diese Publikation in der Deutschen Nationalbibliografie; detaillierte bibliografische Daten sind im Internet über http://dnb.d-nb.de abrufbar.

Springer Gabler

Lektorat/Planung: Ann-Kristin Wiegmann
Springer Gabler ist ein Imprint der eingetragenen Gesellschaft Springer Fachmedien Wiesbaden GmbH und ist ein Teil von Springer Nature.
Die Anschrift der Gesellschaft ist: Abraham-Lincoln-Str. 46, 65189 Wiesbaden, Germany

Vorwort der Herausgeber

Innovationsökosystem Münsterland

Die globale Wirtschaft entwickelt sich rasant. Das macht sich besonders im Mittelstand bemerkbar. Durch die Ansiedlung von mittelständischen Unternehmen und Start-Ups mit entsprechenden Netzwerken werden Standorte attraktiver. Besonders deutlich wird dies am Beispiel des Münsterlands. Doch um wettbewerbsfähig zu sein, muss vor allem eines gefördert werden: Innovation.

Der Mittelstand gilt in Deutschland als Wirtschaftsmotor und bildet gemeinsam mit Start-Ups einen zentralen Innovationstreiber. Regionen mit vielen mittelständischen Unternehmen und Gründungen geht es gut, als Beispiel hierfür steht stellvertretend das Münsterland. Dafür sprechen nicht nur Faktoren wie Umsätze, Gewinne und Exportquoten der Unternehmen, sondern auch eine sehr geringe Arbeitslosigkeit und das hohe Pro-Kopf-Einkommen. Außerdem zeichnet sich die Region durch ein weiteres Merkmal aus: Innovationskompetenz. Gute Beispiele finden sich hier in den Bereichen Nano-Bioanalytik oder Oberflächentechnologien. Münsterländische Forschungsinstitute und Unternehmen konnten hier internationale Standards setzen und gründen wiederum einschlägige Unternehmen aus.

Gleichzeitig steht das Münsterland ähnlich wie viele mittelständisch geprägte Regionen vor Herausforderungen, um im internationalen Wettbewerb mithalten zu können. Denn trotz der guten Beispiele in den zuvor genannten Bereichen, bescheinigen Wirtschaftsinstitute der Region auch Aufholbedarf, gerade wenn es um die Innovationsfähigkeit geht. Indikatoren wie Forschungs- und Entwicklungsausgaben, die Anzahl der Beschäftigten in diesem Bereich oder die Anmeldungen neuer Patente aus der Region sind im deutschlandweiten Vergleich eher schwach ausgeprägt. Doch sind solche Regionen deswegen nicht innovativ?

Innovation sichtbar machen

Die gute Nachricht: An Innovationspotenzial mangelt es dem Münsterland nicht. Die häufig kleinen und mittelständischen Unternehmen sowie eine aktive Gründungsszene innovieren sehr wohl und dies auch sehr erfolgreich. Allerdings macht sich das in einigen klassischen Indikatoren bisher nicht immer bemerkbar. Verfahren zur Erfassung adäquater

Innovationsindikatoren, wie sie bei Großunternehmen angewendet werden, greifen in kleinen und mittelständischen Unternehmen nicht immer. Daher bedarf es neuer Messverfahren, um zu aussagekräftigen Ergebnissen zu kommen.

Dieses Buch setzt sich sowohl mit alternativen und für den Mittelstand passgenauen Innovationsindikatoren als auch mit individuellen Handlungsoptionen auseinander. Diese werden am Beispiel des Münsterlands greifbar dargestellt. Es werden zahlreiche Referenzbeispiele für Methoden und Instrumente dargestellt, mit dem Ziel, die regionale Innovationsentwicklung voranzutreiben und den „Entrepreneurial Spirit" der Menschen auf die Herausforderungen der Gegenwart auszurichten.

Dieses Buch wendet sich darüber hinaus an die zahlreichen mittelständisch geprägten Regionen und Unternehmen, die den Großteil der deutschen Wirtschaftslandschaft ausmachen. Es bietet Lösungsansätze für die Frage, wie die Kluft zwischen offensichtlichem Erfolg und vermeintlicher Bedrohung durch Innovationsdruck überwunden werden kann.

In die Liga der Innovationsführer
Für Unternehmen in allen strukturähnlichen Regionen, stellt sich vor allem die Frage: Was kann ich tun, um in der Liga der Innovationsführer erfolgreich mitzuspielen? Innovationsprozesse werden agiler, schneller und komplexer. Die daraus hervorgehenden Innovationen können für altbewährte und bis dato rentable Geschäftsmodelle zum Risiko werden, sie bilden zugleich Chancen für Gründungen und Start-Ups.

Was der Tesla oder Googles Waymo für die deutsche Automobilindustrie, ist ein innovatives Gepäcktransport-System aus den USA möglicherweise für einen regionalen Hersteller von Förderbändern. Die globale Wirtschaft vernetzt sich. Die rasant voranschreitende Digitalisierung erhöht die Innovationsgeschwindigkeit um ein Vielfaches. Moderne Unternehmen müssen sich auf diese Zeiten einstellen und Innovationen fördern.

Mit Blick auf innovative Best-Practice-Beispiele stößt man dabei immer wieder auf ein wesentliches Stichwort: Transfer. Wirtschaft und Wissenschaft vernetzen sich. Auf Basis von Wissensaustausch werden gemeinsam Strategien entwickelt oder Start-Ups aus Hochschulen ausgegründet. In diesem Sinne finden sich in diesem Buch Beispiele, auf welche Weise sich relevante Akteure einer Region, wie Unternehmen, Hochschulen und Institute zur Wirtschaftsförderung, vernetzen und austauschen können, um die Innovativität aller Beteiligten zu erhöhen.

Beispielhaft dargestellt werden diese Prozesse anhand regionaler „Fokusprojekte". Das sind Projekte, die die Region strukturell und im Sinne einer vernetzten Innovationsförderung voranbringen. Dies geschieht ergänzend zur überregionalen und internationalen Zusammenarbeit. Denn: Der regionale Fokus bietet den Vorteil eines geografisch definierbaren „Innovationsraums" (Koschatzky, 2009; Soete & Stephan, 2003). Auch deswegen setzt die EU auf einen gezielten Fokus zur Förderung der wirtschaftlichen und gesellschaftlichen Stabilität einer Region (EFRE.NRW, 2021).

Projekt Enabling Innovation Münsterland

Die folgenden Kapitel fassen die Ergebnisse und Erkenntnisse aus dem Projekt Enabling Innovation Münsterland zusammen, einem Verbundprojekt unter Leitung des Münsterland e. V. mit acht beteiligten Partnerorganisationen aus der regionalen Technologie- und Wirtschaftsförderung und den regionalen Hochschulen. Das vom Europäischen Fonds für Regionalentwicklung und vom Ministerium für Wirtschaft, Innovation, Digitalisierung und Energie des Landes Nordrhein-Westfalen geförderte Projekt wurde im Zeitraum von 2016 bis 2019 durchgeführt. Dieses Buch enthält Einschätzungen und Erfahrungsberichte der handelnden Projektpartner, dargestellt vor einem praktisch erprobten und wissenschaftlich begleiteten Hintergrund.

Ziel dieses Buches ist es, die im Projekt erarbeiteten Ergebnisse anderen Regionen mit ähnlichen Strukturen und Bedarfen und den dort beheimateten (v. a. mittelständischen) Unternehmen, Hochschulen und Wirtschaftsförderungen zur Verfügung zu stellen. Wir freuen uns, wenn diese die hier gestarteten Ansätze aufnehmen, im Sinne eines Open Innovation Ansatzes weiterentwickeln und nutzen, um damit ihre Innovationskultur zu bereichern und den Entrepreneurial Spirit auf die Herausforderungen der Gegenwart und Zukunft ausrichten.

Literatur

EFRE.NRW. (2021). *Investitionen in Wachstum und Beschäftigung*. www.efre.nrw.de. Zugegriffen am 29.06.2021.

Koschatzky, K. (2009). Innovation und Raum – zur räumlichen Kontextualität von Innovationen, In: P. Dannenberg, H. Köhler, T. Lang, J. Utz, B. Zakirova, & T. Zimmermann (Hrsg.), *Innovationen im Raum – Raum für Innovationen: 11. Junges Forum der ARL, 21. bis 23. Mai 2008 in Berlin* (S. 6–17). Verlag der ARL – Akademie für Raumforschung und Landesplanung.

Soete, B., & Stephan, A. (2003). Nachhaltiges wirtschaftliches Wachstum durch Innovation: Die Rolle von kleinen und mittleren Unternehmen, DIW Wochenbericht. ISSN 1860-8787.

Münster, Deutschland
30. April 2021

Bernd Büdding
Christian Junker

Danksagung

Im Namen aller im Projekt „Enabling Innovation" beteiligten Organisationen und des Münsterlands danken wir der Europäischen Union und dem Land Nordrhein-Westfalen, die das Projekt und damit auch dieses Buch durch ihre Förderung ermöglicht haben.

EUROPÄISCHE UNION
Investition in unsere Zukunft
Europäischer Fonds
für regionale Entwicklung

Ministerium für Wirtschaft, Innovation,
Digitalisierung und Energie
des Landes Nordrhein-Westfalen

Verzeichnis der Projektpartner „Enabling Innovation Münsterland"

Münsterland e. V., Airportallee 1, 48268 Greven

TAFH Münster GmbH, Hüfferstraße 27, 48149 Münster

Westfälische Hochschule, Technologietransferstelle, Neidenburger Straße 43, 45897 Gelsenkirchen

Westfälische Wilhelms-Universität Münster, Arbeitsstelle Forschungstransfer, Robert Koch Str. 40, 48149 Münster

Technologieförderung Münster GmbH, Mendelstraße 11, 48149 Münster

Wirtschaftsförderung für den Kreis Borken mbH, Erhardstr. 11, 48683 Ahaus

Wirtschaftsförderung Kreis Coesfeld GmbH, Fehrbelliner Platz 11, 48249 Dülmen

Gesellschaft für Wirtschaftsförderung im Kreis Warendorf mbH, Vorhelmer Str. 81, 59269 Beckum

Wirtschaftsförderungs- und -Entwicklungsgesellschaft mbH (WEST mbH), Tecklenburger Straße 8, 48565 Steinfurt

Inhaltsverzeichnis

Herausgeber- und Autorenverzeichnis

Über die Herausgeber

Bernd Büdding #Projektleiter „Enabling Innovation Münsterland" (Münsterland e. V.), #regionaler Vernetzer, #Innovationsraumgestalter, #Projektinitiator

Dr. Christian Junker #Start-Up Coach @ REACH (Exzellenz Start-Up Center NRW), #Head of Research Line Science-to-Innovation a.D. (S2BMRC, FH Münster), #Disruptive Innovation Research, #Start-Up-Founder

Autoren

Stefan Adam, TAFH Münster GmbH

Prof. Dr. habil. Thomas Baaken, FH Münster

Dr. Bettina Begerow, FH Münster

Julia Blank, TAFH Münster GmbH

Kathrin Bonhoff, Wirtschaftsförderungsgesellschaft für den Kreis Borken mbH

Prof. Dr. Katja Brickwedde, METIS – Kommunikation & Analyse GbR und Fachhochschule des Mittelstands Bielefeld

Bernd Büdding, Münsterland e. V.

Vivien Dransfeld, FH Münster

Dr. Jörn Erselius, Max-Planck-Innovation GmbH

Matthias Günnewig, Technologieförderung Münster GmbH

Christian Holterhues, Wirtschaftsförderung Kreis Coesfeld GmbH

Dr. Christian Junker, Technologieförderung Münster GmbH und FH Münster

Prof. Dr. Thorsten Kliewe, FH Münster

Jens   Konermann, Wirtschaftsförderungs-   und   -Entwicklungsgesellschaft   mbH
(WEST mbH)

Katarina   Kühn, Westfälische   Wilhelms-Universität   Münster,   Arbeitsstelle
Forschungstransfer

Dr. Kerstin Kurzhals, FH Münster

Katja Phillips, METIS – Kommunikation & Analyse GbR

Sonja Raiber, Münsterland e. V.

Dr. Sue Rossano-Rivero, FH Münster

Manuel Rudde, Technologieförderung Münster GmbH

Ute Schmidt-Voecks, Münsterland e. V.

Carsten Schröder, TAFH Münster GmbH und FH Münster

Eva Sormani, FH Münster

Dr. Lisa Stahl, TAFH Münster GmbH

Regionales Innovationsökosystem

1

Bernd Büdding

Rahmenprojekt Enabling Innovation Münsterland

Enabling Innovation Münsterland – ein regionales Verbundprojekt – bildet die Grundlage für die folgenden Kapitel. Unter Leitung des Münsterland e. V. arbeiteten acht beteiligte Partnerorganisationen aus der regionalen Technologie- und Wirtschaftsförderung sowie den regionalen Hochschulen in den Jahren 2016 bis 2019 zusammen. Das vom Europäischen Fonds für Regionalentwicklung und vom Ministerium für Wirtschaft, Innovation, Digitalisierung und Energie des Landes Nordrhein-Westfalen geförderte Projekt hat dabei Lösungsansätze zu drei wesentlichen Fragen hervorgebracht:

- Wie innovativ ist die Region?
- Welche thematischen Innovationskompetenzen hat die Region?
- Wie lassen sich die Innovationskompetenzen der Region unterstützen und fördern?

Im Rahmen des Projektes wurden neue Ansätze der Innovationsförderung konstruiert und erprobt. Sie bilden eine Grundlage für Unternehmen und Innovationsförderer, um passende Ansätze auszuwählen, an die individuellen Umstände anzupassen und für sich weiterzuentwickeln. Es finden sich darunter sowohl ganz einfache Formate, wie zum Beispiel innovative Events und Workshop-Methoden, aber auch komplexere Vorgehensbeschreibungen, beispielsweise zu sogenannten Translationsmethoden. Diese können z. B. für die Übertragung von Ergebnissen der wissenschaftlichen Grundlagenforschung in die Wirtschaft genutzt werden.

B. Büdding (✉)
Münsterland e. V., Greven, Deutschland
E-Mail: buedding@muensterland.com

C. Junker, B. Büdding (Hrsg.), *Das Innovationsökosystem*,
https://doi.org/10.1007/978-3-658-36117-4_1

1

In Fokusprojekten haben die regionalen Akteure im Sinne einer vernetzten Innovationsförderung zusammengearbeitet, um die Region strukturell und nachhaltig auch über das Projektende von Enabling Innovation Münsterland hinaus innovativer zu gestalten.

Innovationsförderung – Warum regional?

Eine der Aufgaben von Enabling Innovation Münsterland war es, die Innovationsförderung der Region zu vernetzen und besser auf die regionalen Bedürfnisse im Münsterland abzustimmen. Ausschlaggebende Faktoren dabei waren zum einen die spezifische Wirtschaftsstruktur, und zum anderen die besonderen Innovationskompetenzen im Münsterland.

Doch warum bietet es sich überhaupt an, Innovationen auf regionaler Ebene zu fördern? Warum reicht es nicht aus, Unternehmen direkt über kommunale Wirtschaftsförderungen zu unterstützen oder ggf. auf die Förderungsangebote des Bundeslandes oder des Bundes zu verweisen?

Die Begründung liegt in der Eigenschaft der Region als eigener Innovationsraum. Dieser entsteht und entwickelt sich durch das Zusammenspiel regionaler Akteure wie Unternehmen, Hochschulen, Forschungseinrichtungen und unternehmensnahen Dienstleistern (Soete & Stephan, 2003). Im Münsterland sind diese Unternehmen, Hochschulen und Institutionen in den Kreisen Borken, Coesfeld, Steinfurt und Warendorf sowie der Stadt Münster selbst angesiedelt.

Die räumliche Nähe innerhalb des Innovationsraums hat viele Vorteile. Einerseits schafft sie Vertrauen und die Möglichkeit sozial zu interagieren. Andererseits bietet sie aber auch eine Vielzahl an Kooperations- und Unterstützungsangeboten, die es vor allem in kleineren Kommunen so nicht gibt.

Daher macht es für die meisten mittelständischen Unternehmen durchaus Sinn, eine Hochschulkooperation mit einem Institut einzugehen, dass z. B. 50 Kilometer entfernt in der Region liegt. Auf diese Weise sind die Bedingungen für eine Innovations-Kooperation womöglich besser, als mit einem Institut, das über 500 Kilometer entfernt ist. Gerade für kleine und mittelständische Unternehmen ist der persönliche Kontakt bei der Innovationsförderung von großer Bedeutung.

Natürlich kann der Fokus auf die Region beim Thema Innovation nur ergänzend stehen zu einer überregionalen und internationalen Zusammenarbeit. Doch die besonderen Vorteile geografischer Innovationsräume und die von der EU in ihrer Regionalförderung angestrebte wirtschaftliche und gesellschaftliche Stabilität einer Region werden durch einen entsprechenden Fokus effektiver abgedeckt.

Das Münsterland – Regionale Spezifika der Innovationsfähigkeit

Die Wirtschaftsregion Münsterland liegt im Nordwesten des Bundeslandes Nordrhein-Westfalen. Die Region ist im NRW-Vergleich mit 273 Einwohnern pro Quadratkilometer relativ dünn besiedelt (NRW: 524 Einwohner pro Quadratkilometer) und hat 1,63 Millionen Einwohner. Sie weist im NRW-Vergleich mit ca. 4 Prozent die geringste Arbeitslosenquote auf und ist von der Wirtschaftsstruktur mittelständisch und landwirtschaftlich geprägt. Maschinenbau und Lebensmittelherstellung dominieren an einzelnen Standorten einer sonst sehr heterogenen Branchenstruktur. Das verarbeitende Gewerbe ist im Münsterland der größte Arbeitgeber – mit 22,8 Prozent der sozialversicherungspflichtigen Beschäftigten, was ca. 141.000 Personen entspricht. Das Bruttoinlandsprodukt je Einwohner liegt knapp unter dem NRW-Durchschnitt bei 36.338 Euro, wobei ein großes Gefälle zwischen Münster und Münsterland besteht (56.600 € zu 36.300 €) (NRW Bank, 2018).

Die Exportquote liegt bei ca. 44 Prozent und damit deutlich über der von Gesamt-NRW (27,5 Prozent) und auch über der Bundes-Exportquote (39,2 Prozent) (Statistisches Landesamt Baden-Württemberg, 2020; Westfälische Nachrichten, 2017). In punkto Innovation weisen die gängigen Innovationsindikatoren im NRW-Vergleich auf eine eher schwache Innovationsfähigkeit der Unternehmen hin. Die Forschungs- und Entwicklungsausgaben (FuE-Ausgaben) der münsterländischen Unternehmen sind bereits seit Jahren weitaus geringer als im Landesdurchschnitt. Sie machten im Jahr 2015 rund 0,65 Prozent der gesamten Bruttowertschöpfung aus (NRW: 1,26 Prozent).

In keiner Wirtschaftsregion in NRW waren die Ausgaben niedriger. Dies begründet sich vor allem in fehlenden Großunternehmen vor Ort, z. B. Automobilherstellern, die traditionell eher hohe FuE-Ausgaben haben. Auch beim FuE-Personal-Anteil ist die Region Schlusslicht in NRW. Im Jahr 2015 waren nur 3,2 von 1000 Erwerbstätigen im Münsterland im FuE-Bereich beschäftigt (NRW: 6,2 von 1000 Personen). Die Entwicklungstendenz bei FuE-Ausgaben und auch beim FuE-Personal ist zwar durchgehend positiv, bleiben aber auf niedrigem Niveau.

Und ein weiterer Indikator ist im Münsterland schwach ausgeprägt: die Anzahl der Patentanmeldungen. Von den zehn Regionen NRWs liegt das Münsterland auf dem vorletzten Platz mit 51 Patentanmeldungen je 100.000 sozialversicherungspflichtigen Beschäftigten im Jahr 2014. Im NRW-Durchschnitt sind es 84 Patentanmeldungen (Statistisches Landesamt Baden-Württemberg, 2020).

Diese Daten spiegeln aber nicht das ganze Bild der Innovationsaktivität und -Struktur der Region wider. Es liegt nahe, dass eine Betrachtung weiterer Innovationsindikatoren zu detaillierteren Ergebnissen führt. So erleben die regionalen Wirtschaftsförderungen im täglichen Umgang mit den Unternehmen einen deutlich innovativeren Status.

Immer wieder wird erkennbar, dass die hohe Kundenzufriedenheit und die hohe Exportquote der Unternehmen im Münsterland in nicht geringem Maß auf innovative Produkte und Dienstleistungen zurückzuführen sind. Neben den Unternehmen setzen die forschungsintensiven Hochschulen innovative Standards auf internationalem Niveau, z. B. im Bereich der Nano-Bioanalytik oder in Oberflächentechnologien.

Eine wesentliche Aufgabe des Projekts Enabling Innovation ist es daher, die besondere Innovationsfähigkeit der regionalen Unternehmen und Hochschulen adäquat wahrzunehmen, sie als Innovationskompetenzen zu bündeln und daraufhin gemeinsam an diesen bestehenden Stärken der Region zu arbeiten.

Vorgehen und Umsetzung

Die Projektpartner von Enabling Innovation Münsterland sind bereits seit vielen Jahren gut untereinander vernetzt und tauschen sich in regelmäßigen Abständen in der Allgemeinen Wirtschaftsförderungskonferenz Münsterland aus. Die Geschäftsführer der Kreiswirtschaftsförderungen und der Wirtschaftsförderung der Stadt Münster sowie die Transferstellen der regionalen Hochschulen beschlossen im Jahr 2015 ein gemeinsames Projekt zur regionalen Innovationsförderung umzusetzen.

Der Arbeitskreis der Innovationsberater Münsterland, der sich auf wiederkehrenden Treffen über neue Projektvorhaben und Veranstaltungen sowie Fragen zu Förderinstrumenten austauscht, wurde mit der Projektentwicklung unter der Federführung des Münsterland e. V. betraut. Der zentrale Projektgedanke ist es, ein Kooperationsprojekt zu schaffen, welches die besonderen Innovationskompetenzen der Region erfasst, bündelt und diese mit neuen Instrumenten gemeinschaftlich fördert. Dabei wurde das Vorgehen in zwei Projektphasen unterteilt: eine Analysephase (Feststellung der Ausprägung von Innovationsindikatoren) und eine Umsetzungsphase (Bündelung der Innovationsschwerpunkte sowie deren Förderung). Im Ergebnis stärkt dies die Innovationsregion Münsterland als Ganzes.

Ziel der Analysephase war es, die besonderen Innovationskompetenzen der Region herauszufiltern. Diese finden sich in Bereichen, in denen Unternehmen und Hochschulen besonders gut vernetzt sind, besonders innovative Technologien einsetzen bzw. entwickeln oder aber in Bereichen, in denen durch Innovationen ein besonderer Nutzen für die Kunden entsteht.

Begleitend wurden aktuelle Megatrends analysiert und hinsichtlich ihrer Bedeutung für die Innovationsregion betrachtet. Dies ist besonders wichtig, um solche Innovationskompetenzen zu erkennen, die ein deutliches Entwicklungspotenzial besitzen, also wahrscheinlich auch in Zukunft noch eine wichtige Bedeutung haben werden.

Als Grundlage für die Analyse diente die Megatrenddokumentation der Zukunftsinstitut GmbH aus Frankfurt. Als Megatrends werden hierbei Entwicklungen bezeichnet, die mindestens 25 bis 30 Jahre andauern und eine Auswirkung auf alle Lebensbereiche haben.

Dazu zählen beispielsweise die zunehmende Individualisierung, eine steigende Konnektivität oder neue Mobilität. Die Megatrends wurden bei der Eingrenzung der Innovationskompetenzfelder genutzt, um gesellschaftlich besonders relevante Innovationskompetenzen zu erfassen bzw. zu definieren.

Das aus der Analysephase abgeleitete Wissen über die Innovationsfähigkeit und die Innovationskompetenzen der Region wurde in der darauffolgenden Umsetzungsphase eingesetzt, um eine regionale Innovationsstrategie zu entwickeln. Allem voran wurde eine Vision für die Innovationsregion Münsterland geschaffen, die in Abb. 1.1 beschriebenen übergeordneten Ziele vorsieht.

In der Umsetzungsphase entstanden zudem Instrumente der Innovationsförderung, um die regionalen Innovationskompetenzen voranzubringen und den Austausch in der Region

Die Enabling Innovation Münsterland Vision

Die Innovationsregion Münsterland wird greifbar

- **Unternehmen, Hochschulforschung und Institutionen** im Münsterland sind zu Innovationsthemen **vernetzt** und finden schnell zueinander

- Das Münsterland ist überregional als **innovative mittelständische Kompetenzregion** mit exzellenten Hochschulen und Start-Ups **bekannt** und jeder weiß „Die machen da was!"

- Die **Innovationsförderung** ist immer **„up to date"** und bietet kompetente und dialogorientierte Hilfestellungen, da wo sie notwendig ist.

- Entlang einzelner **Innovationskompetenzfelder** bilden sich **Spitzenleistungen** mit globaler Strahlkraft in Forschung und Wirtschaft, die Wachstum sichern und die Regionen zukunftsfähig machen.

Abb. 1.1   Die Vision – Enabling Innovation Münsterland

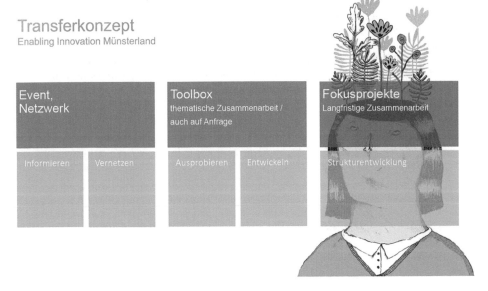

Transferkonzept
Enabling Innovation Münsterland

| Event, Netzwerk | Toolbox thematische Zusammenarbeit / auch auf Anfrage | Fokusprojekte Langfristige Zusammenarbeit |

| Informieren | Vernetzen | Ausprobieren | Entwickeln | Strukturentwicklung |

Abb. 1.2   Aktivitätskonzept Enabling Innovation Münsterland

zu verstärken. Diese wurden im Rahmen des Aktivitätskonzepts gesammelt und strukturiert (s. Abb. 1.2).

Ganz nach Bedürfnislage der Unternehmen konnten so entweder informative Veranstaltungen, Vernetzungstechniken, Workshops aus dem Bereich Event und Netzwerk oder konkrete Unterstützungsangebote zur thematischen Zusammenarbeit aus der Toolbox angeboten werden.

In der Kategorie Fokusprojekte wurden solche Projektideen konzipiert oder aufgegriffen, die in der Lage sind, die Innovationsförderungsstrukturen in der Region auszubauen. Sie tragen langfristig und nachhaltig dazu bei, das Münsterland als Innovationsstandort zu stärken. An diesen Fokusprojekten wird in vielen Regionen zusammengearbeitet. Beispielhaft für das Innovationskompetenzfeld Materials and Surfaces, eine der in der Analysephase festgestellten besonderen Stärken der Region, wurde ein Projektantrag für eine digitale Materialdatenbank im Münsterland erarbeitet.

Literatur

NRW Bank. (2018). *Regionalwirtschaftliche Profile NRW*. https://www.nrwbank.de/export/sites/nrwbank/de/corporate/downloads/presse/publikationen/regional.wirtschaftliche-profile-nrw/NRW.BANK_Wirtschaftsregion_Muensterland_2018.pdf. Zugegriffen am 02.03.2018.

Soete, B., & Stephan, A. (2003). Nachhaltiges wirtschaftliches Wachstum durch Innovation: Die Rolle von kleinen und mittleren Unternehmen, DIW Wochenbericht, ISSN 1860-8787, *Deutsches Institut für Wirtschaftsforschung (DIW), Berlin, 70*(38), 569–573.

Statistisches Landesamt Baden-Württemberg. (2020). *Außenhandel: Exportquote im Bundesländervergleich.* https://www.statistik-bw.de/HandelDienstl/Aussenhandel/AH-XP_exportquote.jsp. Zugegriffen am 20.02.2019.

Westfälische Nachrichten. (2017). *Starkes Exportgeschäft: Industrie im Münsterland steigert Umsätze deutlich.* https://www.wn.de/Welt/Wirtschaft/2970679-Starkes-Exportgeschaeft-Industrie-im-Muensterland-steigert-Umsaetze-deutlich. Zugegriffen am 20.02.2019.

Innovationsindikatoren und Innovationskompetenzfelder

Christian Junker, Katja Brickwedde, Katja Phillips und Bernd Büdding

2.1 Innovationsbegriff und alternative Innovationsindikatoren

Christian Junker

Was ist Innovation und wie kann man sie messen?

Das innovative Potenzial und die Innovationsaktivität vieler erfolgreicher mittelständischer Unternehmen sowie mittelständisch und branchenheterogen geprägter Regionen wird durch die gängigen Innovationsindikatoren nur sehr eindimensional beleuchtet. Häufig spielen hier vor allem die Anzahl von Patentanmeldungen oder die Summe von Forschungs- und Entwicklungsausgaben eine Rolle.

Natürlich haben diese unangefochtene Vorteile. Beispielsweise werden sie standardmäßig in der Buchführung abgebildet. Außerdem verfügen sie über einen vergleichsweise geringen Interpretationsspielraum und bieten damit eine hohe Vergleichbarkeit.

C. Junker
Technologieförderung Münster GmbH und FH Münster, Münster, Deutschland
E-Mail: junker@fh-muenster.de

K. Brickwedde (✉)
METIS – Kommunikation & Analyse GbR und Fachhochschule des Mittelstands Bielefeld, Münster, Deutschland
E-Mail: brickwedde@metis.de

K. Phillips
METIS – Kommunikation & Analyse GbR, Münster, Deutschland

B. Büdding
Münsterland e. V., Greven, Deutschland
E-Mail: buedding@muensterland.com

Es gibt aber eine Reihe von Argumenten, die dafürsprechen, auch weitere Innovations-indikatoren zu messen. Investitionen in Forschung und Entwicklung sagen z. B. nicht not-wendigerweise etwas über Quantität und Qualität der entstandenen Innovationsergebnisse aus. Innovationsergebnisse wiederum sind weit mehr als Patente.

Der Grundgedanke, Innovationsaktivität über Inputs in den Innovationsprozess (wie z. B. FuE-Ausgaben) und Innovation als Resultat bzw. Output (wie z. B. Patente) zu mes-sen, erscheint nach wie vor sinnvoll. Es bedarf aber alternativer und ergänzender Innovationsindikatoren, um in den erwähnten mittelständisch und branchenheterogen ge-prägten Regionen ein umfassenderes und treffsicheres Bild über den Status quo beim Thema Innovation zu erhalten.

Die grundlegend Input- und Output-orientierte Struktur führt hier teilweise zu gänzlich anderen Ergebnissen. Ziel ist es daher, ein detaillierteres Bild über Innovation in der Re-gion zu erhalten – wo immer dessen Erkenntniswert auch eine entsprechend umfangreiche zusätzliche Datenerhebung rechtfertigt.

Für dieses Ziel wird zuerst der Innovationsbegriff abgegrenzt. Darauf aufbauend wird hier eine zunächst theoriebasierte Grundlage für ein alternatives Innovationsindikatoren-system geschaffen, die später gemeinsam mit Expertenbeiträgen in einen alternativen Innovationsindex mündet.

Innovation ist, wenn der Markt „hurra" schreit
Es existieren sehr viele Definitionen des Innovationsbegriffs. Entsprechend der Intention, Innovation in ihrer Vielschichtigkeit zu begreifen, eignet sich hier auch ein vielschichtiges Begriffsverständnis. Dieses Innovationsverständnis definiert sich grundlegend über fol-gende fünf Bereiche (Weise, 2008, S. 12 ff.):

* Innovationsverfügbarkeit
* Innovationsqualität (Neuartigkeit)
* Innovationsnutzen
* Innovationsgrad und
* Innovationsbeteiligte

Innovationsverfügbarkeit besteht, wenn eine Innovation zugänglich ist und vom Markt angenommen wurde; salopp gesagt, wenn der Markt „hurra" schreit. Die reine Verfügbar-keit reicht im Sinne einer „Service-Dominant-Logic" nicht aus (Lusch & Vargo, 2006). Eine Innovation ist obligatorischer Weise von neuartiger Qualität und besser als die bis-herigen Dienstleistungen oder Güter. Diese Verbesserung spiegelt sich auch über den Ab-satz am Markt wider. Damit gehen Innovationen insbesondere über reine Ideen oder gar Prototypen hinaus. Es geht darum, sie den Unternehmen, Menschen und der Gesellschaft als Nutzen verfügbar zu machen.

Innovationen weisen in ihrer Charakteristik einen bestimmten Innovationsgrad auf. Er lässt sich in unterschiedlichsten Dimensionen abbilden, beispielsweise technisch als radi-kal/inkrementell (Dewar & Dutton, 1986) oder marktorientiert als sustaining/disruptiv (Christensen et al., 2015). Außerdem ist es häufig notwendig, mehrere Akteure in den

Innovationsprozess miteinzubeziehen. Diese können im innovierenden Unternehmen selbst zu finden sein, beispielsweise in den Bereichen Forschung und Entwicklung (FuE), Produktion oder Sales, aber auch in anderen Unternehmen oder Instituten.

Auch der Kunde als externer Akteur kann mit innovieren, exemplarisch bei Anpassungsinnovationen. Häufig interagieren Wissenschaft und Wirtschaft im innovativen Bereich. In diesem Fall spricht man von einer interdisziplinären, innovationsbasierten Kooperation (Weise, 2008, S. 12 ff.).

Dieses Begriffsverständnis bietet eine Vielzahl möglicher Indikatoren, anhand derer sich Innovation messen lässt (s. Abb. 2.1). Misst man diese Indikatoren, sollten zudem ggf. vor- und nachgelagerte Wertschöpfungsstufen integriert werden. Wissenschaftliche Erkenntnisse können innerhalb von Unternehmen in Prozesse und Produkte transferiert und angewandt werden. Somit bilden sie vor Prozessen und Produkten eine vorgelagerte Wertschöpfungsstufe, der dann weitere folgen. Geht man davon aus, dass ein Angebot nur dann nachhaltig am Markt besteht, wenn auch ausreichende Nachfrage herrscht, lässt sich in Unternehmen gut beobachten, wie der Markt Innovationen annimmt bzw. welchen Nutzen er ihnen zumisst. Vor diesem Hintergrund lässt sich die Ausprägung von Innovationsindikatoren in Unternehmen gut messen und nachvollziehen. Sie eignen sich als Untersuchungseinheit, anhand derer die Ausprägung von Innovationsindikatoren erhoben werden kann. Darüber hinaus existieren sicherlich auch Innovationen, die keinen wirtschaftlichen Bezug aufweisen aber dennoch durch Organisationen und einen angebotenen Nutzen verkörpert werden.

Basis für klassische und alternative Innovationsindikatoren
Vor dem Hintergrund des beschriebenen Innovationsverständnisses ergeben sich zahlreiche Optionen für Innovationsindikatoren aus wissenschaftlichen Quellen. Über eine Recherche wurden ca. 100 Indikatoren in einer offenen Liste gesammelt. Hierbei stechen

Abb. 2.1 Innovationsprozess in Anlehnung an Weise (2008)

quantitative, qualitative und relative Kennzahlen hervor, die sich vom Input über einen Prozess bis hin zu Output und Innovationsoutcome strukturieren lassen. Diese Liste bildet das Fundament für die Auswahl passender Indikatoren und für ein System, das auch den Spezifika einer wirtschaftlich heterogen und mittelständisch geprägten Region Rechnung trägt, siehe Abb. 2.2.

Im nächsten Schritt wurden diese Zwischenergebnisse mit Experten aus Wissenschaft, Wirtschaft und Wirtschaftsförderung diskutiert. Hierzu kamen in mehreren Terminen insgesamt 26 Personen zusammen, um über die Aussagekraft, Eignung im Sinne der Zielsetzung und die Messbarkeit der Innovationsindikatoren zu diskutieren. Hier bestand auch die Möglichkeit, weitere Kenngrößen zu benennen. Final wurden die Indikatoren ausgewählt, die die Runde anhand der drei genannten Kriterien als am sinnvollsten bewertete.

Die Struktur der ausgewählten Indikatoren wurde im Folgenden aufgenommen, erweitert und in ein umfassendes Innovationsindikatorensystem überführt.

Der komplette Innovationsprozess bietet mögliche Innovationsindikatoren für ein Gesamtsystem

Als ganzheitliche Struktur, die gleichermaßen klassische Innovationsindikatoren aufnimmt als auch Alternativen zulässt, nutzt das in *Enabling Innovation Münsterland* angewandte Innovationsindikatorensystem die Wertschöpfungskette. Denn nur wenn eine Innovation von der Ideenfindung über die Vermarktung bis hin zur Nutzenrealisierung als Outcome alle Innovationsschritte erfolgreich durchläuft, ist eine Innovation im o. g. Sinne erreicht.

Angelehnt an die Wertschöpfungskette lässt sich das Innovationsindikatorensystem in sechs Bereiche (A bis F) gliedern, denen jeweils Innovationsindikatoren zugeordnet werden können (Scholl et al., 2014, S. 60 ff.; Hoffmann et al., 2016, S. 149 ff.; Möller et al., 2011, S. 44 ff.). Darin enthalten sind auch klassische Indikatoren wie FuE-Aufwendungen oder die Anzahl von Patentanmeldungen. Entsprechend der vorausgegangenen Argumentation für zusätzliche und alternative Innovationsindikatoren werden darüber hinaus weitere Messpunkte benötigt, um das Phänomen „Innovation" in seiner Gänze zu erfassen. Das Innovationsindikatorensystem folgt von

A. Inputindikatoren über
B. Prozessindikatoren,
C. Outputindikatoren bis
D. Outcomeindikatoren

einer gewissen Sequenz. Zusätzlich bilden die Bereiche

E. Innovationskulturindikatoren und
F. Organisatorische Innovationsindikatoren

einen Rahmen für den Innovationsprozess und damit für das folgende Innovationsindikatorensystem, siehe Abb. 2.3.

	Inputorientiert	Prozessorientiert	Outputorientiert	Outcomeorientiert
Quantitative Kennzahlen	• Anzahl Ideen • Personalkosten • Personaltage pro Vorhaben • Abschreibungen • F&E-Ausgaben/Mitarbeitende Personen • F&E-Intensität: F&E-Ausgaben im Vgl. zu Unternehmensgesamtausgaben • Anzahl externe Forschungsprojekte • Zahl der Teilnahme an Konferenzen und Messen • Budget für Messe- und Konferenzbesuche • Anzahl abonnierter Zeitschriften F&E-Mitarbeiter • Zahl und Kosten der Datenbankabfragen	• Time-to-Market • First-Pass-Yield • Durchlaufzeit • Termintreue • Produktivität (Stunden, Patente, etc.) • Häufigkeit Kostenüberschreitung • Gesamte Entwicklungskosten des Projekts • Dauer pro Projekt • Anzahl erreichter Meilensteine • Anzahl genehmigter F&E-Projekte • Fehlerkosten	• Anzahl abgeschlossener Projekte bzw. Arbeitspakete • Anzahl Neuprodukte • Anzahl Patente • Anzahl der Inventionen • Anzahl der Teilereduktion, Vereinfachungen • Anzahl Forschungsvorschläge • Anzahl Publikationen • Anzahl Zitationen • Anzahl wissenschaftlicher Fachvorträge • Anzahl erhaltener wissenschaftlicher Preise • Verringerung der Umweltbelastung	• Gewinn • Umsatzwachstum • Umsatz & Ertrag • Deckungsbeitrag • Marge • ROI • Externe Entwicklungserlöse • Subventionen • Marktanteil (nach offiziellen Schema) • Umsatzeinbußen der Wettbewerber • Kostenerhöhung für Wettbewerber • Anzahl der Beschwerden
Qualitative Indikatoren	• Ideenqualität • Erfahrung der Mitarbeitenden • Industrielles Umfeld • Nachfragesituation • Wettbewerbsintensität • Leitbild	• Produktqualität • Gründe für Abbruch eines Projekts • Nutzungsart von Innovationscontrolling • Mitarbeitendenorientierung • Gegenseitiges Verständnis/Vertrauen • Konflikthandhabung • Organisationales Lernen	• Produktqualität • Synergieeffekte • Grundlagenerkenntnisse • Wissenszuwachs	• Produktverbesserung • Kundenzufriedenheit • Akzeptanz der Kunden • Qualität der Beschwerden • Economic Value Added
Relative Kennzahlen	• F&E-Mitarbeitende / Mitarbeitende • Durchschnittliche Zahl F&E-Mitarbeitende pro Projekt • Anteil (F&E-)Personalausgaben / Materialkosten der F&E-Ausgaben (F&E-)Personalkosten / Gesamtkosten • Ausgaben für Weiterbildung pro F&E-Mitarbeitende Person • Qualifikation Mitarb. / Personalkosten • Anzahl der Kooperationsprojekte / % des Budgets für Grundlagenforschung	• Durchschnittliche Innovationsdauer • Anteil der Projekte innerhalb Zieldreieck (Qualität, Zeit, Kosten) • Kostenabweichung vom Plan • Fehlerquote • Anteil erreichter Meilensteine • Projektabbruchrate	• Anzahl neuer Produkte pro investiertem Euro • Anzahl neuer Produkte pro involvierter Mitarbeitender Person • Kosten pro Patent • Kosten pro Publikation • Anteil der Standardteileverwendung	• Gewinn aus neuen Produkten / Investment • Anteil Gewinn / Umsatz aus neuen Produkten am Gesamtgewinn / Gesamtumsatz • Marktanteilswachstum / F&E-Aufwand im Vergleich zu Mitbewerbern • Umsatz pro F&E-Mitarbeite Person • Anteil Umsatz durch gesicherte Patente

Abb. 2.2 Innovationsindikatoren in Anlehnung an Möller, Menninger und Robers (2011), Gräf und Langemann (2011), Scholl et al. (2014), Eckardt (2015)

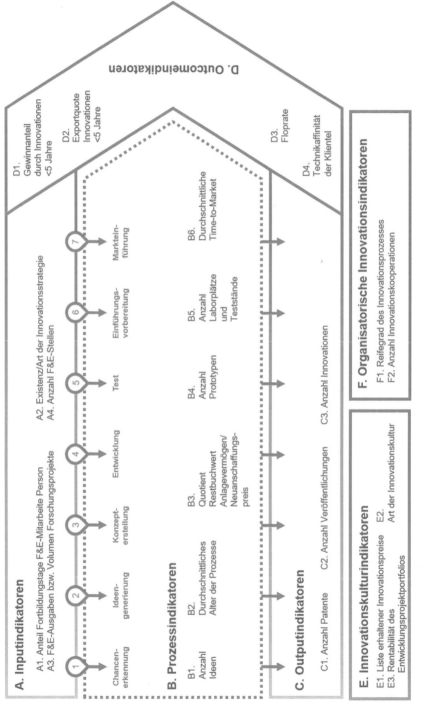

Abb. 2.3 Das Innovationsindikatorensystem

Diese ganzheitliche Messung von Innovation wird dem hier angewandten vielschichtigen Innovationsbegriffsverständnis und der regionalen Struktur des Münsterlandes eher gerecht und liefert umfangreichere Informationen als allein die Feststellung der Ausprägung einzelner Standard-Indikatoren wie Patentzahl oder FuE-Ausgaben. Damit einher gehen allerdings auch neue Herausforderungen. So wurden die hier gezeigten weiteren und alternativen Indikatoren größtenteils primär erhoben, damit entsteht Aufwand bei der Datengenerierung. Demgegenüber aber steht nicht zuletzt der Vorteil einer durchgängigen Innovationstransparenz vom Input bis zum Outcome, denn: Patente bedeuten nicht in jedem Fall automatisch auch eine Innovation im Markt oder gar Nutzengenerierung für Mensch und Gesellschaft, die Gründung neuer Unternehmen ist noch nicht per se innovativ, es kommt auf deren Geschäftsmodell und die Innovativität des Angebotes an etc.

Vor dem Hintergrund dieser Argumente verwendet Enabling Innovation Münsterland das Innovationsindikatorensystem zur Umfeldanalyse des Status quo in der Region. Es bildet damit die Basis zur Ableitung regionaler Innovationskompetenzfelder und für die gezielte Innovationsförderung. Durch eine kontinuierliche Erhebung werden auch die Effekte dieser Förderung im Zeitverlauf sichtbar.

2.2   Charakteristika und Potenziale des Münsterlands als Innovationsregion

Katja Brickwedde und Katja Phillips

Eine qualitativ-quantitative Umfeldanalyse

Anlass und Ziele der Analyse
Die Beschleunigung wirtschaftlicher, sozialer und technischer Entwicklungen stellt Regionen und Unternehmen im Allgemeinen vor Herausforderungen. Besonders betroffen davon sind kleine und mittlere Unternehmen (KMU), die sich an die neue Zeit anpassen müssen, gerade in Bezug auf direkte und indirekte wertschöpfende Aktivitäten.

Um diese Entwicklungen aktiv mitgestalten zu können, bedarf es vor allem einem: Innovationsfähigkeit. Ziel ist es, Innovationsstärken und -potenziale von Regionen im Innovationsbereich zu ermitteln, zu fördern und sichtbar zu machen. Dazu müssen Regionen in ihrer Spezifität erfasst werden. Als Beispiel wurde dies im Verbundprojekts Enabling Innovation Münsterland umgesetzt. Grundlage dafür bildete eine Umfeldanalyse, die basierend auf theoretischen Vorarbeiten Charakteristika und Potenziale des Münsterlandes als Innovationsregion ermittelt und dessen Durchführung auf ähnliche Regionen übertragen und zugeschnitten werden kann.

Die Umfeldanalyse – strategisches Fundament der Innovationsförderung
Die Umfeldanalyse fand in einem mehrstufigen unten dargestellten Forschungsprozess auf Basis wissenschaftlich-theoretischer Vorarbeit statt. Die erhobenen Daten wurden sowohl

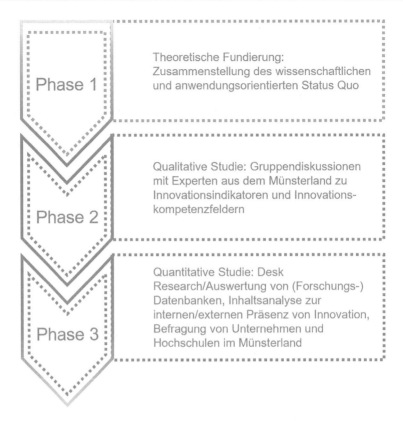

Abb. 2.4 Forschungsdesign

in qualitativen als auch quantitativen Verfahren ausgewertet. Diese Kombination ermöglicht es, die Vorteile beider Forschungsansätze zu nutzen: Offenheit für neue Phänomene innovativen Unternehmertums und innovativer, wissenschaftlicher Forschung einerseits, sowie statistische Auswertungen zur zahlenbelegten Beschreibung des Untersuchungsobjekts andererseits (s. Abb. 2.4).

Das theoretische Fundament: Verständnis von Innovation
Um Innovation in Regionen, wie hier im Münsterland, messbar zu machen, ist es zunächst relevant, Indikatoren herauszustellen, die unternehmerische und wissenschaftliche Innovationskompetenz in ihrem Ist-Zustand abbilden. Dafür galt es zunächst, Bedeutungsanzeiger zu identifizieren, die darauf schließen lassen, ob Unternehmen/Institute innovativ agieren. Damit einher gingen Fragen wie: Welche internen und externen Faktoren bestimmen, ob und wie stark innoviert wird? Wer und was treibt Innovation voran? Und: Gibt es regionale Besonderheiten für die Messung von Innovation im Münsterland?

Um Innovation zielgerichtet fördern zu können, ist es in einem nächsten Schritt notwendig, Innovationskompetenzfelder zu identifizieren, d. h. Fragen zu beantworten wie:

Welche Trends in der Region treiben Innovation voran? Was sind innovative Unternehmens- und Wissenschaftsthemen der Region? Wo in der Region trifft unternehmerische Innovationskompetenz auf innovationsfördernde Rahmenbedingungen, z. B. in Form von Kooperationen und Netzwerken aus Wirtschaft und Wissenschaft sowie auf Bedarfe?

Die qualitative Analyse: Innovation im Münsterland aus Expertensicht
Zur Identifikation von Indikatoren für unternehmerische und wissenschaftliche Innovationskompetenz und von sogenannten Innovationskompetenzfeldern im Münsterland wurde nach der theoretischen Fundierung eine qualitative Expertenstudie durchgeführt: Vier je vierstündige Gruppendiskussionen erschlossen das Know-how von 22 Experten aus etablierten mittelständischen Unternehmen und Start-Ups, aus Beratungseinrichtungen der Kammern und Wirtschaftsförderern sowie aus Hochschulen, Forschungs- und Transfereinrichtungen.[1]

Indikatoren für Innovation
Die Experten diskutierten vorhandene und entwickelte Ideen für neue Innovationsindikatoren in Wirtschaft und Wissenschaft. Das dabei entstandene Indikatorensystem deckt unterschiedliche Innovationsbereiche wie den Outcome oder die Innovationskultur ab und berücksichtigt neben unternehmens-/institutsinternen auch externe Bedeutungsanzeiger für Innovation (s. Abb. 2.5).

Im Ergebnis wurde sichtbar, dass viele der gängigen Innovationsindikatoren wie Patentanzahl oder eingetragene Marken nur mangelhaft geeignet sind, Innovationsfähigkeit und -tätigkeit von Unternehmen in der Region zu messen.

Diese Indikatoren fließen in Form von Items, also einzelnen Fragen in einem Fragebogen, in die quantitative Befragung der münsterländischen Unternehmen und Institute ein.

Innovationskompetenzfelder: Dimensionen von Innovation
Während durch die Indikatoren gemessen wird, wie stark die Innovationstätigkeit eines Unternehmens/Instituts ist, geht es bei den Innovationskompetenzfeldern um die Frage der Inhalte: In welchen Bereichen/zu welchen Themen wird im Münsterland innoviert?

---

[1] Mit Gruppengrößen von sieben bis zehn Teilnehmern wiesen die Diskussionsrunden eine ideale Größe auf. Die Gruppen wurden als heterogene Ad-hoc-Gruppen zusammengestellt, um die Vorteile der Vielfalt und thematischen Flexibilität zu nutzen. Detaillierte Informationen zum Vorgehen und Ergebnis der Expertendiskussion im Ergebnisbericht von METIS: „Expertenstudie zur Erarbeitung eines Münsterländer Innovationsindex und Innovationskompetenzfeldern des Münsterlandes". Vgl. auch im Folgenden zur Methode statt anderer Scholl, A. (2018): Die Befragung; Mayring, P./M. Gläser-Zikuda (2008) (Hrsg.): Die Praxis der Qualitativen Inhaltsanalyse; Gläser, J./G. Laudel (2010): Experteninterviews und qualitative Inhaltsanalyse.

Zur Erklärung: Gläser/Laudel definieren den Expertenbegriff breit und verstehen Experten als Personen, die in den zu untersuchenden Prozess involviert sind.

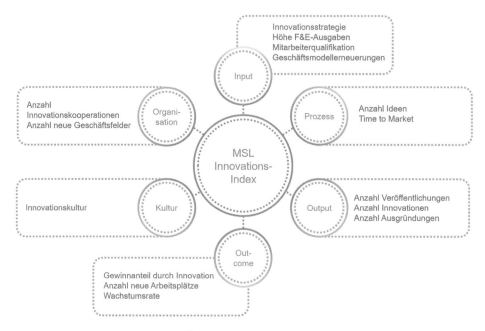

Abb. 2.5 Geeignete Indikatoren im Überblick

Im Einzelnen ergaben sich die folgenden sechs Dimensionen:

1. Themen
2. Nutzen
3. Branchen
4. Technologien
5. Kooperationen
6. Trends

Innovationen finden zu bestimmten Themen in bestimmten Branchen und Wissenschafts-bereichen (oder anderen Schnittstellen) statt. Sie erzeugen einen Nutzen für die Ziel-gruppe, indem sie wirtschaftliche und/oder gesellschaftliche Probleme lösen. Sie ent-stehen in Verbindung mit bestimmten Technologien, getrieben von Kooperationen/ Forschungsverbünden und werden von Trends beeinflusst.

Anzunehmen ist, dass sich besonders wirkungsmächtige Innovationskompetenzfelder dort bilden, wo die einzelnen Dimensionen Schnittmengen bilden: Wenn etwa Branchen im Münsterland mit innovativen Unternehmen und Forschungsinstituten besetzt sind, die die Möglichkeit zum inhaltlichen Austausch in Netzwerken und Kooperationen haben und/oder aktuelle marktrelevante Probleme lösen, indem sie etwa auf Trends setzen.

Die quantitative Analyse: Befragung von Unternehmen und Hochschulen im Münsterland

Anhand der innovationsrelevanten Indikatoren und Dimensionen wurden im quantitativen Forschungsschritt Innovationskompetenzfelder im Münsterland identifiziert und damit die Frage beantwortet: In welchen Bereichen/Branchen/Technologien, zu welchen gesellschaftlichen/wirtschaftlichen Problemen, als Antworten auf welche Megatrends gibt es im Münsterland eine kritische Masse an wirtschaftlicher und wissenschaftlicher Innovationsfähigkeit?

Dazu wurden neben der Auswertung von (Forschungs-)Datenbanken, eine Medieninhaltsanalyse sowie eine standardisierte Befragung von Unternehmen und wissenschaftlichen Instituten vorgenommen. Die Methodentriangulation, also die Anwendung unterschiedlicher Verfahren zur Datenerhebung, stellt sicher, dass

- das komplexe Thema Innovation aus unterschiedlichen Perspektiven betrachtet wird, indem z. B. gleichermaßen harte marktrelevante Wirtschaftsdaten, weiche Werte der öffentlichen Wahrnehmung sowie unternehmensinterne Prozess- und Produktdaten berücksichtigt werden
- gleichermaßen wissenschaftliche wie wirtschaftliche Akteure berücksichtigt werden
- große Unternehmen abgebildet sind, denn sie generieren in ihrer Innovationstätigkeit Strahlkraft im Münsterland (z. B. durch Kooperationspartner, Zulieferer, etc.)
- kleine Unternehmen abgebildet sind, denn sie können durch flache Hierarchien und unkomplizierte, schnelle Entscheidungswege Innovationstreiber sein.[2]

Im Einzelnen:

Desk Research/Auswertung von (Forschungs-)Datenbanken

Für Unternehmen mit mehr als 250 Mitarbeitern aus der Region wurden standardisierte Wirtschaftsdaten wie Umsatzstärke und Mitarbeiterzahl erhoben (n = 141). Daneben wurde ihre Aktivität in den Innovationsdimensionen Themen, Nutzen, Branchen/Wissenschaftsbereiche, Technologien, Trends ermittelt.[3] Für die Daten der Lehr- und Fachbereiche der Westfälischen Wilhelms-Universität Münster (WWU) standen Forschungsdatenbanken (CRIS) zur Verfügung, die u. a. Aussagen zu Personal, verausgabten Drittmitteln, Patentanmeldungen sowie Abschlussarbeiten ermöglichten.

---

[2] Detaillierte Informationen zum Vorgehen und Ergebnis der quantitativen Studie im Ergebnisbericht von METIS: „Empirische Erhebung der Umfeldanalyse „Innovationsregion Münsterland".
[3] Bspw. in Bundesanzeiger, Statistisches Bundesamt, Analyse der Internetauftritte.

Inhaltsanalyse

In einem zweiten Schritt wurde im Rahmen einer quantitativen, inhaltsanalytischen Untersuchung die interne und externe Präsenz von Innovation in der Kommunikation von den und über die Unternehmen erhoben. Dies erfolgte über ein Medienmonitoring der Selbst- und Fremddarstellung: Wortstatistiken ermittelten die Häufigkeit, in der Innovation in der Beschreibung des eigenen Unternehmens auf der Homepage und in der Berichterstattung Dritter über das Unternehmen eine Rolle spielt.

Standardisierte Unternehmens- und Institutsbefragung

Im dritten Forschungsschritt lieferte eine standardisierte Unternehmens- und Instituts-befragung als Status quo-Erhebung differenzierte Einblicke in die Innovationskraft von Unternehmen und wissenschaftlichen Instituten, indem – aufbauend auf den ermittelten Indikatoren und Dimensionen – Innovationsbereiche und -stärken präzise identifiziert und verortet wurden.

Für die standardisierte Unternehmens- und Institutsbefragung wurden rund 5000 Unternehmen sowie rund 25 Institute und Fachbereiche der FH Münster und der West-fälischen Hochschule durch die Projektpartner angeschrieben und gebeten, sich an der Befragung zu beteiligen. Die Teilnahme konnte online oder postalisch erfolgen und wurde durch einen mehrstufigen Reminding-Prozess flankiert.

So entstand eine Datenbasis aus 312 Unternehmen sowie 70 Lehr- und Forschungs-bereichen, Fachgebieten und Instituten aus dem Münsterland.

- Innovation in den Unternehmen
  Im Schnitt entwickeln die befragten Unternehmen zwei Innovationen pro Jahr und führen diese in den Markt ein. Gezählt wurden Innovationen in Form von Produkten, Dienst-leistungen und Prozessen mit neuer Grundfunktion (Basisinnovation) oder mit neuer bzw. angepasster Funktionalität (Verbesserungs- bzw. Anpassungsinnovation). Zum Vergleich: Zentrum für Europäische Wirtschaftsforschung (ZEW-Studie) (2016): innovationsaktive Unternehmen in Deutschland entwickeln zwei Innovationen im Jahresschnitt.
- Die Innovatorenquote
  gemessen als Anteil der Unternehmen im Münsterland, die im zurückliegenden Fünf-jahreszeitraum zumindest eine Innovation eingeführt haben, liegt bei 60,5 Prozent.
  Zum Vergleich: Bundesbericht Forschung und Innovation: Innovatorenquote 38,3 % (Unternehmen, die im zurückliegenden Dreijahreszeitraum mind. eine Innovation durchführten) (BMBF, 2014)
- Innovation ist Chefsache
  In zwei von drei Unternehmen wird Innovation von der Geschäftsleitung (mit)be-trieben. Nur in jedem vierten Unternehmen findet Innovation in einer F&E-Abteilung statt. Bereits im Rahmen der Experteninterviews wurde deutlich, wie stark das Engage-ment der Unternehmensführung, die im Münsterland häufig in der Hand der Inhaber liegt, beim Thema Innovation ist.

- Innovationsstrategie
  Die These aus der qualitativen Expertenstudie, dass strategische Zielvorgaben ein wichtiger Innovationsmotor sind, wird durch die Ergebnisse der Unternehmensbefragung bestätigt: Zwei von drei Unternehmen verfügen über eine Innovationsstrategie als Grundlage für Entscheidungen über die Planung, Durchführbarkeit und Umsetzbarkeit der Innovationsaktivität.
- Innovationskultur
  Die qualitative Expertenstudie identifizierte u. a. kulturelle Ressourcen in Unternehmen und Instituten als ausschlaggebend für die Entwicklung von Innovationen. Diese Ressourcen wurden in der quantitativen Unternehmensbefragung u. a. über den Indikator Innovationskultur abgebildet. Die befragten Unternehmen bewerten die Unternehmenskultur in ihrem Haus positiv: Sowohl die Förderung der Innovationstätigkeit durch die Unternehmensführung, die Förderung von eigenverantwortlichem Handeln sowie die Wissensweitergabe über Abteilungs- und Hierarchiegrenzen hinweg seien gut ausgeprägt. Auch die Transparenz hinsichtlich laufender Innovationsprojekte sowie Freiräume zur Einbringung und Umsetzung eigener Ideen seien vorhanden.
  Zum Vergleich: Innovationsstudie IHK Siegen: Unternehmen messen Faktoren wie Förderung von eigenverantwortlichem Handeln (5,1), Transparenz (4,7) und Freiräume (4,6) eine ähnliche Bedeutung bei (2012). (s. Abb. 2.6)
- Forschungskooperationen
  Zu den strukturellen Rahmenbedingungen, die auf Innovationstätigkeit von Unternehmen einwirken, zählen auch Kooperationen mit Unternehmen, Netzwerken, Hochschulen etc. Die Ergebnisse der Unternehmensbefragung spiegeln dies wider: Zwei von drei Unternehmen arbeiten mit anderen Unternehmen/Kunden/Hochschulen/ Forschungskooperationen zusammen, um Innovationen zu entwickeln (n = 171).
  Zum Vergleich: ZEW-Studie: Zwischen 2012 und 2014 beteiligten sich 17 % der innovationsaktiven Unternehmen in Deutschland an Innovationskooperationen (2016).
- Innovationsintensität
  Die qualitative Expertenstudie identifizierte finanzielle und materielle Ressourcen als Voraussetzung für das Innovationsengagement von Unternehmen – auch, um den Innovationstreibern im Unternehmen/Institut eine Unabhängigkeit vom direkten Markterfolg zu ermöglichen. Die befragten Unternehmen im Münsterland geben im Schnitt 3,5 Prozent ihres jährlichen Umsatzes für die Innovationsgenerierung und -entwicklung aus (n = 171).
  Zum Vergleich: Bundesbericht Forschung und Innovation 2014: Anteil Innovationsausgaben am Umsatz der deutschen Wirtschaft liegt bei 17 Prozent (BMBF, 2014).

Top-Performer
Ein detaillierter Blick auf die Unternehmen, die im Rahmen der quantitativen Studie überdurchschnittliche Ergebnisse bei ihrer Innovationsfähigkeit und -tätigkeit erzielt haben, zeigt typische Charakteristika der Top-Performer:

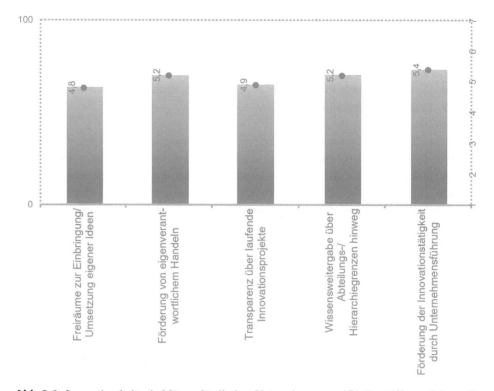

Abb. 2.6 Innovationskultur in Münsterländischen Unternehmen, n = 171 (1 = trifft gar nicht zu, 7: trifft voll und ganz zu)

Top-Innovatoren, die in den letzten fünf Jahren überdurchschnittlich viele Innovation entwickelt und in den Markt eingeführt haben …

- … sind überdurchschnittlich erfolgreich am Markt (gemessen an der Umsatzgrößenklasse im Referenzjahr 2015).
- … entwickeln mehr Ideen als der Durchschnitt der befragten Unternehmen (67 Ideen pro Jahr vs. 34 Ideen)[4]
- … verfügen ausnahmslos über eine Innovationsstrategie als Grundlage für die Planung, Durchführbarkeit und Umsetzung der unternehmenseigenen Innovationsaktivitäten;
- … haben höher qualifizierte Mitarbeiter;
- … publizieren mehr zu innovativen Themen als der Durchschnitt der befragten Unternehmen (9 Publikationen pro Jahr vs. 6 Publikationen)[5]

---

[4] Im Fragebogen wurde eine Idee definiert als „ein Vorschlag, der schriftlich fixiert und inhaltlich einer Machbarkeits- und Wirtschaftlichkeitsprüfung zugeführt werden kann, z. B. aus einem strukturierten Vorschlagswesen, einem Ideenmanagement oder sonstigen Quellen."

[5] Publikationen wurden z. B. definiert als „Veröffentlichungen in Fachmagazinen oder sonstigen Medien, die in Ihrer Branche eine hohe Reputation haben."

- … stammen besonders aus Metallverarbeitung, Maschinenbau und Informationstechnologie;
- … finden sich in allen Unternehmensgrößen, am häufigsten im Mittelstand (250–500
Mitarbeiter).

Die Top-Innovatoren, deren Gewinnanteil durch Innovation überdurchschnittlich
hoch ist, …

- … decken sich nur teilweise mit den Top-Performern nach Anzahl der entwickelten und
in den Markt eingeführten Innovationen. Das heißt: Nicht alle aktiv innovierenden
Unternehmen verdienen mit ihren Innovationen auch (bereits) Geld;
- … sind überdurchschnittlich erfolgreich am Markt (gemessen an der Umsatzgrößenklasse im Referenzjahr 2015);
- … verfügen über eine Innovationsstrategie;
- … geben überdurchschnittlich viel für die Innovationsgenerierung- und entwicklung
aus (5,6 Prozent des jährlichen Umsatzes vs. 3,5 Prozent);
- … haben zum Großteil nur wenige Mitarbeiter (unter 10 MA);
- … stammen besonders aus der Informationstechnologie, aus Metallverarbeitung und
Maschinenbau sowie der Herstellung von Kraftwagen(teilen).

Die Erkenntnisse zu den Top-Innovatoren bieten wertvolle Hinweise für die weitere Förderung von Innovation im Münsterland: Zeigen sie doch nicht nur, dass Innovation und
wirtschaftlicher Erfolg Hand in Hand gehen, sondern auch, dass einfache Instrumente wie
etwa eine Innovationsstrategie erfolgreiches Innovieren unterstützen.

Innovationskompetenzfelder (IKF)
Ausgangspunkt für die Identifikation von Innovationskompetenzfeldern im Münsterland
sind die Trends. Innovation denkt die Zukunft voraus. Darum müssen Innovationskompetenzfelder nicht nur den aktuellen Status quo berücksichtigen, sondern zwingend
Bereiche identifizieren, die zukunftsfähig sind.

Die Analyse hat ermittelt, welche Trends die Innovationstätigkeit der Unternehmen im
Münsterland am stärksten beeinflusst. Zwar zeichnen diese Trends eine grundsätzliche
Relevanz ab, können sich jedoch innerhalb verschiedener Regionen unterscheiden und
sollten individuell ermittelt werden.
Sieben Trends sind für die befragten Unternehmen im Münsterland besonders relevant,
siehe Abb. 2.7:

1. Individualisierung
2. Gesundheit
3. Konnektivität
4. Globalisierung

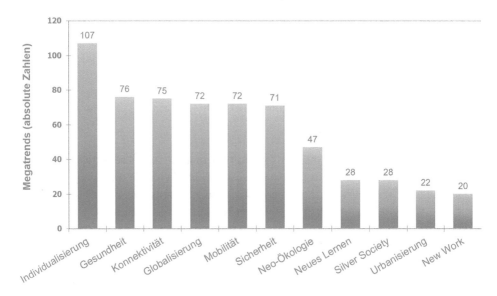

Abb. 2.7 Die wichtigsten Trends im Münsterland, n = 312

5. Mobilität
6. Sicherheit und
7. Neo-Ökologie.

Interessant dabei: Trends bilden Knotenpunkte untereinander. So entstehen beispielsweise an der Schnittstelle zwischen Globalisierung und Neo-Ökologie Trendphänomene wie „Social Business" oder „Fair Trade".

Das hierauf aufbauende trendinduzierte Verfahren wird im Folgenden am Beispiel des Trends Globalisierung beschrieben.

Basierend auf den Daten aus der quantitativen Studie wurde ermittelt, siehe Abb. 2.8:

- Mit welchen Themen beschäftigen sich die Unternehmen, für die der Trend Globalisierung hohe Relevanz hat?
- Welchen Nutzen erzeugen sie für ihre Kunden?
- Welche Technologien setzen sie ein?
- In welchen Branchen sind sie tätig?
- Welche wissenschaftlichen Einrichtungen passen zu diesen Themen/Nutzen/Branchen/Technologien?
- Welche Netzwerke können hilfreich sein?

Im Ergebnis entstand für jeden Trend eine Informationsmatrix, in der jede Kombination der Nennungen (von Themen/Nutzen/Technologien etc.) eine theoretisch mögliche Lösung für ein Innovationskompetenzfeld darstellt. Oder anders ausgedrückt: Innovationskompetenzfelder entstanden durch die Verschränkung der Dimensionen Themen, Nutzen,

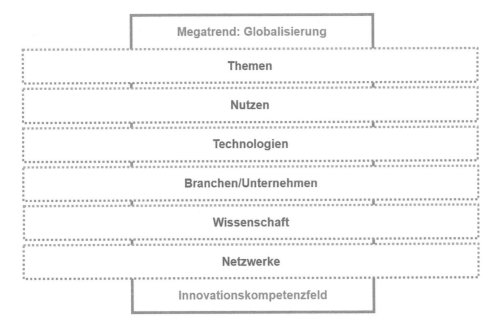

Abb. 2.8 Trendinduzierte Entwicklung der Innovationskompetenzfelder

Technologien, Branchen, Wissenschaft, Netzwerk. So konnten Unternehmen miteinander in Verbindung gebracht werden, die z. B. aufbauend auf dem gemeinsamen Trend der Globalisierung an ähnlichen Themen arbeiten, bisher allerdings nicht gemeinsam bedacht wurden, weil sie etwa aus unterschiedlichen Branchen stammen.

Dieses Vorgehen ermöglicht es, die für die Innovationstätigkeit so erfolgsversprechenden Schnittstellen zwischen Tätigkeiten und Branchen zu identifizieren. Der Maßgabe folgend, dass Innovationskompetenzfelder eine kritische Masse an innovativen Akteuren benötigen, wurden jene Schnittstellen weiterverfolgt, die quantitativ gut performten, d. h. nicht nur für einzelne Unternehmen relevant sind. Diese mehrdimensionale Analyse wurde später in Mindmaps veranschaulicht.

Auf Basis dieser Vorgehensweise konnten insgesamt fünf Innovationskompetenzfelder (IKF) für das Münsterland identifiziert werden:

- Sustainable Eco
  (basierend auf den Megatrends „Neo-Ökologie" und „Globalisierung"):
  Nachhaltigkeit, Ressourceneffizienz und transparente Produktionsketten wurden im Rahmen der quantitativen Analyse als wesentliche Kundennutzen der Unternehmen identifiziert. Kombiniert mit Innovationsschwerpunkten in den Bereichen Umweltschutz, Nachhaltigkeit, Energie und Food, technologischer und wissenschaftlicher Kompetenz im Bereich der Umwelttechnologie sowie einem Branchen- und Netzwerkschwerpunkt in regenerativer Energie und Landwirtschaft, ergibt sich das IKF „Sustainable Eco".

- Digital Solutions
  (basierend auf den Megatrends „Individualisierung" und „Konnektivität"):
  Die Kombination aus kundenangepassten Lösungen, Innovationsschwerpunkten in den
  Bereichen Digitalisierung, Prozessoptimierung/-modellierung sowie Informations- und
  Softwaretechnologien trifft auf einen Branchenschwerpunkt im Bereich verarbeitendes
  bzw. produzierendes Gewerbe, eine Hochschullandschaft mit großer Expertise im
  Bereich Digitalisierung (z. B. Institut für Prozessmanagement und Logistik (IPL) der
  FH Münster) sowie auf eine interdisziplinäre Netzwerkkultur (z. B. Digital Hub
  münster-LAND, 3D-Druck Netzwerk wfc Kreis Coesfeld).
- Life Sciences
  (basierend auf den Megatrends „Gesundheit", „Individualisierung" und „Sicherheit"):
  Die Kundennutzen Sicherheit und Gesundheit treffen auf Innovationsschwerpunkte in
  den Bereichen Food, medizinische Prävention und Diagnostik, Life Science-
  Technologien sowie eine ausgeprägte Wissenschaftskompetenz und Netzwerkkultur
  (z. B. Exzellenzcluster „Cells in Motion" der WWU, Netzwerk Gesundheitswirtschaft
  Münsterland).
- Materials and Surfaces
  (basierend auf den Megatrends „Individualisierung" und „Sicherheit"):
  Die Kombination aus Produktqualität, Innovationsschwerpunkten zu gesundheits-
  freundlichen Oberflächen und Materialien sowie Oberflächentechnologien trifft auf
  starke wissenschaftliche Expertise, z. B. in den Bereichen Chemieingenieurwesen und
  Funktionsmaterialien und wird flankiert durch eine Netzwerkstruktur mit hoher fachlicher Expertise (z. B. Netzwerk Oberfläche NRW, Netzwerk Nanobioanalytik Münster).
- Engineering Pro
  (basierend auf den Megatrends „Konnektivität" und „Globalisierung"):
  Technologiekompetenz und qualitativ hochwertige, kundenangepasste Lösungen treffen auf Innovationsschwerpunkte, die besondere Ingenieurkompetenzen erfordern,
  u. a. Verfahrenstechnik, Systembauteile, technische Anlagen. Kombiniert mit einem
  starken regionalen Branchenschwerpunkt im verarbeitenden Gewerbe (insbesondere
  hoch-spezialisierter Maschinenbau), einer ausgeprägten technisch-wissenschaftlichen
  Kompetenz mit starken Ingenieurslehrstühlen sowie einer flankierenden Netzwerkkultur (z. B. Robotik für KMU, Kreis Borken) ergibt sich das IKF „Engineering Pro".[6]

Basierend auf den Daten aus der quantitativen Analyse zeigt die Quantifizierung der
identifizierten Innovationskompetenzfelder, d. h. die Berechnung der Innovationsstärke

---

[6] Die Quantifizierung der Innovationskompetenzfelder erfolgte über die Bildung eines additiven
Index aus den Indikatoren der Innovationsstärke der quantitativen Analyse. Werden die additiven
Indexe der Unternehmen, die den jeweiligen Innovationskompetenzfeldern zugeordnet wurden, auf-
addiert, ergibt sich aus der Summe die Innovationsstärke des IKF. Neben dieser Summe wird die
durchschnittliche Innovationskraft der Unternehmen je IKF ausgewiesen, um Effekte, die sich aus
der unterschiedlichen Anzahl der Unternehmen je IKF ergeben, auszuschalten.

der jeweiligen IKF, dass insbesondere die drei Innovationskompetenzfelder Sustainable Eco, Digital Solutions und Life Sciences über großes Potenzial verfügen.

Es zeigt sich, dass das Innovationskompetenzfeld „Sustainable Eco" in der Summe die stärkste Innovationskraft aufweist, gefolgt von den Kompetenzfeldern „Digital Solutions" und „Life Sciences", siehe Abb. 2.9. Insgesamt liegt die Innovationskraft jedes einzelnen Innovationskompetenzfeldes über der durchschnittlichen Innovationskraft aller Unternehmen im Sample.

Betrachtet man nicht die Summe der Innovationskraft pro IKF, sondern die durchschnittliche Innovationskraft der Unternehmen pro IKF fällt auf: Das IKF „Sustainable Eco" weist nicht nur in der Summe die stärkste Innovationskraft auf. Auch die einzelnen Unternehmen verfügen über eine überdurchschnittlich hohe Innovationskraft.

Die IKFs „Digital Solutions" und „Life Sciences" verdeutlichen, dass die Anzahl an Unternehmen, die in einem IKF vertreten sind, nicht ausschlaggebend für deren individuelle Innovationsstärke ist: Während das IKF „Digital Solutions" aufgrund der hohen Anzahl von Unternehmen im IKF (n = 204) in der Summe der Innovationskraft besser abschneidet als das IKF „Life Sciences", performt dieses deutlich besser, wenn man die durchschnittliche Innovationskraft der Unternehmen pro IKF betrachtet. Obwohl diesem IKF deutlich weniger Unternehmen zugeordnet wurden (n = 100), verfügen diese über eine durchschnittlich höhere Innovationskraft als die Unternehmen im IKF „Digital Solutions" (s. Abb. 2.10).

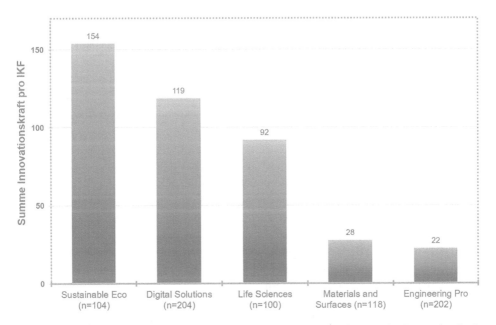

Abb. 2.9 Stärke der Innovationskompetenzfelder, gemessen an der Summe der Innovationskraft pro Feld (n = 312)

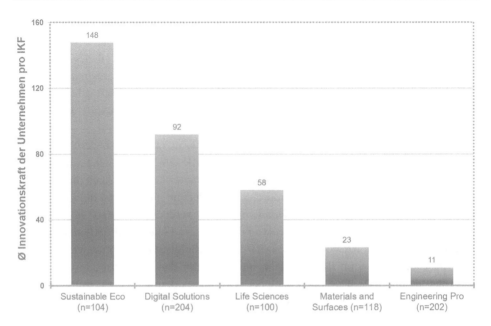

Abb. 2.10 Stärke der Innovationskompetenzfelder, gemessen an der durchschnittlichen Innovationskraft der Unternehmen pro IKF (n = 312)

Fazit

Aufgabe der Umfeldanalyse zur Entwicklung von Innovationskompetenzfeldern war es einerseits Heterogenität und Spezifik des Münsterlandes, und andererseits die Komplexität des Themas Innovation abzubilden. So galt es gleichermaßen wissenschaftliche wie wirtschaftliche Akteure, Unternehmen unterschiedlicher Branchen und unterschiedlicher Größen zu berücksichtigen.

Dieser Aufgabe ist die Umfeldanalyse durch ein mehrstufiges empirisches Verfahren begegnet, das im Ergebnis

- Charakteristika von besonders innovativen Unternehmen herausgearbeitet hat,
- Innovationskompetenzfelder im Münsterland identifiziert hat
- und damit einen Schlüssel für die passgenaue Förderung von Wirtschafts- und Wissenschaftsakteuren der Region generiert hat.

Deutlich wurde so z. B., dass überdurchschnittlich innovative Unternehmen auch überdurchschnittlich erfolgreich sind – ein Motivator für Unternehmen, in ihre Innovationsstärke zu investieren und diese zu fördern.

Ebenfalls wurde sichtbar, dass unternehmerische Innovationsstärke Hand in Hand mit einer starken Aktivität bei der Entwicklung neuer Ideen einhergeht; der Kanalisation der Innovationstätigkeit über eine Innovationsstrategie und hoch qualifizierten Mitarbeitern.

Aus diesen Charakteristika können Instrumentarien zur gezielten Förderung von Innovationstätigkeit abgeleitet werden.

Durch die Identifikation von Innovationskompetenzfeldern ließen sich Stärken und Potenziale der Region konkret verorten. Und noch wichtiger: Die Innovationsakteure werden sichtbar. Es wird deutlich, welche Innovationsthemen für sie interessant sind, wo Unterstützung ansetzen kann und mit welchen anderen Akteuren aus Wirtschaft und Wissenschaft sich sinnvolle Anknüpfungspunkte ergeben.

Dabei wurden nicht nur Innovationsstärken, sondern auch Potenziale des Münsterlandes im Innovationsbereich ermittelt, die sich besonders durch die Verzahnung von Wissenschaft und Praxis ausbauen lassen können, wenn etwa die Forschungskompetenz wissenschaftlicher Einrichtungen mit dem Innovationsengagement regionaler Wirtschaftsakteure vernetzt und ein stetiger Austausch institutionalisiert wird. Auch wenn beschriebene Trends unter Umständen in anderen regionalen Umgebungen abweichen können, so ist das methodische Vorgehen zum Erkenntnisgewinn der Innovationsfähigkeit und dem Innovationsindikatorensystem örtlich transferierbar.

2.3 Innovationskompetenzfelder des Münsterlandes

Bernd Büdding

Die Vorarbeiten zur Analyse der aktuellen Innovationsaktivitäten und -Ergebnissen im Münsterland nutzten das beschriebene alternative und sensitive Innovationsindikatorensystem und die Ergebnisse der o. g. Studie. Als Resultat entstanden fünf empirisch belegte und regionenweit interdisziplinär abgestimmte Innovationskompetenzfelder, die die Innovationsstrategie der Region für die Zukunft maßgeblich leiten:

- Digital Solutions
- Engineering Pro
- Life Sciences
- Materials and Surfaces
- Sustainable Eco

Digital Solutions
Das Münsterland ist fit im Bereich digitaler Lösungen. Das produzierende Gewerbe mit dem starken Maschinenbau spielt dabei eine ebenso wichtige Rolle wie kleinere 3D-Druck-Unternehmen in der Region. Auch auf wissenschaftlicher Seite zeigt sich eine starke Kompetenz bei den digitalen Lösungen. Die ausgeprägte Vernetzung der Unternehmen und wissenschaftlichen Einrichtungen zu Themen der Digitalisierung im Münsterland begünstigt zudem die gemeinsame Arbeit an Innovationen. Nicht zuletzt gibt auch das Netzwerk münsterLAND.digital deutliche Impulse bei der Entwicklung digitaler Lösungen.

Engineering Pro

Moderne Ingenieurleistungen sind ein Innovationsmotor im Münsterland. Eine Schlüssel-
rolle bei den Innovationstechnologien nehmen besonders die Produktions- und
Fertigungstechnologien, die Mess-, Radar- und Funktechnologien sowie die digitalen
Produktionstechnologien ein. Wichtig sind besondere Ingenieurleistungen vor allem im
Maschinenbau, der Herstellung von Metall- und Kunststoffwaren, aber auch bei der Erbringung von Dienstleistungen in der Informationstechnologie. Das Münsterland bildet
hervorragende Ingenieure und Ingenieurinnen aus und entwickelt innovative Konstruk-
tionsmechanismen. Die FH Münster hat hier die „Pole Position" mit den großen Fachbereichen „Maschinenbau" sowie „Energie-Gebäude-Umwelt". An der Westfälischen
Hochschule am Standort Bocholt werden darüber hinaus bionische Konstruktionsverfahren und Mechatronik in der Anwendung gelehrt und erforscht. Die Grundlagenforschung bildet u. a. die Westfälische Wilhelms-Universität mit ihrem Fachbereich Physik ab. Aber auch hier gibt es Schnittstellen zu anwendungsorientierter Forschung wie im
Batterieforschungszentrum MEET.

Life Sciences

Viele Unternehmen im Münsterland befassen sich mit Innovationsthemen der Gesundheit
und Bioanalytik. Besonders der Einsatz und die Entwicklung von „Life-Science-
Technologien" sind dabei hilfreich. Die Branchenzweige Gesundheitswesen, Forschung
und Entwicklung, Herstellung von Nahrungs- und Futtermitteln sowie Herstellung von
chemischen Erzeugnissen sind weit entwickelt. Die Wertschöpfungskette rund um die
Gesundheitswirtschaft zählt sowohl zu den beschäftigungsstärksten als auch zu den
technologisch am meisten spezialisierten im Münsterland. Allein die Universitätsklinik
Münster beschäftigt etwa 9250 Mitarbeiter und Mitarbeiterinnen. Einen besonders innovativen Schwerpunkt in der Region bilden die Unternehmen aus dem Bereich der Nano-
bioanalytik. Die Analyse von biologischen und medizinischen Materialien ist die Grundlage für Innovationen in vielen angrenzenden Branchen und Forschungsdisziplinen. Auch
auf wissenschaftlicher Seite ist das Münsterland ein wahrer Leuchtturm der Life Sciences. Das hohe Niveau und die Vielfalt der Betätigungsfelder wird durch die vielen Akteure deutlich: Das Universitätsklinikum Münster, das Max-Planck-Institut Münster, der
interdisziplinäre Forschungsschwerpunkt „Lebenswissenschaften" der Westfälischen
Wilhelms-Universität sowie viele angrenzende Fachbereiche.

Materials and Surfaces

Technologien, die diesem Kompetenzfeld eindeutig zugeordnet werden können, sind v. a.
die Nano- und Mikrotechnologien sowie Technologien zur Herstellung und Verarbeitung
neuer Werkstoffe und andere Oberflächentechnologien. Auch die wissenschaftliche Kompetenz in dem Bereich der Neuen Werkstoffe und Oberflächen ist beachtlich. Der Fachbereich Chemie der Westfälischen Wilhelms-Universität, das Institut für Konstruktions-
und Funktionsmaterialien der FH Münster sowie das Institut für Bionik der Westfälischen

Hochschule stehen hier nur beispielhaft für die Vielfalt und Kompetenz der Wissenschaft in der Region im Bereich „Materials and Surfaces". Den besonderen regionalen Stellenwert des Themas zeigen auch die bestehenden Vernetzungsstrukturen: Mit dem Netzwerk Oberfläche NRW und dem Netzwerk Bioanalytik sind Akteure bereits gut vernetzt. Die 7. NRW Nano-Konferenz in Münster im Jahr 2016 unterstreicht die Relevanz der Oberflächen- und Materialtechnologien in der Region.

Sustainable Eco
Nachhaltigkeit spielt im Münsterland eine besondere Rolle, auch als Innovationstreiber. Die mittelständische, oft familiengeführte Unternehmensstruktur ist dabei ein bedeutender Faktor. Geschäftsmodelle und Innovationen sind darauf ausgelegt, langfristig erfolgreich zu sein und das Umfeld zu schonen. Auch die regenerativen Energien spielen im Münsterland eine besondere Rolle. Auf der Seite der Wissenschaft befassen sich eine ganze Reihe von Instituten mit den drei Nachhaltigkeitsdimensionen Ökologie, Ökonomie und Soziales. Bedeutende Akteure sind hier sicherlich die Ernährungswissenschaftler an der FH Münster und das Zentrum für interdisziplinäre Nachhaltigkeitsforschung an der Westfälischen Wilhelms-Universität. Darüber hinaus gibt es eine Vielzahl von Instituten, die sich fachbezogen mit Nachhaltigkeit befassen. Die Vernetzung zum Thema Nachhaltigkeit ist aufgrund der Breite des Themas unübersichtlich. Unternehmerische Netzwerke finden sich aber besonders zu den Themen Ökoprofit und regenerative Energieproduktion, wie zum Beispiel das Netzwerk WindWest e. V.

Literatur

Bundesministerium für Bildung und Forschung. (2014). *Bundesbericht Forschung und Innovation.* https://www.bundesbericht-forschung-innovation.de/files/BuFI_2014_barrierefrei.pdf. Zugegriffen am 20.06.2019.

Christensen, C. M., Raynor, M. E., & McDonald, R. (2015). What is disruptive innovation? *Harvard Business Review, 93*(12), 44–53.

Dewar, R. D., & Dutton, J. E. (1986). The adoption of radical and incremental innovation: An empirical analysis. *Management Science, 32*(11), 1422–1433.

Eckardt, S. (2015). *Messung des Innovations- und Intrapreneurship-Klimas – Eine quantitativ-empirische Analyse.* Springer Gabler. ISBN: 978-3-658-08882-8.

Gläser, J., & Laudel, G. (2010). *Experteninterviews und qualitative Inhaltsanalyse.* VS Verlag für Sozialwissenschaften.

Gräf, J., & Langemann, C. (2011). Kennzahlen im F&E und Innovations-Controlling. *Der Controlling-Berater, 13*(3), 69–86.

Hoffmann, C., Lennerts, S., Schmitz, C., Stölzle, W., & Uebernickel, F. (Hrsg.). (2016). *Business Innovation: Das St. Galler Modell.* ISBN: 978-3-658-07167-7.

IHK Siegen. (2012). Innovationsfähigkeit und Innovationstätigkeit heimischer Unternehmen. Verdeckte Innovation – sichtbarer Erfolg. Heft 97 der Schriftenreihe der IHK Siegen.

Lusch, R. F., & Vargo, S. L. (2006). Service-dominant logic: Reactions, reflections and refinements. *Marketing Theory, 6*(3), 281–288.

Mayring, P., & Gläser-Zikuda, M. (Hrsg.). (2008). *Die Praxis der Qualitativen Inhaltsanalyse.* Beltz.

Möller, K., Menninger, J., & Robers, D. (2011). *Innovationscontrolling: Erfolgreiche Steuerung und Bewertung von Innovationen.* Schäfer Poeschel. ISBN: 978-3-7992-6539-3.

Scholl, A. (2018). *Die Befragung.* UVK-Verlagsgesellschaft mbH.

Scholl, W., Schmelzer, F., Kunert, S., Bedenk, S., Hüttner, J., Pullen, J., & Tirre, S. (2014). *Mut zu Innovationen – Impulse aus Forschung, Beratung und Ausbildung.* Springer Gabler. ISBN: 978-3-642-40227-2.

Weise, J. (2008). *Planung und Steuerung von Innovationsprojekten.* DUV Deutscher Universitäts-Verlag. ISBN: 978-3-8350-0736-9.

ZEW Zentrum für Europäische Wirtschaftsforschung. (2016). Die Rolle von KMU für Forschung und Innovation in Deutschland. Studien zum deutschen Innovationssystem Nr. 10/2016.

Aktivitätskonzept im Innovationsökosystem

3

Bernd Büdding, Katarina Kühn, Manuel Rudde, Christian Junker,
Sonja Raiber, Jens Konermann, Kathrin Bonhoff,
Christian Holterhues, Manuel Rudde, Ute Schmidt-Voecks,
Lisa Stahl, Julia Blank, Vivien Dransfeld, Bettina Begerow,
Eva Sormani, Kerstin Kurzhals, Carsten Schröder, Stefan Adam
und Matthias Günnewig

Innovationsförderung konkret – Maßnahmen und Best Practices
In den vorangegangenen Texten und Ausführungen wurden die theoretischen und wissenschaftlichen Erkenntnisse zu den Themen Innovationsfähigkeit, Innovationsindikatoren und zur regionalen Innovationskompetenz dargestellt. In dem nun folgenden Kapitel werden ganz praktische Ansätze beschrieben, wie Innovationskompetenz unterstützt und gefördert werden kann. Erprobt und durchgeführt wurden solche Maßnahmen im Projekt

B. Büdding (✉) · S. Raiber · U. Schmidt-Voecks
Münsterland e. V., Greven, Deutschland
E-Mail: buedding@muensterland.com; raiber@muensterland.com;
schmidt-voecks@muensterland.com

K. Kühn
Westfälische Wilhelms-Universität Münster, Arbeitsstelle Forschungstransfer,
Münster, Deutschland
E-Mail: katarina.kuehn@uni-muenster.de

M. Rudde · M. Rudde · M. Günnewig
Technologieförderung Münster GmbH, Münster, Deutschland
E-Mail: manuel.rudde@provinzial.de; manuel.rudde@provinzial.de;
guennewig@technologiefoerderung-muenster.de

C. Junker
Technologieförderung Münster GmbH und FH Münster, Münster, Deutschland
E-Mail: junker@fh-muenster.de

J. Konermann
Wirtschaftsförderungs- und -Entwicklungsgesellschaft mbH (WEST mbH),
Steinfurt, Deutschland
E-Mail: jens.konermann@kreis-steinfurt.de

C. Junker, B. Büdding (Hrsg.), *Das Innovationsökosystem*,
https://doi.org/10.1007/978-3-658-36117-4_3

Enabling Innovation Münsterland im Zeitraum der Umsetzungsphase. Dabei lassen sich die Maßnahmen in drei wesentliche Kategorien unterteilen, die gleichsam in ähnlichen Regionen anwendbar sind. Zusammengefasst bilden diese das Transferkonzept: Event/ Netzwerk, Toolbox und Fokusprojekte, siehe Abb. 3.1.

Event und Netzwerk

Grundlegender Baustein der Förderung von Innovationskompetenz ist es, zunächst notwendiges Methoden- und Praxiswissen zu vermitteln und Vernetzungen zwischen verschiedenen Kompetenzträgern zu schaffen. Dabei ist die Vernetzung alles andere als Selbstzweck. Vielmehr dient sie dem Aufbau von Vertrauen und erhöht die Chancen einer fruchtbaren Innovationskooperation. Die Aufgabe der regionalen Innovationsförderung ist es, Themen in Abstimmung mit den regionalen Unternehmen und Hochschulen zu erkennen, aufzugreifen, möglichst offen zu thematisieren und aufzubereiten. Dabei gibt es verschiede Möglichkeiten und Vorgehensweisen. Auch die Suche nach regionalen Themen kann durch Veranstaltungsformate wie beispielsweise Barcamps unterstützt werden. Im Vordergrund bei diesen Maßnahmen stehen dabei immer das Informieren und Vernetzen.

Tools der Innovationsförderung

Zum fachlichen Austausch zu einem gemeinsamen Thema oder einer gemeinsamen Problematik bieten sich andere Formate der Innovationsförderung an. Bei den Tools der Innovationsförderung geht es darum, erste grundlegende Ansätze zu erarbeiten oder ganz konkrete Ansprechpartner für Innovationsfragestellungen zu finden. Das Spektrum bewegt sich dabei von Workshop-Angeboten bis hin zu Online-Plattformen und komplexen Analyseverfahren.

K. Bonhoff
Wirtschaftsförderungsgesellschaft für den Kreis Borken mbH, Ahaus, Deutschland
E-Mail: bonhoff@wfg-borken.de

C. Holterhues
Wirtschaftsförderung Kreis Coesfeld GmbH, Dülmen, Deutschland
E-Mail: christian.holterhues@wfc-kreis-coesfeld.de

L. Stahl · C. Schröder
TAFH Münster GmbH und FH Münster, Münster, Deutschland
E-Mail: lisa.stahl@fh-muenster.de; schroeder@fh-muenster.de

J. Blank · S. Adam
TAFH Münster GmbH, Münster, Deutschland
E-Mail: julia.blank@fh-muenster.de; adam@ta.fh-muenster.de

V. Dransfeld · B. Begerow · E. Sormani · K. Kurzhals
FH Münster, Münster, Deutschland
E-Mail: junker@fh-muenster.de; junker@fh-muenster.de; es868955@fh-muenster.de;
kerstin.kurzhals@fh-muenster.de

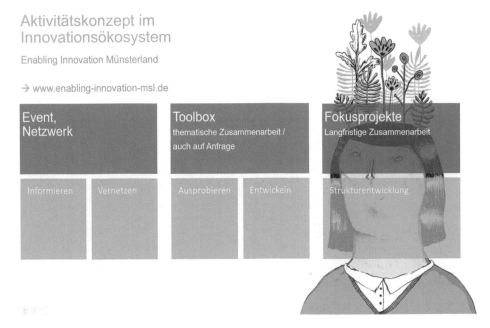

Abb. 3.1   Umsetzungsphase des Aktivitätskonzepts

Regionale Fokusprojekte
Im Rahmen des Transferkonzepts wurden Projekte identifiziert, unterstützt und entwickelt, die in der Lage sind, die fünf Innovationskompetenzfelder der Region weiter voranzubringen. Die Projekte haben einen gesamtregionalen Charakter, sind kreis- und institutionsübergreifend besetzt und liefern einen wesentlichen Beitrag, um die Innovationsstrukturen in der Region weiter zu verbessern.

3.1   Events und Networking

3.1.1   Enablingcamp – Das Innovations-Barcamp (Abb. 3.2)

Katarina Kühn und Bernd Büdding

Ziel
Das Barcamp als Veranstaltungsformat hat seine Wurzeln in Kalifornien. Dort wollte sich der Open-Source-Programmierer Tim O'Reilly nicht weiter auf den üblichen IT-Kongressen mit Frontalbeschallung langweilen. Stattdessen organisierte er 2003 selbst ein Brainstorming-Wochenende ohne vorgegebenen Ablauf oder Themen. Dabei war der Name „Camp" Programm, da die Teilnehmenden des besagten Wochenendes tatsächlich im Garten von Tim O'Reilly gezeltet haben. Der Begriff „Bar" stammt aus der Informatik

Abb. 3.2 Das Innovations-Barcamp

und bezeichnet einen Platzhalter. Tim O'Reillys Idee war die Geburtsstunde der heutigen Barcamps (Feldmann & Hellmann, 2016).

Barcamps, als offene Veranstaltungsform ohne festgelegte Agenda, werden auch Un-Konferenzen genannt. Diese Bezeichnung macht deutlich, dass der Wissens- und Informationsaustausch auf Augenhöhe im Vordergrund steht. Wissen wird durch die Teilnehmerinnen und Teilnehmer nicht nur passiv konsumiert, sondern sie können selbst aktiv an der Veranstaltung partizipieren, gemeinsam Wissen generieren, Ideen entwickeln, diskutieren, voneinander lernen und sich vernetzen.

Zielgruppe

Barcamps haben zumeist einen übergeordneten Themenschwerpunkt. Thematisch völlig offene Barcamps sind selten. Eine weitere Form der Barcamps sind so genannte Corporate Camps, die von Unternehmen ganz gezielt als Instrument im Innovations- und Wissensmanagement eingesetzt werden. Doch das Barcamp als innovatives Tool kennt viele Einsatzbereiche; beispielsweise als HR-Maßnahme zur Fortbildung und Einarbeitung neuer Mitarbeiterinnen und Mitarbeiter, als Möglichkeit zur Entwicklung einer eigenen Unternehmenskultur und zum offenen Austausch zwischen internen und externen Stakeholdern (Feldmann & Hellmann, 2016).

Aufwand und Dauer

Die ideale Teilnehmeranzahl liegt zwischen 50–100 Personen. Minimum sind 12, Maximum 1000 Personen (Biskup, 2016). Ein Barcamp funktioniert nach dem Prinzip der Selbstorganisation. Natürlich müssen einige Dinge wie Moderation, Location, Catering und eventuelle Sponsoren im Vorfeld organisiert werden. Ursprünglich fanden Barcamps am Wochenende statt und gingen über zwei Tage (Feldmann & Hellmann, 2016). Das ist auch heute immer noch üblich, wobei viele Barcamps nur eintägig sind. In Konferenzen eingebettete Barcamps dauern auch schon mal nur einen halben Tag. Kürzer aber sollten sie nicht sein.

Beschreibung

Alle Barcamps folgen dem gleichen Ablauf: Sie beginnen mit einer Vorstellungsrunde aller Beteiligten nach der offiziellen Begrüßung. Üblich ist es neben seinem Namen drei ganz individuelle Schlagworte, so genannte Hashtags, zu nennen, welche die eigene Person, Institution und/oder Interessen näher beschreiben. Diese Hashtags können auch auf das Namensschild geschrieben werden.

Im Anschluss findet der Session-Pitch statt, der ebenfalls durch die Moderation geleitet wird.

Die Themenvorschläge für jede einzelne Session werden auf eine Moderationskarte geschrieben und in einem Pitch kurz den anderen teilnehmenden Personen vorgestellt. Durch die Moderation wird das Interesse an dieser Session abgefragt und entschieden, wann die Session angeboten wird. Abhängig vom Interesse an der Session sollte die Größe der zur Verfügung stehenden Räume berücksichtigt werden.

So füllt sich das Herzstück eines jeden Barcamps, das sogenannte Session-Board. Dort wird festgehalten, wann welche Session in welchem Raum stattfindet. Im Sinne der Charakteristika eines Barcamps, nämlich der starken Einbeziehung von Online-Tools und Social Media, kann das Session-Board in ein Online-Tool übertragen werden, auf das alle Beteiligten jederzeit zugreifen können. Das Abfotografieren des Session-Boards entfällt (Biskup, 2016).

Ein weiterer Vorteil ist, dass das Board so aktuell gehalten wird, falls doch noch ein Session-Tausch stattfindet oder teilnehmende Personen eine andere, zeitgleich stattfindende Session besuchen wollen. Durch das barcamptypische „Gesetz der Füße" kann individuell entschieden werden, ob man eine Session bis zu ihrem Ende besucht oder nicht (Knoll, 2018).

„Eine Session beginnt mit einem Vortrag oder einer Fragestellung, an die sich eine Diskussion zum gemeinsamen Wissens- und Erfahrungsaustausch anschließt" (Knoll, 2018), kann aber auch als Workshop gehalten werden. Übliche Dauer einer Session ist 45 Minuten. Das aber ist keine feste Regel. Auch wie viele Sessions innerhalb eines Session-Blocks durchgeführt werden und wie viele Sessions parallel stattfinden, kann individuell entschieden werden.

Letzteres ist von der Anzahl der zur Verfügung stehenden Räume der Barcamp-Location abhängig. „Beide Runden – für die gemeinsame Vorstellung und den Session-Pitch – sind feste Barcamp-Rituale und demonstrieren gleich zu Beginn zentrale Werte von Barcamps wie Diversität, Inklusivität, Informalität, Kreativität und Selbstorganisation." (Feldmann & Hellmann, 2016)

Sinnvoll ist es zum Schluss eines Barcamps eine Feedbackrunde anzuschließen. Dort können die Inhalte der einzelnen Sessions noch einmal kurz zusammengefasst werden.

Alle können hier Erfahrungen und Hinweise zum Barcamp einbringen. Letzter Programmpunkt eines Barcamps ist das Get-together, wo die Teilnehmerinnen und Teilnehmer nochmals die Gelegenheit zum Networking haben und das Barcamp gemeinsam ausklingen lassen können.

Tipps und Tricks

Bei der Auswahl der Barcamp-Location ist es sinnvoll darauf zu achten, dass die einzelnen Räume mit entsprechender Präsentationstechnik ausgestattet sind. Ebenso ist eine stabile Internet-Versorgung in der gesamten Location nötig, um die Nutzung der Online- und Social Media-Tools jederzeit zu gewährleisten.

Als Markenzeichen eines jeden Barcamps hat sich ein eigenes Barcamp-Logo etabliert (s. Abb. 3.3).

Die obligatorische Flamme hat einen hohen Wiedererkennungswert und steht als Symbol für die Begeisterung und Leidenschaft der einzelnen Barcamp-Partizipanten. „Dieses Grundlogo wird für das eigene Barcamp angepasst, in der Farbwahl und durch die Anreicherung mit grafischen Elementen, die zum Beispiel den Ort oder das Thema des Barcamps iconisieren." (Feldmann & Hellmann, 2016)

Ebenso sollte jedes Barcamp ein eigenes Hashtag haben, der das Barcamp beschreibt und mit dem auch im Vorfeld schon Werbung betrieben werden kann. Für die Durchführung eines Barcamps empfiehlt sich die Orientierung an den acht Regeln eines Barcamps, durch die sich auch die spezifische Partizipationskultur eines Barcamps ausdrücken (Feldmann & Hellmann, 2016), siehe Abb. 3.4.

Im Sinne der Nachhaltigkeit eines Barcamps, aber auch um den freien Wissensaustausch zu unterstützen, bietet sich eine Dokumentation der einzelnen Sessions an. Das kann direkt parallel in der laufenden Session stattfinden, oder im Nachgang durch die Sessionleiterinnen oder Leiter geschehen. Auch hier ist es sinnvoll, Social Media und Online-Tools zu nutzen, zum Beispiel durch die Veröffentlichung einer Session-

Abb. 3.3 Logo des Barcamps

1. Regel: Sprich über das Barcamp.

2. Regel: Schreibe über das Barcamp und nutze den Hashtag des Barcamps (Twitter, Blogbeitrag,…).

3. Regel: Wenn Du präsentieren möchtest, stelle Dich und Dein Thema kurz vor und schreibe beides auf eine Präsentationskarte (Vorstellungsrunde und Session-Pitch).

4. Regel: Stelle Dich in der Vorstellungsrunde mit drei Hashtags vor.

5. Regel: Es gibt so viele Präsentationen gleichzeitig, wie es Präsentationsräume gibt.

6. Regel: Trau Dich und halte eine eigene Session auf dem Barcamp!

7. Regel: Präsentationen dauern so lange, wie sie müssen – das kann kürzer sein, als bis zum nächsten Session-Slot.

8. Regel: Sei fair und halte keine reine Werbe-Session.

Abb. 3.4 Die 8 Regeln des Barcamps Die 8 Regeln des Barcamps

Zusammenfassungen auf einem Blog, als Facebook-Beitrag oder gesammelt in einem Etherpad (Knoll, 2018).

Praxistest

Während der Projektlaufzeit haben die Projektpartner zwei Enablingcamps unter dem Oberthema Innovation und Region durchgeführt. Ziel war es, möglichst viele Akteure aus völlig unterschiedlichen Bereichen aus der Region zusammenzubringen und einen offenen Austausch sowie eine stärkere Vernetzung innerhalb der Innovationsförderung zu initiieren. Es wurden gezielt Unternehmen, Selbstständige, Gründerinnen und Gründer, Wissenschaftlerinnen und Wissenschaftler, Studierende, Institutionen, Multiplikatoren und Innovationsinteressierte zur Teilnahme am Enablingcamp angesprochen.

Die Erfahrung zeigte, dass das doch recht zeitintensive Veranstaltungsformat zwar einen intensiven Wissens- und Erfahrungsaustausch bietet. Nachteil aber ist, dass der Zeitfaktor gerade für Unternehmerinnen und Unternehmer ein Hindernis darstellen kann. Ebenso stößt das innovative Veranstaltungsformat mit seinem partizipativen Ansatz längst nicht bei allen auf Vertrautheit.

Dem wollte man entgegenwirken, indem beide Enablingcamps mit einem sogenannten Enabling-Session-Block begonnen wurden. Dazu wurden im Vorfeld die Session-Leiterinnen und -Leiter sowie die Themen der jeweiligen Session bekannt gegeben, um Barcamp-Neulingen eine grobe Orientierung zu geben, was sie an diesem Tag erwartet.

Der Sessionplan eines durchgeführten Enablingcamps umfasste folgenden Ablauf, siehe Abb. 3.5.

Die Teilnahme an den Barcamps wurde überwiegend positiv bewertet. Das Format eignet sich gut, um Themen aus einer Gruppe zu extrahieren und die Vernetzung zu intensivieren. Spannend ist insbesondere für den Veranstalter, dass sich die Themen von selbst entwickeln und nicht einer vorgegebenen Logik folgen. Dies fördert einen Open-Innovation-Ansatz und bietet viele Möglichkeiten sich einzubringen.

Für das Themenfeld der regionalen Innovationsförderung ist der Eindruck entstanden, dass die Vernetzungs-Komponente sehr gut funktionierte, die thematische Zusammenarbeit aber oft nicht über den Status einer guten und spannenden Diskussion hinauskam. Das Veranstaltungsformat empfiehlt sich daher eher, wenn das Ziel der Veranstaltung ergebnisoffen ist und der Aspekt des Community-Buildings im Vordergrund steht.

3.1.2 Pub-Quiz mit Innovations-Bierdeckeln

Manuel Rudde und Christian Junker

Ziel

Ziel des Pub-Quiz mit Innovations-Bierdeckeln ist die Entwicklung neuer Ideen und Projekte in einer anregenden Atmosphäre (s. Abb. 3.6). Fragen aus allen erdenklichen Bereichen öffnen die Gedanken. In Pausen ist dann Zeit diese zu Ideen zu ordnen. Das Pub-

	Raum M4	M5	M6	M7	Auditorium	TobitLabs
10:30 Uhr	Intro, Vorstellungsrunde, Session-Pitch Meetingraum M4					
11:15 - 11:45	Enabling Session 1 Prof. Dr. Timo Betz – WWU Münster Cells in Motion – Innovation in der Grundlagenforschung	Enabling Session 2 Prof. Carsten Cruse – CLK Bildverarbeitung und Robotik Anwendungsfeld er der Robotik in KMU	Enabling Session 3 Dipl. – Ing. Jens Hildenhagen - Laserzentrum FH Münster Lasertechnik effektiver nutzen für KMU	Enabling Session 4 Maurin Radtke – 52° North Münster enviroCar – Plattform zum Sammeln und Analysieren von Sensordaten aus Fahrzeugen	Enabling Session 5 Dieter van Acken – Tobit Software Vom Showcase zum Showstar – Einfach digital starten	
11:45 – 12:00	Lunch im Bamboo!					
12:00 – 13:30	Martin Mit Studenten-Events zu neuen Innovationen!?	Sebastian Köffer smart city & smart area	Monika Leiking Unternehmen (KMU) + GründerInnen	Klaus Nienhaus Wie ändert sich die Gesellschaft durch autonom fahrende Autos?		TobitLabs Session 1
13:00 – 14:00	Coffee - Break					
14:00 – 15:00	Stefan Jahn Energieeffzienz spielerisch erlernen & leben	Frank Grewe Digital - Leadership	Georg Oenbrink Technologie Scouting	Philip Digital Verpflegen – auf dem Weg zum Replikator		TobitLabs Session 2
15:00 – 15:30	Coffee - Break					
15:30 – 16:30	Daniela Mein Körper und Ich – eine Freundschaft fürs Leben	Udo Verantwortungsthemen im Münsterland	Sebastian Fernströning #3D-Druck	Gottfried Vossen & Andreas Bagner Wer hat meine Innenstadt geschrumpft?		TobitLabs Session 3
16:30 – 17:15	Abschlussrunde – Feedback im Meetingraum M4, Ausklang					

Abb. 3.5 Ablauf Sessionplan „Enablingcamp"

Quiz ist ideal für den Beginn längerer Workshops, als Vorabend-Programm oder auch als teambildende Maßnahme.

Zielgruppe

Es ist eine ausreichend große Zahl an Teilnehmenden erforderlich, um ausreichend Teams zu bilden. Eine konkrete Zielgruppe ist nicht festgelegt. Das Quiz ist aber besonders sinnvoll für Netzwerke, Verbände oder Projektgruppen, die sich nicht in regelmäßigen Abständen treffen. So kommt der Networking- und Austauscheffekt besonders zum Tragen und die Teilnehmenden können sich besser kennen lernen.

Aufwand und Dauer

Durchführung: ca. 2–3 Stunden, Vorbereitung: ca. 1 Tag, Nachbereitung: ca. 1 Tag, in Abhängigkeit von den generierten Ideen und wie stark deren Umsetzung forciert werden soll.

Abb. 3.6 Innovations-
Bierdeckel

Beschreibung

Das Pub-Quiz besteht aus drei Hauptrunden mit jeweils einigen Fragen zu einer von drei Kategorien. Jede Hauptrunde enthält als zweite Kategorie ein interaktives Element. Nach den Hauptrunden folgt je eine Zwischenrunde, in der Knobelaufgaben gelöst werden. Beispielsweise lässt sich hier eine Liste von Unternehmen ihrem Umsatz nach ordnen oder charakteristische Zeitungsartikel nach Erscheinungsdatum. Die Zwischenrunden dienen dazu, dem Organisationsteam Zeit einzuräumen, um die vorangegangene Hauptrunde auszuwerten und alle Teams anschließend über den Punkte-Zwischenstand zu informieren (s. Abb. 3.7).

Zeit	Aktivität
40 Minuten	Hauptrunde A 1. Fragenkategorie 2. Interaktives Element 3. Fragenkategorie
15 Minuten	Zwischenrunde
40 Minuten	Hauptrunde B 1. Fragenkategorie 2. Interaktives Element 3. Fragenkategorie
15 Minuten	Zwischenrunde
40 Minuten	Hauptrunde C 1. Fragenkategorie 2. Interaktives Element 3. Fragenkategorie

Abb. 3.7 Die Struktur des Pub-Quiz

Aufbau: Für jede Gruppe sollte ein Gruppentisch bereitstehen. Auf diesem befinden sich zu Beginn des Pub-Quiz die im Titel bereits erwähnten Innovations-Bierdeckel, ca. 100 Stück pro Gruppe. Neben den Fragen im Rahmen des Pub-Quiz können auf diesen Bierdeckeln Ideen notiert werden, die einem vor, während oder nach dem Pub-Quiz in den Sinn kommen und die ggf. durch die Fragen angeregt wurden. Oft gibt eine bestimmte Frage einen Impuls, der wiederum zu einer Idee für ein Projekt, einer Kooperation, oder einem Produkt führt. Damit dieser Gedanke nicht verloren geht, liegen die Bierdeckel während des gesamten Quiz stets griffbereit. Über jeden ausgefüllten Innovations-Bierdeckel sammeln die Teilnehmer-Teams Zusatzpunkte. Dabei wird die Qualität der Ideen entsprechend der allgemeinen Brainwritingregeln nicht bewertet.

Ablauf: Zu Beginn werden die Teilnehmer in gleich große Gruppen aufgeteilt. Jede Gruppe sollte ca. 4–6 Personen umfassen. Nach Möglichkeit sollten diese Personen sich gut beratschlagen können, daher ist je ein Gruppentisch zu empfehlen. Zur eindeutigen Identifikation werden zu Beginn des Pub-Quiz Teamnamen gewählt.

Das Organisationsteam gibt die Spielregeln bekannt (Anzahl Spielrunden, keine Smartphones etc.) und beginnt mit der ersten Frage. Anschließend haben die Teams kurz Zeit, sich zu beratschlagen und eine Antwort in das Lösungsset zu schreiben. Weiter geht es mit den übrigen Fragen der ersten Fragenkategorie in der ersten Hauptrunde. Nach Abschluss dieser ersten Fragenkategorie sollte kurz nachgefragt werden, ob alle Fragen akustisch verstanden wurden. Falls ja, kann es direkt mit dem interaktiven Element weitergehen. Hierunter subsumieren sich Wissenskategorien, die nicht auf die herkömmliche Art und Weise abgefragt werden. Beispielsweise können hier Standorte abgefragt werden, an denen berühmte Szenen stattfanden und auf einer Weltkarte per Kreuz eingezeichnet werden, z. B.: „Wo ist die Titanic untergegangen?"

Zum Abschluss der ersten Hauptrunde folgt noch die dritte Fragekategorie. Jede Kategorie sollte dabei ca. sechs Fragen umfassen. Mit Schluss dieser dritten Fragekategorie endet die erste Hauptrunde.

Damit das Organisationsteam die nächsten 10–15 Minuten nutzen kann, um die erste Hauptrunde auszuwerten, erhalten die einzelnen Gruppen in der Zwischenrunde Knobelaufgaben. Das Lösen als Team steht hier im Fokus. Von diesem Zeitpunkt an wiederholt sich das Schema wiederkehrend.

Es ist über die Moderation darauf zu achten, dass die Teilnehmer im Eifer des Gefechts nicht die Innovations-Bierdeckel für ihre Ideen vergessen. Regelmäßige Hinweise zu diesem Thema als „Extra-Kategorie" und ausreichend Zeit im Gesamtablauf sichern dieses zentrale Ergebnis. Es ist auch möglich, die Fragen wie Reizworte zu nutzen und mindestens einen verpflichtenden Innovations-Bierdeckel pro Frage und Team einzufordern.

Mögliche Inhalte

Bei den Inhalten für die einzelnen Fragekategorien gibt es kaum Beschränkungen. Einige Faustregeln gelten, um den Spaß am Spiel nicht zu gefährden:

- Die Fragen sollten von Einzelpersonen kaum lösbar sein, eine gewisse geistige Anstrengung und Teamwork sind elementare Bestandteile eines Pub-Quiz.

- Ganze Kategorien in Spezialwissen sind nur sinnvoll, wenn mehrere Teilnehmende dieses Spezialwissen haben (dies wäre in Netzwerken oder Verbänden zu bestimmten Themen der Fall)

Die Abfrage von Allgemeinwissen in folgenden Kategorien funktioniert meist sehr gut:

- Musik
- Geografie
- Politik
- Celebrities
- Filme
- Biologie
- Chemie
- Sport
- usw.

Tipps und Tricks
- Die Räumlichkeiten sollten weder zu groß noch zu klein sein. So kann sichergestellt werden, dass die einzelnen Teams sich untereinander geheim beratschlagen können und gleichzeitig alle Ansagen der Moderation verstehen.
- Funktionierende Technik (Beamer, Soundsystem, etc.) ist essenziell.
- In der Moderationsrolle ist der Hinweis und die Einbindung der Innovationsbierdeckel erfolgsentscheidend für das Gesamtergebnis des Pub-Quiz. Ansonsten besteht die Gefahr, dass der Innovationsanteil zu Gunsten der nicht weniger interessanten sozialen und spielerischen Komponente verloren geht, das Pub-Quiz geht nämlich mit jeder Menge Spaß einher!
- Für einen reibungslosen Ablauf sind 2 Personen ideal.

Praxistest
Das Pub Quiz wurde erfolgreich in einer internationalen Gruppe von 40 Teilnehmenden in Enschede eingesetzt. Das Netzwerk Oberfläche NRW (www.oberflaeche-nrw.de) hat Ende 2018 ein Jahrestreffen veranstaltet, bei dem unterschiedlichste Unternehmen an Innovationsideen für neue Materialien und Oberflächen gearbeitet haben. Die Teilnehmenden kamen dabei aus verschiedenen Branchen, Unternehmensgrößen und Ausbildungshintergründen, z. B. Chemie, Physik, Biologie oder Betriebswirtschaft. Auch die Wissenschaft war mit mehreren Personen vertreten. Die Teilnehmenden kannten sich zu Beginn teilweise aus der etablierten Netzwerkarbeit. Es waren aber auch neue Mitglieder und Anwärter zugegen. Im Ergebnis konnten am Folgetag aus den entstandenen Ideen sechs Projekte mit entsprechenden Treibern und Teams abgeleitet werden, von denen später vier weiterverfolgt wurden. Jedes Projekt umfasst dabei die Entwicklung mindestens einer neuen Anwendung und/oder eines neuen Materials durch jeweils drei bis fünf kooperierende Unternehmen. In einem Fall ist die Gründung eines neuen Unternehmens aus dem Projekt-Nukleus geplant.

3.1.3 Innovations-Impuls

Sonja Raiber und Bernd Büdding

Ziel

Mit einem kurzweiligen Veranstaltungsformat, bestehend aus nur einem Redner, sollen kurze Impulse rund um das Thema Innovation gesetzt werden. Durch das einstündige, abendliche Format mit anschließender Netzwerk-Option lässt sich eine Teilnahme an einem Innovationsimpuls gut mit dem laufenden Arbeitsalltag verbinden. Die Teilnehmer sollen inspiriert und informiert werden.

Zielgruppe

Vornehmlich Unternehmen, Hochschulen, Forschungseinrichtungen, Wirtschaftsförderungen, Transferstellen und Innovations-Interessierte

Aufwand und Dauer

Insgesamt sollten 6–8 Wochen zur Vorbereitung der Veranstaltung bzw. als Vorlauf für die Einladung der Teilnehmer eingeplant werden. Das konkrete Event beinhaltet einen einstündigen Vortrag sowie Vor- und Nachbereitung und anschließender Zeit zum Netzwerken der Teilnehmer. Notwendige Unterstützung dazu bilden räumliche Möglichkeiten mit technischer Ausstattung und zum Zusammenkommen in After-Work-Atmosphäre. Zusätzlich sollten eventuelle Aufwandsentschädigungen für Referenten, Getränkekosten sowie Raummiete (je nach Veranstaltungsort) einkalkuliert werden.

Beschreibung

Der Innovations-Impuls ist ein kurzes, knackiges Veranstaltungsformat unter dem Motto „Ein Thema – Eine Stunde – Ein Referent." Er findet unterhalb der Woche in den Abendstunden im Anschluss an die gängige Arbeitszeit statt. Die Veranstaltungen können dabei relativ spontan und kurzfristig organisiert werden, sobald sich ein spannendes Thema bzw. ein spannender Referent anbietet.

Dies hat den Vorteil, auf tagesaktuelles Geschehen eingehen zu können und ein interessantes Thema sofort zu bespielen. Nicht zu unterschätzen ist auch, dass das Format interessanten Persönlichkeiten aus der Region eine Bühne gibt. Dies schafft Authentizität und ist für das Netzwerken im Anschluss von Vorteil.

Zuerst gilt es also, interessante Themen und Persönlichkeiten zu identifizieren. Hier ist die Nutzung des eigenen Netzwerks unabdingbar, um Empfehlungen und Hinweise auf aktuelle Themen zu erhalten. Für das Thema Digitalisierung bietet sich an, mit dem regionalen Digital Hub zusammenzuarbeiten und so Themen aufzugreifen.

Mögliche Redner können aus Unternehmen und Hochschulen, aber auch dem Beratungssektor kommen. Wichtig ist, dass das Thema spannend ist und in der Kürze des

Formats umrissen werden kann. Hat sich das Format etabliert, kommen z. T. auch Redner proaktiv auf den Veranstalter zu, um einen Vortrag anzubieten.

Da die Teilnehmer meist direkt von der Arbeit kommen, ist bei der Auswahl des Vortrags und Referenten darauf zu achten, dass es sich um ein interessantes und anregendes Thema handelt, das ansprechend dargestellt wird.

Ist der Redner gefunden, muss nach einem Veranstaltungsort gesucht werden. Bewährt haben sich Formate an spannenden Orten wie z. B. in Unternehmen. Die Unternehmen haben dann auch die Möglichkeit sich in der Begrüßung kurz vorzustellen. Gerade Unternehmen, die nicht so bekannt sind oder verstärkt Employer Branding betreiben, können so auf sich aufmerksam machen.

Es empfiehlt sich, digitale Anbieter zur Einladung der Teilnehmer zu nutzen (z. B. Eventbrite) und gemeinsam mit Partnern zur Veranstaltung einzuladen, um möglichst viele potenzielle Teilnehmer zu erreichen. Darüber hinaus sollten Social-Media-Kanäle genutzt werden, um die Veranstaltung zu bewerben.

Am Veranstaltungstag gilt es, sich um Teilnehmerlisten, Namensschilder, die Präsentationstechnik und die Registrierung zu kümmern. Wie bei jeder Veranstaltung ist es von Vorteil, eine Checkliste zu nutzen, da eine reibungslose Organisation Grundvoraussetzung für das gute Gelingen ist.

Nach der kurzen Begrüßung durch den Gastgeber beginnt der Vortrag des Redners. Es empfiehlt sich, eine maximale Vortragsdauer von 45 Minuten einzuhalten. Auch sollte das Publikum ausreichend Zeit haben, Fragen zu stellen. Im Anschluss sollte die Möglichkeit bestehen, sich bei einem Getränk noch auszutauschen. Inkl. des optionalen Netzwerk-Teils sollte die Veranstaltung nicht länger als 1 ½ Stunden dauern.

Gegebenenfalls sollten die Teilnehmer im Nachhinein die Möglichkeit bekommen, auf die Präsentation bzw. weitere Informationen zugreifen zu können, sofern der Redner damit einverstanden ist.

Eine interessante Möglichkeit die Nachhaltigkeit einer Veranstaltung zu erhöhen, ist ein Social-Media-Livestream, z. B. über Facebook. Erfahrungsgemäß schauen zwar wenige Nutzer live zu, dafür werden die Vorträge aber gern im Nachhinein angeklickt und angeschaut. Da die Vorträge kurz sind, wirkt die Dauer der Videos nicht abschreckend.

Für den Livestream werden lediglich ein Smartphone und ein Stativ benötigt. Das dafür notwendige Know-how lässt sich schnell aneignen bzw. ist ggf. im eigenen Haus schon vorhanden. Natürlich sollten datenschutzrechtliche Regelungen beachtet werden.

Tipps und Tricks
- Interessante Persönlichkeiten aus der Region anfragen, die eine Geschichte zu erzählen haben
- In der Kürze liegt die Würze, d. h. die Veranstaltungsdauer sollte möglichst kurzgehalten werden (eine Stunde)
- Gut dokumentierte Erfahrungsberichte von Reisen zu Innovations-Hot-Spots (z. B. Silicon Valley, China etc.) ziehen in der Regel viele Teilnehmer an

- Mit einem örtlichen Unternehmen zusammenarbeiten, das den Veranstaltungsort zur Verfügung stellt
- Social Media Livestream anbieten, z. B. bei Facebook
- Die Möglichkeit zum Netzwerken nach der Veranstaltung einkalkulieren

Praxistest

Im Rahmen des Projektes *Enabling Innovation Münsterland* wurden insgesamt fünf Innovations-Impulse durchgeführt. Teilweise kamen die Referenten auf das Projektteam zu und boten einen Vortrag im Rahmen des Formats an. Im ersten Enabling-Innovations-Impuls beleuchtete Christian Buchholz vom Verrocchio Institute das Thema Innovations-kultur (s. Abb. 3.8).

Im zweiten Impuls berichtete Christoph Hertz, CEO der Celexon Group, von seiner Reise mit einer Google Delegation nach Tokio und Shanghai. Marco Schultewolter, Certified Ethical Hacker vom Unternehmen Scutisec, demonstrierte in der dritten Veranstaltung, wie ein Datenangriff aus Sicht eines Hackers verläuft und wie sich Unternehmen und Privatpersonen davor schützen können.

Im vierten Impuls führte Benno van Aerssen vom Verrocchio Institute mit den Teilnehmern die Marshmallow-Challenge durch, um agile Innovationsmethoden wie Design Thinking zu demonstrieren. Über ihre Reise ins Silicon Valley erzählten drei Professoren der FH Münster (Prof. Carsten Feldmann, Prof. Johannes Schwanitz und Prof. Ralf Ziegenbein) im Rahmen der fünften Veranstaltung.

Abb. 3.8 Veranstaltungsposter – Enabling Innovations-Impulse

Bei allen Veranstaltungen stellten die Teilnehmer viele Fragen und nutzen die Möglich-keit zum Netzwerken im Anschluss. Die Reiseberichte kamen beim Publikum besonders gut an. Hier nahmen sogar Schülerinnen und Schüler sowie Studierende teil. Das gast-gebende Unternehmen erhielt jeweils die Möglichkeit sich kurz vorzustellen und die Teil-nehmer im eigenen Haus zu begrüßen.

3.1.4   Innovations-Meetup

Bernd Büdding

Ziel
Vernetzung von Unternehmen und Produktdesignern zum Thema „Innovatives Design"/ Bildung eines Fachaustausches von Designinteressierten zu neuen Technologien und „Münsterländer Design".

Zielgruppe
Designer und Entwickler aus Unternehmen, Produktdesigner, Designinteressierte, Institu-tionen und Verbände mit Design- bzw. Effizienz-Schwerpunkt.

Aufwand und Dauer
Je nach Turnus sollten mindestens drei Meetups im Jahr stattfinden (s. Abb. 3.9). Gleich-zeitig ist der Aufwand für Einladung und Teilnehmermanagement geringer. Vorbereitung konzentrieren sich im Wesentlichen auf Organisation von Räumlichkeiten und Impulsvor-trägen. Die optimale Teilnehmerzahl liegt zwischen 15 und 30 Teilnehmern.

Abb. 3.9 Innovations-Meetup

Beschreibung

Das Meetup ist ein wiederkehrendes Veranstaltungsformat zur Vernetzung. Es basiert auf der Digitalen Plattform www.meetup.com. Die Plattform unterstützt das Community-Building in ganz verschiedenen Bereichen und ist kostenpflichtig. Von offenen Brettspiel-gruppen, Fußballterminen, Kennenlern-Gruppen für neu Zugezogene bis hin zu Treffen von Linux Administratoren und größeren Veranstaltungen ist alles möglich.

Die Meetups können offen oder geschlossen gestaltet und hinsichtlich der Teilnehmerzahl begrenzt werden. Um einem Meetup beizutreten, muss sich der Teilnehmer auf dem Portal anmelden und seine Daten eingeben. Dann kann er auch mehreren Meetups beitreten und wird immer informiert, wenn eine neue Veranstaltungseinladung erstellt wurde (s. Abb. 3.10).

Tipps und Tricks
- Erste Meetups über größere E-Mail-Verteiler bewerben, dann nur noch über Meetup-Plattform
- Erstellen eines einfachen Logos für die visuelle Wiedererkennung und Darstellung des professionellen Anspruchs
- Genaue Beschreibung der Ziele und Absichten auf der Meetup-Plattform
- Ausgiebige Vorstellungsrunde als Eisbrecher anregen
- Möglicherweise konkrete Fragestellungen mit Workshopmethoden bearbeiten

Praxistest

Impulsgebend für das Vorhaben, ein Netzwerk zum Thema Produktdesign aufzubauen, in dem auch Unternehmen über innovative Verfahren und Technologien diskutieren und Ko-operationsanbahnungen stattfinden können, war die Idee eines regionalen Produkt-designers, der darauf hinwies, dass es eine derartige Vernetzung noch nicht gebe und diese hinsichtlich der Innovationsförderung in der Region sinnvoll sei.

Abb. 3.10 Screenshot Meetup; Kategorien für Meetups

Gemeinsam wurde die Idee weiterentwickelt und es wurden verschiedene Möglichkeiten des Netzwerkaufbaus in Betracht gezogen. Vor allem für das Innovationskompetenzfeld „Engineering Pro" erschien eine Vernetzung zum Thema Produkt- und Industriedesign vielversprechend, da neue digitale Design- und Konstruktionsverfahren, wie sie beispielsweise in Fablabs angewandt werden, zu einem großen Umbruch z. B. in der Maschinenkonstruktion geführt haben.

Als Kooperationspartner und Veranstaltungsort wurde daher auch das Fablab Münster des Digital Hub münsterLAND eingebunden.

Ausschlaggebend für das Meetup Format war die Überlegung, dass zunächst keine spezifischen Themen und Akteure bekannt und somit auch keine Adress-Verteiler vorhanden waren, die zielgruppengenau angeschrieben werden konnten. Das Meetup sollte die Möglichkeit bieten, zunächst zu erfahren, wer an einem thematischen Austausch interessiert ist und welche Themen sich aus dem Kreis der Meetup-Teilnehmer heraus entwickeln. Auf dem Meetup-Profil wurden diese Ziele wie folgt beschrieben:

> „Das offene Netzwerk-Format richtet sich an Produkt- und Industriedesigner im Münsterland sowie interessierte Unternehmen und Einrichtungen. Wir suchen den fachlichen Austausch in der Region zu neuen Technologien, innovativen Ideen und Trends im Münsterland. Davon versprechen wir uns Inspiration, Ideen und Kooperationen."

Als Zeitpunkt für das Meetup wurde ein Termin an einem Wochentag von 16:30 bis 18:30 angesetzt, da sich das Format an den Arbeitstag anschließen soll, und auch ein privater Besuch möglich sein sollte. Die Terminierung am Tagesrand unterstreicht den „halboffiziellen" Charakter eines Meetups, in dem es zwar um beruflich relevante Themen geht, aber in ungezwungener und lockerer Atmosphäre.

Die Durchführung der Meetups Produkt- und Industriedesign im Münsterland läuft nach einem von den Organisatoren festgelegten Schema ab. Nach einer kurzen Anmoderation und Erläuterung der Ziele des Meetups wird zunächst eine Vorstellungsrunde durchgeführt, in der auch Erwartungshaltungen an das Meetup abgefragt werden können.

Um Impulse für Diskussionen zu geben, werden zu jedem Meetup zwei thematische Vorträge organisiert. Dabei gab es in den vergangenen Meetups immer einen Referenten zum Thema Methodik (wie z. B. moderne 3D-Druckverfahren) sowie einen Referenten aus einem designaffinen regionalen Unternehmen zum Thema „Best Practice im Münsterland".

Dieser beschreibt den Umgang mit Design im eigenen Haus. Im Anschluss an die circa 30–45-minütigen Vorträge wurde im Plenum mit den Referenten diskutiert. Hierfür wurden ca. 15–30 Minuten eingeplant, um ausreichende Partizipation zu ermöglichen. Die Referenten wurden immer dazu ermuntert, Exponate mitzubringen, die den Vortrag greifbarer machen.

Im Anschluss an die Themenblöcke konnten die Teilnehmer noch im Raum verbleiben und es kam immer zu einem regen, persönlichen Austausch.

Das Format Meetup eignet sich gut, um offene Themen zu diskutieren und Personen zu identifizieren, die aus eigener Motivation an einem Thema mitarbeiten möchten. Meetups sind als unverbindliche Vorstufe von Netzwerken zu verstehen und sind hinsichtlich ihrer inhaltlichen Ausgestaltung sehr flexibel. Die Erwartungshaltung der Teilnehmer ist aber dafür meist nicht sehr hoch, wie zum Beispiel bei einem *Netzwerk-Kick-Off*, was einen offenen und angenehmen Austausch ermöglichen kann.

Problematisch ist die Überführung von einer offenen Informationsveranstaltung hin zu einem Netzwerk für Kooperationsanbahnung im Rahmen eines wiederkehrenden Meet-ups, da die Schaffung von Vertrauen in neuen Personenkonstellationen eher langfristig funktioniert. Erschwert wird die Erreichung dieses Ziels zudem durch die unverbindliche Art der Veranstaltung und den damit ständig wechselnden Personenkonstellationen.

3.1.5   Enabling Innovation TechDay

Jens Konermann und Kathrin Bonhoff

Ziel
Schaffung eines tieferen Verständnisses zu einem technologischen Themenkomplex zur Förderung der Innovationskompetenzfelder in der Region

Zielgruppe
Hochschulen, Forschungseinrichtungen, Unternehmen, NGOs wie z. B. Wirtschafts-förderungen oder Transferstellen

Aufwand und Dauer
Für die Vorbereitung sollten ca. 1–3 Monate eingeplant werden. Die Veranstaltung selbst findet halbtägig statt. Für die Nachbereitung sind ca. 2 Wochen notwendig.

Beschreibung
Das Format des TechDays (engl. für Technologie Tag) unterstützt die Schaffung eines tieferen Verständnisses zu einem technologischen Themenkomplex im Rahmen der fünf Innovationskompetenzfelder der Region. Hierfür werden vor allem Kenntnisse und Kom-petenzen aus den Hochschulen und Unternehmen der Region genutzt, die durch über-regionales Wissen ergänzt werden.

Die sieben Schritte, die mit der Durchführung des Formats *TechDay* verbunden sind, werden im Folgenden erläutert. Dabei werden die Phasen, das Vorgehen und der Output des jeweiligen Schritts dargestellt.

Vorbereitung
Ausgangslage des Formats TechDay ist das Interesse an einem technologischen Themen-komplex oder eines Aspekts. Das Interesse kann von Seiten der Hochschulen und Forschungseinrichtungen, insbesondere aber auch von Seiten der Unternehmerschaft ein-gebracht werden. Zumeist handelt es sich hierbei um ein aktuelles Trendthema oder eine

aktuelle technologische Entwicklung, zu der es beim Themengeber eine Wissenslücke oder ein gesteigertes Interesse gibt. Zudem ist die Erschließung des speziellen Themas oder eines Unterthemas aus eigener Kraft nicht oder mit nicht vertretbarem Aufwand möglich.

Nachdem das Thema platziert wurde, geht es um die genaue Beschreibung des Interessengegenstands. Hier ist wiederum der Themengeber gefragt, der allein oder zusammen mit einem Moderator (z. B. Innovationscoach, Wirtschaftsförderer, Vertreter der Handwerkskammer oder der IHK) sein spezifisches Interesse definiert und schriftlich niederlegt.

Im nächsten Schritt geht es um die Anreicherung mit weiteren Informationen. Hierzu sollte in Erfahrung gebracht werden, welches Wissen bereits zum Themenkomplex vorhanden und welches Wissen leicht zu generieren (z. B. per Internet, Kollegen) ist. Darüber hinaus sollte das Wissen, das in der Region vorhanden ist, sowie relevante Akteure und Unternehmen identifiziert werden. Experten außerhalb der Region können ggf. weiteren Input liefern.

All diese Informationen werden schriftlich fixiert, Experten werden ausfindig gemacht und angesprochen. Aufgrund der gewonnenen ersten Erkenntnisse werden Fragen für den TechDay entwickelt, die dabei helfen, ein tiefergreifendes Verständnis zu generieren.

Um das Format des TechDays durchzuführen, muss dieser nicht nur inhaltlich, sondern, wie bei anderen Veranstaltungen auch, organisatorisch vorbereitet werden. Hier geht es insbesondere um die Auswahl des Termins und des Veranstaltungsortes sowie um die Versendung von Einladungen, Klärung des Caterings und des Moderatoreneinsatzes.

Ablauf: Nach einer kurzen Begrüßung und der Vorstellung des Themas beginnt der TechDay mit ein oder zwei Expertenvorträgen. Hiermit sollen ein gemeinsames Verständnis und eine Abgrenzung des Themas geschaffen werden. Vortragende können Experten aus Unternehmen und auch Hochschulen/Forschungseinrichtungen sein. Die Vorträge dauern jeweils ca. 20 Minuten und spannen den Bogen zu den nachfolgenden Workshop-Teilen.

Die Teilnehmergruppe teilt sich nach den Vorträgen eigenständig in zwei bis drei Gruppen auf. In benachbarten Räumen werden die Fragestellungen in Kleingruppenarbeit bearbeitet. Hierfür bieten sich je nach Teilnehmerzahl Methoden wie etwa World Café, weitere Fachinputs mit Diskussion oder Kreativitätstechniken wie ein Brainwriting Pool an. Methodisch können diese per Medieneinsatz (Videos etc.) unterstützt werden.

Nach den Workshop-Sessions kommen die Teilnehmer erneut im Plenum zusammen. Freiwillige stellen ihre Ergebnisse aus dem jeweiligen Workshop vor. Hierzu können Dokumentationen (beim World Café z. B. die Tischdecke oder beim Brainwriting die angereicherten Karteikarten) dienen. Es besteht auch die Möglichkeit, Fragen zu stellen.

Nach der Ergebnispräsentation klingt die Veranstaltung in lockerer Atmosphäre aus und lädt zum informellen Austausch ein. Findet die Veranstaltung in einem Unternehmen statt, kann auch eine Unternehmensbesichtigung den Abschluss des Tages bilden.

Nachbereitung: Nachdem der TechDay durchgeführt wurde, steht die Nachbereitung an. Hierzu gehört Öffentlichkeitsarbeit, möglicherweise auch das Zurverfügungstellen der

Ergebnisse des Tages. Sollte von Unternehmen und Wissenschaft im Nachhinein Interesse bestehen, das Thema bzw. die Fragestellungen weiter zu bearbeiten, können Folgeveranstaltungen angeboten oder die Bildung eines Netzwerks vorangetrieben werden.

Tipps und Tricks
- Durchführung des TechDays in einem Unternehmen
- Regionale Player einbinden
- Cloudbasiert und kollaborativ arbeiten
- Online-Anmeldungsverfahren nutzen (z. B. eventbrite)
- Evaluierung des TechDays durch Fragebogen

Praxistest
Im Rahmen des Projektes Enabling Innovation Münsterland wurde das Format TechDay bei der Fa. Hengst AG in Münster getestet. Die Fa. Hengst wird dem Innovationskompetenzfeld „Engineering Pro" zugeordnet und hatte gesteigertes Interesse am Thema Predictive Maintenance (Vorausschauende Wartung). In einem Erstgespräch mit Vertretern des Projekts Enabling Innovation wurde das spezifische Interesse und der Bedarf formuliert. Dies geschah durch die Entwicklung zweier Fragestellungen bzw. Unterthemen. Hier handelte es sich um die Bereiche Datenerhebung und Datenauswertung.

Das Projektteam von Enabling Innovation unterstütze den TechDay, indem es Unternehmen und Experten lokalisierte, die fundiertes Wissen einbringen konnten. Ein zweites Treffen, diesmal mit den identifizierten Unternehmensvertretern und Experten, fand zur Vorbereitung des TechDays am Veranstaltungsort der Firma Hengst AG in Münster statt. Da die inhaltlichen Fragestellungen ausgearbeitet waren, wurde parallel mit den organisatorischen Vorbereitungen begonnen. Zunächst wurde eine Agenda erstellt und der zeitliche Rahmen abgesteckt, es folgte dann das Designen einer Einladung für die Veranstaltung, die an die Unternehmen im Münsterland versendet wurde (s. Abb. 3.11).

Das Veranstaltungsmanagement erfolgte mithilfe des Online-Tools www.eventbrite.de.

Am Veranstaltungstag konnten ca. 80 interessierte Teilnehmer begrüßt werden. Nach zwei Vorträgen (einem aus der Wissenschaft, einem aus der Praxis) wurde die Gruppe in zwei kleinere Gruppen unterteilt. Die etwa 40 Personen zählenden Gruppen befassten sich einerseits mithilfe der World-Café-Methode mit dem Thema der Datenerhebung. An drei Tischen wurden Unterfragen, wie beispielsweise Herausforderungen bei der Datenerhebung, bearbeitet.

In der anderen Gruppe zeigte ein Big-Data Spezialist, wie es gelingen kann, große Datenmengen mit geringem Kostenaufwand aufzubereiten und Ergebnisse zu generieren. In mehreren Kleingruppen wurden dann firmenspezifische Herausforderungen erörtert.

Nach Ende der ca. 90-minütigen Gruppenarbeitsphase kamen die Teilnehmer im Plenum zusammen und die Workshop-Moderatoren stellten die Ergebnisse vor. Der Tag endete mit einem sozialen Zusammentreffen, das weitere Austauschmöglichkeit zwischen den Teilnehmern, aber auch mit den Referenten bot.

Abb. 3.11 Einladungs-Grafik – Enabling Innovation TechDay

Die Ergebnisse des Techdays konnten in mehrfacher Weise für die regionale Innovations-förderung genutzt werden. Das Themenfeld „Predictive Maintenance" wurde als Hand-lungsfeld für zukünftige Innovationsentwicklungen identifiziert und wird weiter von den Akteuren verfolgt. Es wurden Bereiche definiert, in denen es gerade für kleine und mittel-ständische Unternehmen von Vorteil wäre, sich zu informieren und in Netzwerken zu ko-operieren. Die regionalen Innovationsförderer wurden in ihrer Aufgabe bestärkt, Platt-formen für diesen Austausch anzubieten und entwickeln.

Das Regionale Fokusprojekt Aufbau eines Predicitve Maintenance Netzwerks (vgl. Ka-pitel „Fokusprojekte") wurde durch die Veranstaltung eines Techdays unterstützt und hat den Unternehmen konkrete Informationen und Hilfestellungen sowie fachliche Ansprech-partner geliefert.

3.1.6   Who is Who? – Onlineplattform zur Anbahnung regionaler Forschungskooperationen

Sonja Raiber und Christian Holterhues

Ziel

Anbahnung von Forschungskooperationen zur Förderung der Innovationskompetenz-felder der Region (s. Abb. 3.12)

WHO IS WHO?
FORSCHUNGSKOOPERATION
IM MÜNSTERLAND

Ein Service von:

 Enabling Innovation
Münsterland

Wirtschaft. Wissenschaft. Innovation.

Förderer:

Abb. 3.12 Who is who? Forschungskooperation im Münsterland

Zielgruppe
Unternehmen, die bei ihren Entwicklungsvorhaben von der Kooperation mit einer regionalen Hochschule profitieren möchten

Aufwand und Dauer
Die Kooperation verläuft in einem Zeitraum von 3–6 Monaten. Kosten stehen in Abhängigkeit zum Vorhaben. Im aufgeführten Beispiel betrugen diese ca. 14.000 Euro (Kosten für die Entwicklung einer Internet-Plattform mit Datenbank und Suchfunktion).

Beschreibung
Eine webbasierte Innovationsplattform unterstützt Forschungskooperationen in der Region rund um die fünf Innovationskompetenzfelder „Digital Solutions", „Engineering Pro", „Life Sciences", „Materials and Surfaces" und „Sustainable Eco." Herzstück dieser Innovationsplattform ist eine Datenbank, in der die Ansprechpartner innerhalb der regionalen Forschungslandschaft inklusive einer kurzen Beschreibung sowie Kontaktinformation aufgelistet sind. Eine entsprechende Funktion ermöglicht das Suchen nach Stichwort, Branchenkompetenz, Fachgebiet, Innovationskompetenzfeld oder Hochschule (s. Abb. 3.13).

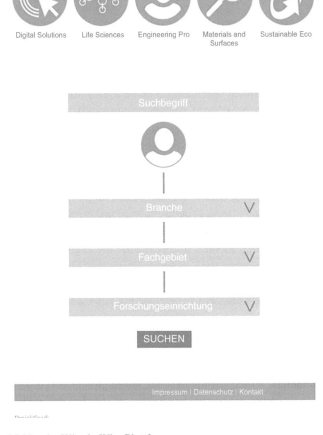

Abb. 3.13 Suchfelder der Who-is-Who Plattform

Ein Beispiel einer solchen Plattform ist das Angebot marktreif.berlin, das von der IHK Berlin, Berlin Partner für Wirtschaft und Technologie GmbH und Handwerkskammer Berlin gegründet wurde. Für die Wissenschaft wurden 300 Personen aus der Hochschul- und Forschungslandschaft aufgeführt und entlang der 12 Innovationsfelder des Wissenschaftsstandorts Berlin abgebildet.[1] Darüber hinaus gibt es noch weitere ähnliche Plattformen mit dem Konzept, Unternehmen und Wissenschaft per digitaler Lösung stärker zu vernetzen, darunter auch der SNIC-Innovationspool.[2]

---

[1] Das Angebot besteht seit Anfang 2018 nicht mehr bzw. ist im Internet nicht mehr abrufbar.

[2] https://www.snic.de/innovationspool/.

Als Mittler zwischen Unternehmen und Hochschule treten häufig auch Transferstellen der Hochschulen, Wirtschaftsförderer der Kreise und Kammern auf. Diese weisen in ihren Beratungsgesprächen auf die Möglichkeit der Zusammenarbeit mit Hochschulen hin. Die Datenbank unterstützt das Finden des passenden Ansprechpartners, sofern für die unternehmerische Fragestellung auch eine Hochschulkooperation in Betracht kommt.

Dazu beraten die Einrichtungen bei der Beantragung passender Fördermittel wie z. B. dem Innovationsgutschein NRW, der die Zusammenarbeit von kleinen und mittleren Unternehmen mit Hochschulen unterstützt. Unternehmen profitieren von der Zeit- und Kostenersparnis und können sich auf das Innovationsvorhaben konzentrieren. Zudem sind sie auf dem neuesten Stand technologischer Entwicklungen. Zugleich können Erfindungen, die in Hochschul- und Forschungseinrichtungen entwickelt werden, partnerschaftlich mit Unternehmen zu erfolgreichen Innovationen führen und neue Marktchancen eröffnen.

Neben Branche, Fachgebiet oder Forschungseinrichtung lässt sich die Suchfunktion auf der Plattform auch den entsprechenden Innovationskompetenzen filtern. Die Hochschulkontakte wurden im Vorfeld den fünf Innovationskompetenzfeldern (vgl. Abschn. 2.3) zugeordnet und können so direkt über die zugehörigen Schaltflächen angesteuert werden. Die Suche nach Ansprechpartnern innerhalb der Innovationskompetenzfelder kann vor allen Dingen dann genutzt werden, wenn noch keine konkreten Ideen für eine Forschungskooperation bestehen, aber eine allgemeine thematische Eingrenzung möglich ist.

Tipps und Tricks
- Mit Transferstellen der Hochschulen zusammenarbeiten
- Anzahl der aufgelisteten Ansprechpartner beschränken
- Aussagekräftige Stichworte vergeben
- Ansprechpartner aus relevanten regionalen Netzwerken mit aufführen (z. B. Digital Hub)
- Best Practice Beispiele darstellen, z. B. in Social Media
- Kontinuierliche Aktualisierung in kleinen Losgrößen vornehmen

Praxistest
Die Onlineplattform Who is Who? – Forschungskooperation im Münsterland[3] wurde gemeinsam mit mehreren Projektpartnern im Rahmen von Enabling Innovation Münsterland entwickelt und basiert auf der Publikation Innovations-Lotse der Wirtschaftsförderung Kreis Coesfeld GmbH (WFC) aus dem Jahr 2015. Die Broschüre umfasst Angebote und Ansprechpartner aus Forschungseinrichtungen im Münsterland und

---

[3] https://www.msl-forschungskooperation.de.

Umgebung. Eine alphabetische Gliederung nach Kompetenzfeldern listet die entsprechenden Ansprechpartner von der FH Münster, Westfälischen Hochschule, Westfälischen Wilhelms-Universität Münster, aber auch von Hochschulen aus der Nachbarschaft (Osnabrück, Bielefeld, Dortmund) auf. Die Publikation wurde nach Erscheinen
nicht erneuert.

Unterstützt von den Transferstellen der Hochschulen im Münsterland wurde die Liste
der Ansprechpartner im Rahmen von Enabling Innovation aktualisiert und in eine elektro-
nische Datenbank überführt. Besonderer Wert wurde daraufgelegt, genau die Ansprechpartner zu erfassen, die Interesse an Kooperationen mit Unternehmen haben. Um die Einträge zu präzisieren, wurden die Webseiten der Hochschulen, Fachbereiche und Fakultäten
durchsucht und fehlende Informationen in die Datenbank eingefügt. Es wurden für jeden
Ansprechpartner Stichworte aus Unternehmenssicht vergeben, die die Suche nach dem
passenden Partner erleichtern. Die Datenbank schlägt zusätzlich Ergebnisse ähnlicher
Suchbegriffe vor.

Während der Vervollständigung der Einträge fiel auf, dass die Kompetenzen der Ansprechpartner teilweise nur sehr allgemein und knapp aufgeführt sind, z. B. „Betriebswirtschaftslehre". Erst mit Hilfe von Pressemitteilungen und Publikationslisten aus den Hochschulen ließen sich weitere Stichworte und Kompetenzen identifizieren. Da jeder
Ansprechpartner selbst für die Darstellung auf seiner eigenen Hochschul-Unterseite verantwortlich ist, unterscheiden sich die Beschreibungen teilweise sehr. Hier wäre mitunter
eine einheitliche Darstellungsweise wünschenswert.

Eine weitere Herausforderung stellt die Aktualisierung der Datenbank dar: Neue Ansprechpartner müssen eingetragen und alte gelöscht werden. Darüber hinaus müssen
Kontaktdaten, Links und Adressen überprüft werden. Der Arbeitsumfang bleibt allerdings überschaubar, sofern sich die Datenbank auf 300 ausgewählte Ansprechpartner beschränkt und die Überprüfung kontinuierlich in kleineren Losgrößen erfolgt. Um das
Angebot der Seite Who is Who? – Forschungskooperation im Münsterland bei der ge-
wünschten Zielgruppe noch bekannter zu machen und die Vorzüge von Forschungskooperationen anschaulich dazuzustellen, wurden fünf Best-Practice-Beispiele aus dem
Münsterland identifiziert und in kurzen Videos dargestellt. Ein Filmteam besuchte sowohl das Unternehmen als auch die Hochschule und präsentierte die Forschungskooperation.

Darüber hinaus kommen Transferstellen und Wirtschaftsförderungen zu Wort, die bei
der Vermittlung und Fördermittelakquise unterstützend mitgewirkt haben. Diese Beispiele
sind auf den Internetseiten der Hochschulen, der beteiligten Vermittler (Transferstellen,
Wirtschaftsförderungen), des Münsterland e. V. und auf Youtube abrufbar. Dazu werden
die Beispiele auch für Social Media genutzt und z. B. von den beteiligten Firmen auf vorhandenen Social-Media-Kanälen geteilt. So sollen die Klickzahlen der Seite weiter gesteigert werden.

3.2 Toolbox

3.2.1 Entrepreneurship & Innovation Task Force

Christian Junker

Ziel

Die Umsetzung von Innovationsideen bis zur nachhaltigen Etablierung einer Innovation im Markt – erst durch ihre Nutzung entsteht eine „echte" Innovation.

Zielgruppe

Ideengebende, Innovationstreibende, Hochschulen, Forschungseinrichtungen, Gründerzentren, Unternehmen und NGOs wie z. B. Wirtschaftsförderungen oder Transferstellen.

Aufwand und Dauer

Mehrere Jahre, allerdings mit sehr nachhaltigem Nutzen

Beschreibung

Es gibt bereits unbestritten sehr viele und gute Innovationsideen in Unternehmen, Hochschulen und den Köpfen der Menschen. Die Herausforderung liegt daher in vielen Fällen weniger in der Verbesserung der Ideenqualität oder -anzahl. Vielmehr geht es darum, Innovationsideen umzusetzen und zu verfügbaren Innovationen am Markt zu machen. Gary Vaynerchuk spitzt dies zu: „Ideas are shit, execution is the game!" (2021).

Selbstverständlich ist eine gute Idee eine solide Ausgangslage für Innovation. Doch die anschließende Innovationsentwicklung muss durch Menschen erfolgen, die diese treiben. Solche Innovationstreibende sehen sich häufig zahlreichen, ganz persönlichen Problemen ausgesetzt, die Innnovationsentwicklung hemmen:

- Restriktionen innerhalb der eigenen Organisation verhindern den Einsatz von Innovationstreibenden für ihre Idee (z. B. aktuelle Sales-Zahlen oder Projekte, denen mehr Gewicht zugemessen wird als der perspektivischen und nachhaltigen Innovationsentwicklung im Sinne eines Innovationsportfolios)
- Personalengpässe und Fachkräftemangel, Fachwissen nur in einer Domäne (z. B. Medizin, aber nicht Buchführung), unfreiwilliges Einzelkämpferdasein
- Fehlende Erfahrung und Tiefe der eigenen Qualifikation
- Fehlender persönlicher Kundenzugang und Sales-Erfahrung, geringes (interdisziplinäres) Netzwerk
- Glaube, dass Innovation und Gründung nur an Hot-Spots besonders erfolgreich sein kann (Berlin, Tel Aviv oder Silicon Valley etc.) und fehlende Erlebbarkeit von Erfolgsgeschichten im eigenen Umfeld
- Opportunitäten der Umsetzungstreibenden (z. B. alternative sichere Karrierepfade)

- Fehlender Mut auf operativer Ebene und fehlendes Commitment im Management
- Fehlende Optionen für unternehmerisches Handeln im Unternehmen oder für neue Entrepreneurshipaktivitäten (insb. bei disruptiver Innovation)
- u. v. m.

Das durchaus vorhandene funktionsfähige Innovationsförderungs-Ökosystem, z. B. aus Hochschulen und ihren Transferstellen, Gründerzentren, Wirtschaftsförderungen, Beratungsunternehmen, Vereinen, Venture-Capital-Gebern etc. unterstützt Innovationstreibende mit bestehenden Angeboten vielerorts und v. a. auf der Sachebene. Dazu gehören beispielsweise die Akquise von Fördergeldern, Patentanmeldungen, Büro- oder Laborflächen, um nur einige Punkte zu nennen. Das ist richtig und wichtig, verlangt aber von Innovationstreibenden nicht selten den sequenziellen Kontakt mit vielen Organisationen und löst die o. g. Innovationsumsetzungsprobleme auf individuell-persönlicher Ebene in vielen Fällen nicht.

Innovation an sich zu fördern genügt also nicht, um Ideen tatsächlich bis zu einem nachhaltigen Markterfolg zu verfolgen. Da die Engpässe gerade in Zeiten des Fachkräftemangels und unbesetzter Stellen zukünftig immer stärker bei den treibenden Personen liegen werden, sollten diese Personen sukzessive mit der Innovationsidee gemeinsam entwickelt und gefördert werden. Die Fokussierung auf unterstützende Maßnahmen auf Sachebene allein reicht nicht mehr aus, denn Innovation benötigt nicht nur das Potenzial einiger weniger, perfekt-autark-erfolgreicher Innovationstreibender, sondern auch das der Menschen, die diese Rolle als unternehmerisch Denkende ausfüllen möchten, aber (noch) nicht können. Es geht darum, Menschen zu ermutigen, ihnen Sicherheit zu bieten, sie mit Vorbildern zu vernetzen und sie zu qualifizieren oder zu coachen, bis eine Umsetzung nachhaltig realisiert ist – und das durchgehend.

Um Bruchstellen und Probleme auf dem Weg zur Innovationsumsetzung zu überwinden, bedarf es einer zu den Ideengebenden komplementären, organisationsübergreifenden, unabhängigen und kontinuierlichen Unterstützung. Dafür sind insbesondere auch erfahrene Personen hilfreich. Studien zeigen, dass Teams mit Gründenden jenseits eines Alters von 40 Jahren erfolgreicher sind als andere (Massachusetts Institute of Technology, 2020; RKW Kompetenzzentrum, 2013). Die deutsche Gründer- und Innovationsszene fokussiert sich aber häufig auf Teams ähnlicher Alters- und Erfahrungsstruktur und hat oft Studierende oder Studienabgänger besonders im Blick. Eine Zusammenarbeit mit einer senioren bzw. erfahrenen Entrepreneurship & Innovation Task Force würde es jüngeren Teams erleichtern, die o. g. Unsicherheiten und möglichen Bruchstellen gemeinsam zu überwinden. Sie könnten durchgängig und v. a. operativ bis zur nachhaltigen Markteinführung einer Innovation (und darüber hinaus) kooperieren.

Dieser Ansatz stellt den Menschen als Treibende einer Innovationsidee in den Mittelpunkt und offeriert eine Innovationsrealisierung ohne organisatorische Bruchstellen und unfreiwilliger Abbruchmomente, die auf erfahrungsheterogene Teams setzt (s. Abb. 3.14).

Eine Reihe von Organisationen im Innovationsökosystem unterstützt bereits die Innovationsentwicklung und auch die damit häufig verbundene Gründung neuer Unter-

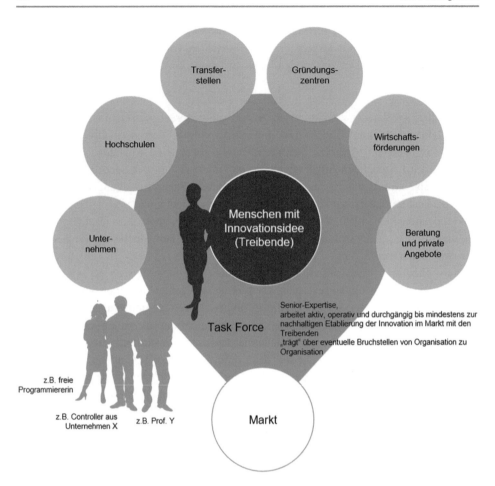

Abb. 3.14 Das Innovationsökosystem

nehmen. Wenn Innovationstreibende die einzelnen Organisationen des Innovationsökosystems mit ihren Angeboten, Vorbilder (z. B. gegründete Start-Ups) und Innovationserfolgsgeschichten einzelner Unternehmen kennen, hat dies bereits eine aktivierende
Wirkung in frühen Phasen. Für die meisten Organisationen des Ökosystems besteht aber
danach die Restriktion, dass diese Organisationen zwar wichtige Unterstützung anbieten,
aber in ihrem operativen Beitrag limitiert sind. Die eingangs erwähnte und zugleich dringend notwendige fachliche Tiefe, Qualifizierung und zeitliche Persistenz können sie bei
der breite ihrer Zielgruppe nicht leisten.

Die Organisationen des Innnovationsökosystems nehmen darüber hinaus viele gute
Innovationsideen wahr, denen noch Treibende mit einem entrepreneurial Mindset fehlen.
Auch hier ist es aber nicht die strategische Ausrichtung der Organisationen, all diese Innovationen aufzugreifen und bis zum Markterfolg eigenständig umzusetzen.

Eine Task Force könnte diese Lücke schließen und brachliegende, aber potenzialträchtige Innovationsideen aufgreifen, die unterschiedlichen Ursprungs sein können. Sie steuert sie bestehenden Unterstützungsangeboten zielgerichtet bei und entwickelt die Ideen in der Tiefe und über lange Zeiträume wie beschrieben weiter. Dabei kann die Task Force auch existierende aber nicht weiter entwickelte Innovationsideen „kaufen" und als „aktivierender Entdecker" mit einem anderen Team als den Ideengebenden realisieren. Sie kann aber ebenso für Ideengebende zur Verfügung stehen, um mit ihnen ihre Innovationsidee als unterstützender Partner erfolgreich zu realisieren.

In beiden Fällen wird eine organisationsunabhängige Durchgängigkeit der Menschen bis zur Innovationsumsetzung hergestellt. Die Lösung geht somit auch deutlich über die Aktivitäten klassischer Company Builder hinaus, die ebenfalls mit den typischen Problemen der fehlenden personellen Durchgängigkeit konfrontiert sind. Sie begleiten oft nur einen bestimmten Ausschnitt der Innovationsentwicklungsreise.

Die Entrepreneurship & Innovation Task Force stellt bei Bedarf den Kontakt zu anderen Organisationen und Vertretern des Innovationsökosystems her, ggf. auch über Personen aus diesen Organisationen, die ganz oder teilweise Teil der Task Force sind. Die Task Force ist aber in ihrer Kernaufgabe autark handlungsfähig und im Gegensatz zu anderen extern unterstützenden Organisationen sehr operativ in die Umsetzung einer Innovation eingebunden.

Ihre erfahrenen Mitglieder bringen bestimmte spezialisierte Fähigkeiten komplementär zu den Fähigkeiten der Innovationstreibenden ein, z. B. in Bereichen wie Controlling, Medizin, Programmierung o. Ä. Wegen des hier herrschenden, sehr heterogenen Bedarfs erscheint es sinnvoll, eine Task Force möglichst interdisziplinär zu besetzen. Das gilt insbesondere auch für die Mitglieder, die anderen Organisationen entstammen. Hochschulen, Gründerzentren, Unternehmen oder Wirtschaftsförderungen entsenden also bewusst Kapazitäten in für sie externe Innovationsprojekte und arbeiten innerhalb neuer Strukturen.

Die Task Force ist dabei stets involviert. Die wesentliche Führungsrolle aber liegt bei den Innovationstreibenden selbst, um das charakteristische Entrant-Momentum nicht zu konterkarieren. Aus beiden Parteien entsteht nun eine Organisation auf Zeit. Ist eine Innovation in den Markt eingeführt und nachhaltig etabliert, kann sich die Task Force wieder zurückziehen und ihre Aufgaben ganz oder teilweise auf Personen übertragen, die im Projektverlauf qualifiziert oder eingestellt wurden. Es ist durchaus denkbar, einzelne Mitglieder der Task Force auch auf Dauer in einem oder mehreren Innovationsprojekten zu belassen, die dann keinen Projekt- sondern eher Organisationscharakter haben. Auf diese Weise entsteht eine enge, interdisziplinäre Verzahnung innovativ denkender Menschen mit den unterschiedlichsten Hintergründen – oft ein neues Unternehmen.

Sind etablierte Unternehmen oder andere bei der Innovationsentwicklung und dem Aufbau neuer Organisationsstrukturen beteiligt, bleibt die Idee einer hochinnovativen, ambidexteren Organisation gewahrt. Sie schöpft ihre Innovativität aus einem gewissen Abstand zu etablierten Unternehmen und Organisationen (O'Reilly & Tushman, 2008). Konkret arbeitet die Entrepreneurship & Innovation Task Force beispielsweise in einem ausgegründeten Start-Up oder in agilen Innovationsteams etc. mit. Innerhalb einer etablierten Linienorganisation kommt sie hingegen seltener zum Einsatz.

Zusammenfassend vereint die Task Force eine menschenzentrierte Sicht auf Innovation und unternehmerisches Denken mit aktuellen Projektmanagementansätzen. Sie formt gewissermaßen die im agilen Projektmanagement so erfolgreichen Speed Boats (Kusay-Merkle, 2018): Innovationstreibende besteigen mit ihrer Idee ein Boot, das eine erfahrene und komplementär qualifizierte Task Force unterstützt und mit Hilfe dessen sie ihre Vision am anderen Ufer erreichen: Eine erfolgreich im Markt platzierte Innovation.

Bis zu diesem Zeitpunkt sollten Innovationstreiber aber möglichst wenig ungeplante Sollbruchstellen im Rahmen der Innovationsentwicklung erleben. Ist die Innovation umgesetzt, kann ohne die Task Force strategisch gehandelt werden. Bis dato ist dann aber aus einer der zahlreichen Innovationsideen in Köpfen und Schubladen eine echte, d. h. verfügbare und Nutzen stiftende Innovation entstanden.

Tipps und Tricks
- Konzentration auf Personen, nicht nur auf Organisationen des Innovationsökosystems
- Interdisziplinäre Zusammenarbeit unterschiedlicher Akteure aus Wirtschaft, Hochschulen, Wirtschaftsförderungen, Gründerzentren und privaten Organisationen
- Einbindung erfahrener Personen in junge Teams
- Nutzung aktuellster und agiler Projektmanagement- und ggf. Effectuationansätze
- Verzahnung von Strategie und operativer Umsetzung
- Hohe Entscheidungsfreiheit der Innovationstreibenden auf strategischer Ebene
- Schaffung einer ambidexteren, hochinnovativen Organisation mit einem individuell optimalen Abstand des Innovationsteams zu etablierten Strukturen, ggf. Gründungen
- Mut und Commitment auf allen Ebenen

Praxistest
Zur Lehre an der FH Münster gehört im Fach Betriebswirtschaftslehre auch die regelmäßige Zusammenarbeit von Studierenden und Unternehmen an realen Innovationsprojekten. Dabei stellen Unternehmen eine Aufgabe oder Fragestellung, die innerhalb eines Semesters in der Projektgruppe beantwortet wird. Hierfür werden aktuelle Projektmanagementansätze, Kommunikationsmethoden und Innovationsansätze genutzt.

Im konkreten Fall wurde für einen Softwareanbieter eine Marktstudie durchgeführt, die die Kundenbedarfe an bestimmten Dokumentenmanagementsystemen beleuchtet hat. Aus der Studie ergab sich quasi als Nebenprodukt eine strategische Marktlücke für ein radikal einfaches Freeware-Produkt mit anschließenden Servicepotenzialen für das Unternehmen (*Freemium-Modell*). Auf Basis dieser Ergebnisse haben die Studierenden eine Idee für ein neues Produkt und das dazugehörige Geschäftsmodell entwickelt.

Im Regelfall besteht nun die Gefahr, dass das hier entstandene Momentum nun an Geschwindigkeit verliert, da der organisatorische Rahmen per Projektdefinition mit dem Semesterende nicht mehr gegeben ist. In der Praxis wird also eine gute und potenzialträchtige Idee, für die bereits das Geschäftsmodell und ein mit Marktdaten angereicherter

Business Case vorhanden sind, nicht weiterverfolgt. Die Studierenden gehen zur Tagesordnung der im nächsten Semester geplanten Vorlesungen über und folgen in aller Regel den dort gestellten Anforderungen. Im Unternehmen beschäftigen sich die Auftraggeber eher mit den eigentlich intendierten Projektergebnissen zum klassischen Dokumentenmanagementsystem. Es gilt hier, die bestehende Cash Cow zu optimieren und die Auftraggeber aus dem Sales-Department haben nur in zweiter Priorität ein Innovationsinteresse.

Mit einer aktiv treibenden Rolle aus Gründungsberatung und der Entrepreneurship & Innovation Task Force ist es gelungen, bei 8 (!) von 12 Studierenden der Projektgruppe zunächst das Interesse für eine reale Umsetzung ihrer Idee als Start-Up zu wecken und diese dann im Anschluss weiter zu entwickeln. Sie nehmen freiwillig neben ihrem Studium an den Terminen für die Ausarbeitung der weiteren Umsetzungsschritte teil und engagieren sich aktiv.

Das Unternehmen begrüßt die Initiative im Sinne der o. g. ambidexteren, hochinnovativen Organisation. Es hat auf diese Weise den Zugang zu neuen High Potenzials erhalten, beteiligt sich an der Gründung des Start-Ups, unterstützt es mit Sales-Experten und kann sich zugleich weiterhin auf das laufende Kerngeschäft konzentrieren. Für das Start-Up stellt es neben Experten auch Kapital, Räume und Infrastruktur, erprobte Algorithmen bzw. Codebestandteile sowie Branchenkontakte zur Verfügung.

Diese und vergleichbare Beispiele existieren im Innovationsökosystem in sehr großer Zahl. Sei es z. B. bei einer Zertifizierung, die die letzte Hürde vor der Produktion eines neuen Materials darstellt, oder für die Umsetzung guter Ideen von Promovierenden, die während ihrer Dissertation nicht ausreichend Zeit zur Realisierung finden etc. Diese Liste ließe sich endlos fortführen und macht anschaulich, wie viel ungehobene Potenziale eines metaphorischen Innovationsideeneisbergs noch unter der Wasseroberfläche schlummern. Die Entrepreneurship & Innovation Task Force hilft dabei, diesen Eisberg deutlich weiter aus dem Wasser zu heben.

3.2.2 Enabling Session & Trendscouting

Christian Junker und Manuel Rudde

Ziel
Enabling Sessions basieren auf Trends und nutzen weitere Methoden für die gemeinsame Entwicklung von Ideen, Konzepten, Geschäftsmodellen oder anderen trendinduzierten Ergebnissen. Sie sind damit hervorragend geeignet, um Vorausschau zu betreiben und zukunftsweisende strategische Aktivitäten zu initiieren.

Zielgruppe
Unternehmen, insbesondere Bereiche wie Forschung und Entwicklung, Business Development oder Geschäftsführung und Strategie.

Aufwand und Dauer

Minimal ein halber Arbeitstag; je mehr Zeit investiert wird, umso tiefergehend sind die zu erwartenden Ergebnisse. Es können mehrere Sessions in Sprints hintereinandergeschaltet werden und/oder aufeinander aufbauen. Dazwischen können neue Informationen gesammelt werden. Zusätzlich zu Personal- und Moderationsaufwand fallen ggf. Lizenzgebühren für die genutzten Trenddatenbanken oder weitere Quellen an.

Beschreibung

Eine Enabling Session beginnt zuerst mit der Einführung in aktuelle Trends zu einem Thema. Je spezifischer die Fragestellung, desto konkreter kann auf bestimmte Trends eingegangen werden. Zugleich ist es hilfreich, den Suchraum für Trends nicht zu früh einzuschränken, um sensibel genug für Entwicklungen zu bleiben, die beispielsweise aus anderen Branchen stammen, aber großen Einfluss auf das eigene Geschäft haben, wenn sie dorthin ausstrahlen oder transferiert werden.

Für einen Logistikanbieter sind beispielsweise nicht nur Trends der Intralogistik interessant, sondern zugleich die Trends im Bereich Konsumgüter, E-Commerce oder Food & Beverage, die jene Waren determinieren, die zukünftig durch Intralogistik bewegt und gelagert werden müssen.

Aktuelle Quellen für Trends finden sich in den folgend aufgeführten Beispielen

Zukunftsinstitut – Megatrend-Dokumentation

Die Megatrend Dokumentation ist eine große und detaillierte Sammlung zu den globalen Veränderungsprozessen in Wirtschaft und Gesellschaft. Mit über 450 Seiten Analysen, Interpretationen, Prognosen und mehr als 260 Statistiken liefert sie eine gute Grundlage für strategische Entscheidungen.[4]

TrendOne – TRENDBOOK 2021

Das Zukunftslexikon stellt wichtige Trends und Begriffe vor, die z. B. aus den Bereichen Technologie oder Marketing & Kommunikation stammen. Auf über 250 Powerpoint-Slides werden relevante Mega- und Macro-Trends mit Grafiken und zahlreichen Praxisbeispielen beschrieben.[5]

World Economic Forum – transformation map

Das Forum nutzt kollektive Intelligenz in Form eines dynamischen Wissensinstruments, um Probleme zu verstehen und Transformationsprozesse in Volkswirtschaften, Branchen und globalen Fragen voranzutreiben. In 124 Einblicken können verschiedene Trends mit dazugehörigen Publikationen und Problemen analysiert und kommentiert werden. Als großes Forum angelegt, dient dieses Werkzeug der kollektiven Wissenserweiterung.[6]

---

[4] www.zukunftsinstitut.de.

[5] www.trendone.com.

[6] www.weforum.org.

itonics – ITONICS Scout

ITONICS Scout identifiziert und analysiert permanent und vollautomatisch frühe Hinweise zu Chancen und Risiken neu entstehender Technologietrends aus unterschiedlichen Datenquellen, wie etwa Patentdatenbanken, RSS Feeds und wissenschaftlichen Publikationen. In Echtzeit konsolidieren Algorithmen relevante Inhalte für definierte Zielgruppen. Die Ergebnisse aus dem Scanning-Prozess werden nahtlos in zentrale Technologie- und Trendmanagementsysteme überführt.[7]

2bAHEAD – Trend Sonar

Das Trendsonar basiert auf Algorithmen, die in über 20 Mio. Quellen aus wissenschaftlichen Publikationen, Expertenforen, Patentschriften und Massenmedien nach Schlüsselbegriffen suchen und diese auswerten. In einem weiteren Schritt werden Schlüsselbegriffe mit inhaltlicher Ähnlichkeit zueinander in Relation gesetzt. Durch diese Analyse entstehen Trends, die über Kennzahlen wie Volume (Anzahl Quellen), Growth (innerhalb der letzten 24 Monate) und Momentum (kurzfristiges Wachstum innerhalb der letzten 2 Monate) charakterisiert werden.[8] ◄

Selbstverständlich gibt es über die genannten Beispiele hinaus zahlreiche weitere Quellen für Trends. In den Enabling Sessions werden zusätzlich weitere Teaser für relevante Zukunftsentwicklungen genutzt. Dazu gehören Erfahrungsberichte oder Key Notes von innovationsführenden Unternehmen oder Personen. Auch Videos zu bestimmten Themen oder Besuche inspirierender Orte sind möglich. Auf diese Weise lassen sich bewusst Schwerpunkte setzen und das Interesse eines Teams in eine Richtung lenken.

Ganz gleich welche Quellen schlussendlich genutzt werden, in den Enabling Sessions werden hieraus Trends und Vorausschauerkenntnisse extrahiert und in einem Portfolio nach ihrer Reife/Eintrittswahrscheinlichkeit und nach dem Einfluss eingeordnet, den sie auf das aktuelle Geschäft eines Unternehmens haben (würden).

Mit dieser Übersicht können daraufhin gezielt und strukturiert Handlungsfelder abgeleitet werden. Beispielsweise lassen sich trendinduziert neue Geschäftsmodelle erdenken und aufbauen. Die Enabling Sessions können dabei bis zur Erarbeitung eines Projektkonzepts weiterführen.

Tipps und Tricks

- Diversität: Verschiedene Fachdisziplinen bereichern das Team und gewährleisten eine Berücksichtigung möglichst vieler relevanter Trends. Es sollte ausreichend Raum für ein persönliches Kennenlernen und den (auch informellen) Austausch zwischen den Teilnehmenden gegeben sein.

---

[7] www.itonics.de.

[8] www.trend-sonar.com.

- Kreatives Umfeld: Die anwesenden Personen sollen kreativ arbeiten. Eine gewisse Distanz zum Tagesgeschäft ist daher ratsam.
- Keine Vorgesetzten in frühen Phasen: Gerade in großen Organisationen mit entsprechender Hierarchie kann je nach Unternehmenskultur die Anwesenheit von Vorgesetzten in den frühen Phasen dazu führen, dass vermeintlich minderwertige oder unbequeme Ideen nicht geäußert werden. Raum für Innovation entsteht aber häufig gerade im Loslassen etablierter Erfolgsmuster.
- Kennenlernen: Enabling Sessions sollten möglichst verschiedene Blickwinkel, sprich verschiedene Abteilungen, in sich vereinen. Damit diese „Hand in Hand" arbeiten und sich gegenseitig ergänzen, wird ein gewisses Maß an Vertrauen benötigt. Vor diesem Hintergrund kann der Phase „Begrüßung und Vorstellung" kaum genug Zeit beigemessen werden.
- Annehmen von Veränderung: Es sollte sichergestellt sein, dass Trends nicht vorschnell als „unwahrscheinlich" oder „nicht relevant für uns" abgetan werden. Die Moderationsrolle sollte aktiv forcieren, möglichst zu jedem Trend Berührungspunkte zuzulassen und zu finden. So hat das Thema 3D-Druck beispielsweise auf den ersten Blick wenig mit Logistik zu tun. Stellt man sich aber eine Welt vor, in der im Wesentlichen Filament transportiert wird und weniger ein fertiges Produkt, wäre das revolutionär für die Branche.
- Commitment für Anschlussprojekte: Trendbasiertes Arbeiten ist besonders sinnvoll, wenn sichergestellt ist, dass daraufhin tatsächlich Veränderungen entstehen. Wird in den Enabling Sessions nicht direkt in konkreten nächsten Schritten, Verantwortlichkeiten und bestenfalls daraus resultierenden neuen Projekten gedacht, verpufft der Effekt schnell. Es entsteht dann eine Enabling Session voller Inspirationskraft, die aber anschließend vom Tagesgeschäft überlagert wird und es tritt kein nachhaltiger Nutzen ein.
- Bildung als Ziel: Ein allgemeines Verständnis über Trends in Wissenschaft, Wirtschaft und Gesellschaft bildet die Teilnehmenden einer Enabling Session in ihrer allgemeinen Innovationskraft und Wahrnehmungssensibilität. Haben Vertriebsmitarbeiter oder Berater die Trends einer Branche im Kopf, können sie bei Kunden einer entsprechenden Branche eher auf Augenhöhe agieren. Auch für das eigene Unternehmen wird durch das Wissen um die Existenz von Trends die allgemeine Wahrnehmung für neue Entwicklungen und Vorausschau geschärft.

Praxistest

Gemeinsam mit einem Team einer klassischen Filialbank wurden in einer Enabling Session Trends im Finanzsektor identifiziert, eingeordnet und analysiert. Auf Basis dieses Wissens wurde in Kleingruppen an neuen Angebotsideen und Geschäftsmodellen gearbeitet. Hierzu zählen beispielsweise Fintech-Gründungen, cloudbasiertes Arbeiten mit Partnerunternehmen, Data Science, virtuelle Beratung oder Kryptowährungen.

3.2.3   Business Model Disruptor

Christian Junker

Ziel

Die Entwicklung disruptiver Geschäftsmodelle bzw. Erkennen disruptiver Bedrohungen

Zielgruppe

Gründer von Start-Ups und Akteure etablierter Unternehmen

Aufwand und Dauer

Zu Beginn sollten 1–2 Tage Workshop für ein Grundgerüst eingeplant werden. Dazu bedarf es bis zu 3 Monate für die Konkretisierung, z. B. Pitch-Vorbereitung, Business-Case- und Marktpotenzialberechnung.

Beschreibung

Disruptive Innovationen bieten sowohl Chancen als auch Gefahren für Unternehmen, je nach Position und Blickwinkel (Petzold et al., 2014, S. 235–244). Etablierte Akteure stehen häufig vor der Herausforderung, disruptive Entwicklungen rechtzeitig wahrzunehmen und dann adäquat zu reagieren. Es sind meist kleinere und unbekannte disruptive Akteure, die eben diese Lücke nutzen, um in Nischenmärkten, häufig unbeachtet, zunächst vermeintlich minderwertige prototypische Angebote zu entwickeln.

Sie verbessern im weiteren Verlauf dann einige dieser Nischenangebote, sodass sie für eine Vielzahl von Kunden attraktiv werden. Attribute wie der Fokus auf den eigentlichen Kundennutzen oder ein günstiges Angebot helfen ihnen dabei, ihre Nische zu verlassen und sehr schnell Marktanteile etablierter Anbieter zu gewinnen. So erreichen sie Massenmarktrelevanz.

Beispiel

Als prominentes Beispiel für eine solche Entwicklung wird immer wieder die Tonträgerindustrie genannt, die Marktanteile an Streamingdienste wie Spotify verliert bzw. verloren hat, ohne wirksame Maßnahmen entgegen halten zu können (Eriksson et al., 2019, S. 19 ff.). Spotify ist dabei aus einer vergleichsweise kleinen schwedischen Start-Up-Keimzelle entstanden und setzt heute Milliarden um (Reuters, 2018).

Ähnliche Beispiele finden sich in zahlreichen anderen Branchen. Allen gemein ist die vermeintliche Waffenungleichheit in der Ausgangssituation, ganz wie im Kampf zwischen David und Goliath. ◀

Bezogen auf das Münsterland sind die hier ansässigen etablierten und erfolgreichen Unternehmen sicher keine Philister. Der Business Model Disruptor kann von ihnen genutzt werden, um disruptiven Bedrohungen zu begegnen und hilft dabei, das eigene Geschäftsmodell rechtzeitig zu prüfen und auf Schwachstellen zu untersuchen. Goliath hat in diesem Kräftemessen quasi eine faire Chance.

Aber auch für die Rolle des Davids gibt es in der Region zahlreiche Beispiele, die nicht nur im Silicon Valley zu finden sind. So entstand in Münster das Unternehmen Daily Dress, das im Fashionbereich völlig neue Impulse setzt oder die führende Influencer-Plattform InfluencerDB, die disruptive Züge aufweist und sich nur durch massives Gegensteuern von facebook stoppen ließ (Hubspot, 2021; Handelsblatt, 2018).

Die Research Line Science-to-Innnovation der FH Münster hat 2018 mit 60 derartigen, bereits disruptiven oder disruptierten Unternehmen eine Studie durchgeführt und ihre jeweiligen Geschäftsmodelle analysiert. In qualitativen Interviews haben die Forscher ergründet, welche Ausprägungen oder Muster eines Geschäftsmodells ausschlaggebend für einen disruptiven Erfolg waren, bzw. welche Konstellationen dazu geführt haben, dass ein Geschäftsmodell disruptiert wurde. Die hier gewonnenen Erkenntnisse wurden später mit über 200 Unternehmen quantitativ gespiegelt.

Im Ergebnis entstand eine Datenbasis möglicher Hebel und Optionen für bzw. gegen Disruption (Junker et al., 2018; FH Münster, 2018). Der Business Model Disruptor greift auf diese Erkenntnisse zurück und wendet sie methodisch auf die Geschäftsmodelle bestehender Unternehmen bzw. auf die Geschäftsmodellplanung von Start-Ups an.

Der Business Model Disruptor bedient damit zwei Zielgruppen: Zum einen können Geschäftsmodelle etablierter Unternehmen (Incumbents) auf passive Disruptionsgefahren hin geprüft werden. Zum anderen können mit derselben Methode aktiv disruptive Komponenten in neue Geschäftsmodelle eingebettet und disruptive Geschäftsmodelle für Start-Ups oder neue Akteure (Entrants) geplant werden (Christensen et al., 2015).

In der Methode wird zunächst das bestehende bzw. neu zu erstellende Geschäftsmodell in neun Komponenten gegliedert. Dabei wird auf die Struktur einer Studie von Wirtz et al. aus dem Jahr 2016 zurückgegriffen, die unterschiedliche Geschäftsmodellstrukturansätze analysiert (u. a. Osterwalders und Pigneurs Business Model Canvas (Osterwalder & Pigneur, 2010, S. 18 ff.) und daraus eine Meta-Struktur mit neun Geschäftsmodellkomponenten extrahiert hat (Wirtz et al., 2016, siehe Abb. 3.15.

Die aus der Studie der FH Münster identifizierten Disruptionshebel und -optionen werden in der Methode entsprechend den neun o. g. Komponenten eingeordnet. Möchte eine Versicherung beispielsweise ihr Geschäftsmodell prüfen, schlägt die Methode die Betrachtung eines Bedrohungsszenarios durch eine End-to-End Versicherungslösung auf Blockchaintechnologiebasis vor – durch entsprechende Informationen in den Komponenten Netzwerk und Kunden.

Sucht ein Start-Up nach einer Lösung in der Erlös-Komponente, beinhaltet der Business Model Disruptor Ansätze für den digitalen Zahlungsverkehr. Stellt es die Frage nach der Skalierbarkeit des Geschäftsmodells entsprechend dem disruptiven Pfad in den Massenmarkt (Komponente Kunden), wird auf die Option der Massenkommunikationskanäle wie Instagram oder auf Plattformlösungen etc. hingewiesen.

Beispiel für die Optionen und Hebel in der Komponente „Ressourcen", siehe Abb. 3.16.

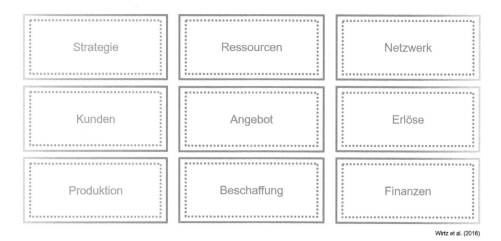

Strategie
Ressourcen
Netzwerk
Kunden
Angebot
Erlöse
Produktion
Beschaffung
Finanzen
Wirtz et al. (2016)

Abb. 3.15 Geschäftsmodellkomponenten in Anlehnung an Wirtz et al. (2016)

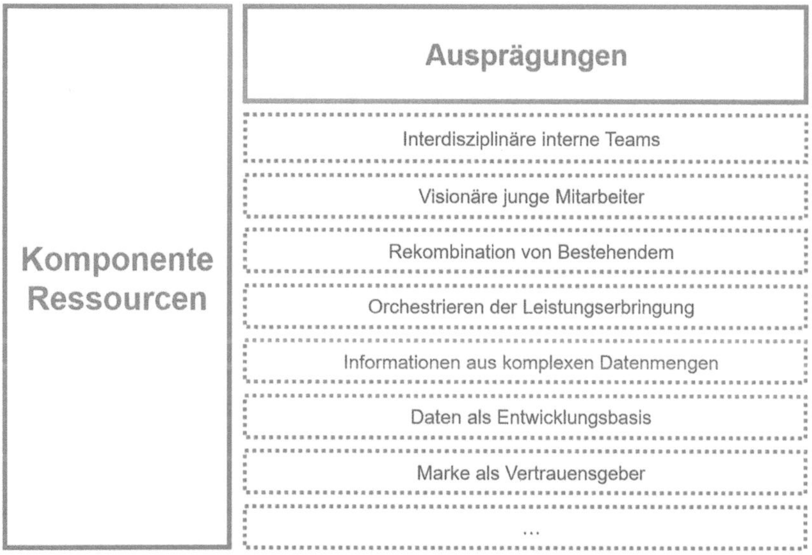

Komponente Ressourcen
Ausprägungen
Interdisziplinäre interne Teams
Visionäre junge Mitarbeiter
Rekombination von Bestehendem
Orchestrieren der Leistungserbringung
Informationen aus komplexen Datenmengen
Daten als Entwicklungsbasis
Marke als Vertrauensgeber
...

Abb. 3.16 Optionen und Hebel der Geschäftsmodellkomponente „Ressourcen“

Die Methode kann sowohl fokussiert als auch strategisch breit eingesetzt werden. Sie erlaubt einerseits, innerhalb weniger Stunden eine einzelne Geschäftsmodellkomponente in der Tiefe zu beleuchten. Das volle Potenzial aber entfaltet sich erst im Zusammenspiel der Komponenten im Rahmen eines kompletten Geschäftsmodells.

Hilfreich ist es, sich zu Beginn eine Vorstellung über potenzielle Kunden mit ihren Bedarfen, aktuelle Entwicklungen in diesem Marktumfeld und die Wettbewerbssituation zu machen. Der Aufbau eines Geschäftsmodells mit dem Business Model Disruptor kann dann auf diese Grundlage aufsetzen oder aber ein bestehendes Geschäftsmodell als Basis verwenden. Ist Letzteres der Fall, ist eine Dokumentation dieses existierenden Modells eine gute Basis für die weitere Arbeit.

Da das Geschäftsmodell viele Bereiche eines Unternehmens berührt, sollte der Business Model Disruptor mit den Personen durchgeführt werden, die Auskunft über die betroffenen Komponenten geben können. Kunden und Zulieferer runden das Bild ab und geben ein erstes Gefühl dafür, wie ein neues und potenziell disruptives Geschäftsmodell von außen gesehen wird.

In dieser Gruppe kann entweder gemeinsam oder jeweils in Subgruppen-Sprints an den Komponenten des Geschäftsmodells gearbeitet werden. Am Ende steht mit Hilfe des Business Model Disruptors ein hochinnovatives Geschäftsmodell. Ob dies tatsächlich disruptiv wird, hängt in der Folge von vielen weiteren Parametern ab; beispielsweise dem Verhalten etablierter Unternehmen oder den sich ständig ändernden Kundenbedarfen. Die Methode legt hierfür aber einen soliden Grundstein und bietet gute Startvoraussetzungen.

Tipps und Tricks
- Umgebung wechseln, abseits gewohnter Umfelder neu denken
- Kunden einbeziehen, z. B. Design Thinking oder Lean Start-Up Ansatz verfolgen
- Internationale Entwicklungen auf das eigene Geschäftsmodell projizieren
- Trends berücksichtigen, Trendscouting nutzen, z. B. für neue Technologien
- Heterogene Teams in Sprints gemeinsam arbeiten lassen
- Rekombination existierender Konzepte prüfen (es muss nicht immer alles völlig neu sein, es kommt häufig auf eine Kombination bestehenden Wissens an)
- Skalierbarkeit beachten, häufig Voraussetzung für Disruption
- Digitalisierungshebel berücksichtigen (Plattformen, E-Erlösmodell, digitale Infrastruktur und Endgeräte, Data Science etc.)
- Konzentration auf wenige Geschäftsmodellkomponenten reicht häufig aus, Fokussierung auf wenige aber relevante, stark wettbewerbsdifferenzierende Aspekte

Praxistest
Der Business Model Disruptor wurde mit seiner sehr aktuellen Datenbasis bereits bei einigen Unternehmen und NGOs erfolgreich eingesetzt. Dazu gehört beispielsweise die Technologieförderung Münster in Kombination mit dem Unternehmensnetzwerk NRWO!, das sich mit der Entwicklung neuer Materialien beschäftigt. In der Gesundheitswirtschaft wurde der Business Model Disruptor dazu genutzt, ein innovatives Geschäftsmodell für die Förderung des betrieblichen Gesundheitswesens von Pflegepersonal aufzusetzen. Der aktuelle Mangel an Pflegekräften lässt sich nicht nur durch zahlenmäßig mehr Mitarbeiter und Mitarbeiterinnen, sondern auch durch deren Verfügbarkeit lindern. Die hier möglichen Geschäftsmodelle gehen dabei weit über Sportprogramme und den obligatorischen Obstteller am Arbeitsplatz hinaus. Auch in der Logistik ließen sich mit Hilfe der hinterlegten Hebel und Optionen völlig neue Angebote stricken. Das Thema

Blockchaintechnologie in der Kreislaufwirtschaft von Ladungsträgern birgt beispielsweise neue Potenziale. Weitere Anwendungsgebiete liegen in der digitalen Dokumentation von Supply Chains.

3.2.4 Enabling Innovation Connection Kit

Manuel Rudde

Ziel

Verknüpfung von Menschen aus Wissenschaft und Wirtschaft für den Einsatz neuer Technologien in neuen Märkten.

Zielgruppe

Technologieanbieter und potenzielle Anwender.

Aufwand und Dauer

1–2 Stunden Information über die Technologie, Demonstration
Schwerpunktprojekt über ca. 1 Monat bis hin zu langfristiger Daueraktivität

Beschreibung

Nach kurzer Vorstellung einer innovativen Technologie, z. B. in Form einer Präsentation oder Demonstration durch einen Hersteller vor Ort, wird gezielt nach passenden Anwendungen und Märkten dafür gesucht. Die Vernetzung von Menschen aus Wissenschaft und Wirtschaft ermöglicht dabei neue Wege, die Idee gemeinsam weiterverfolgen zu können. Der „Connection Kit" beinhaltet hierfür verschiedene Optionen:

Persönliche Vernetzung durch Wirtschaftsförderungen und Hochschulen: Die Wirtschaftsförderungen der Landkreise sind durch ihr Team in der Regel sehr gut vernetzt innerhalb der Region und haben Interesse an der Kooperation mit potenziellen Partnern in ihrem Einzugsbereich. In vielen Fällen finden sie attraktive Anwendungspartner im unmittelbaren Umfeld der Hersteller. Ähnliches gilt für die Hochschulen einer Region. Sie sind nicht nur Schöpfer neuer Technologien, sondern häufig auch effektiv vernetzt in der regionalen Wirtschaft und Gesellschaft.

Enabling Innovation Innovations-Impuls: In interessanten Impulsvorträgen wird innerhalb einer Stunde ein innovatives Thema vorgestellt und anschließend diskutiert. Auf diese Weise entsteht eine Plattform für den Austausch zu neuen Anwendungen und Märkten – während und nach dem Vortrag. Das auf Basis des Themas ausgewählte Publikum besteht aus Kunden, Multiplikatoren sowie Medien, zu denen damit ein direkter Zugang ermöglicht wird. Der Impulsvortrag kann von Key Note Speakern gehalten, durch Exponate veranschaulicht oder direkt authentisch von den Innovationstreibenden selbst inszeniert werden.

Netzwerkveranstaltungen: Möglichkeiten für den Austausch von Interessen und Zielen bestehen auf vielfältige Weise. Schwerpunktveranstaltungen bieten besonders viele Schnittmengen für Gespräche. Eine inspirierende Zusammenarbeit kann und sollte aber auch im branchenfremden Umfeld zu finden sein. Aktuelle Veranstaltungen im Münsterland werden hier aufgelistet: www.wirtschaftskalender-muensterland.de.

Darüber hinaus unterstützen die Wirtschaftsförderungen bei der Organisation und Durchführung eigener Veranstaltungen. Bei Themen mit einem ausreichend breiten Publikum geht das in Form eines Tech-Days exklusiv für ein Unternehmen. Es lassen sich aber auch mehrere Veranstalter bündeln, z. B. zum Thema Digitalisierung oder 3-D-Druck.

Netzwerke: Netzwerke suchen ständig passende Mitglieder und unterstützen sie mit neuen Kontakten, interaktiven Workshops, etc. Auch hier besteht eine Website mit einem Verzeichnis aktiver Netzwerke im Münsterland: www.muensterland-wirtschaft.de/11535/netzwerk-muensterland.

Tipps und Tricks

- Haben Sie ständig eine kurze, prägnante Beschreibung aktueller Innovationen parat. Diese kann schriftlich manifestiert sein oder nur als Leitfaden (Elevator Pitch).
- Kommen Sie auf den Punkt. Klare, ausdrucksstarke Beschreibungen gehen vor fachliche Tiefe. Gerade in der interdisziplinären Zusammenarbeit müssen fachfremde Personen eine Idee zunächst verstehen.
- Zeigen Sie den Nutzen einer Innovation auf. Beschreiben Sie dabei zuerst das „Why" – also weshalb sie grundsätzlich sinnvoll ist und welche Lebens- und/oder Unternehmensprobleme damit gelöst werden. Erst dann folgt die Darstellung der technischen Umsetzung.
- Zeigen Sie Interesse an anderen Domänen. Wenn es um die Identifikation neuer Anwendungen und Märkte geht, ist es wichtig, bewusst bekanntes Terrain zu verlassen und sich neuen Bereichen zuzuwenden.
- Geben Sie dem kreativen Zufall eine Chance. Regelmäßiges Ausbrechen aus dem gewohnten Umfeld, ganz gezielt in eine Umgebung, die nicht direkt vertraut ist, fördert die Wahrnehmung neuer Chancen und das Out-of-the-Box-Denken.

Praxistest

Ich glaub es hackt! Wie verläuft ein Datenangriff aus Sicht eines Hackers?

Marco Schultewolter, Gründer und Geschäftsführer der Scutisec GmbH, hat den Enabling-Innovation- Innovations-Impuls für sich genutzt. Nach einem kurzen Kennenlernen mit dem Münsterland e. V., bei dem es um die Rahmenparameter für den Innovationsimpuls ging, bestand die Aufgabe von Herrn Schultewolter im Vortragen. Der Münsterland e. V. lud ein, organisierte eine passende Location und kümmerte sich um das Catering für die Interessenten. So arbeitete jeder seinen Kompetenzen entsprechend; Marco Schultewolter konzentrierte sich auf das ethische Hacken und Überführen von Datendieben, der Münsterland e. V. auf das Eventmanagement. So konnte ein Forum geschaffen werden, das sowohl

Abb. 3.17 4. Enabling Innovations-Impuls

für den Profi-Hacker als auch den Interessenten im Auditorium einen echten Mehrwert generierte – und ganz nebenbei jede Menge Spaß und Unterhaltung brachte (s. Abb. 3.17).

3.2.5 Incubator Scribble

Christian Junker

Ziel

Entwicklung von radikalen sowie disruptiven Innovationen

Zielgruppe

Angesprochen werden in erster Linie kleine und große etablierte Unternehmen sowie Start-Ups.

Aufwand und Dauer

Tagesworkshop und ggf. Ergänzungsworkshops, es vergehen bis zur finalen Umsetzung aber häufig Jahre.

Beschreibung

Viele Unternehmen arbeiten durchaus kreativ und haben eine Fülle guter Innovationsideen. In Zeiten des Mangels an qualifizierten Mitarbeitern und bei guter Auftragslage im aktuellen Kerngeschäft bleibt aber zunehmend wenig Raum, um diese Ideen tatsächlich umzusetzen und in die weiteren Phasen eines Innovationsprozesses bis zur Marktreife zu überführen.

Neben diesen Kapazitätsengpässen fällt es Unternehmen manchmal schwer, ihre aktuell gut aufgestellten Angebote und Geschäftsmodelle radikal zu überdenken.

Der Fokus der Zeitallokation im Tagesgeschäft liegt oft auf der Abwicklung des hohen Auftragsbestands. Darüber hinaus werden v. a. inkrementelle Innovationen vorangetrieben, die der Perfektion des etablierten Geschäfts dienen. Bei sich abschwächender Konjunktur und im internationalen Wettbewerb besteht die Gefahr, einen Innovationsrückstand zu übersehen und dann nicht mehr aufholen zu können. Im Zweifel nutzen andere Unternehmen diese Lücke, um in den Markt einzutreten und stellen damit eine Bedrohung für das etablierte Business dar. Sogenannte Entrants, z. B. meist kleine, agile Start-Ups, verdrängen dann in einem Disruptionsprozess die angestammten Platzhirsche (Incumbents) (Christensen et al., 2015). Diese wiederum sind ab einem gewissen Punkt nicht mehr wirklich in der Lage, den Entrants etwas entgegen zu setzen. Incumbents nehmen bedrohliche Entwicklungen zu spät wahr, negieren typischerweise ihr Gefahrenpotenzial und sind im Moment einer tatsächlich wahrgenommenen Bedrohung nicht schnell und flexibel genug in der Lage, Gegenmaßnahmen einzuleiten bzw. sich neu auszurichten.

In beiden skizzierten Situationen, also bei einer großen Fülle radikaler Ideen, aber auch im Falle eines eher konservativen Angebotsportfolios, bietet sich eine Kooperation mit Start-Ups oder die Schaffung neuer, ausgelagerter Organisationseinheiten an. Diese können dann ohne die – in diesem Fall kontraproduktiven – Eigenschaften eines etablierten Incumbents innovativ tätig sein. Ziel ist es, die Stärken von Entrant- und Incumbentcharakter zu verschmelzen und parallel zu nutzen (Ambidextrie) (O'Reilly & Tushman, 2004).

Dabei stellt die Beteiligung von Incumbents an einem Incubator, Start-Up oder Joint Venture Extreme der sich bietenden Optionen dar (daher der Titel „Incubator Scribble"). Natürlich sind auch unverbindlichere Zusammenarbeitsmodelle gängige Praxis wie beispielsweise lose Kooperationen mit Externen oder interne Projektgruppen. Alle denkbaren Wahlmöglichkeiten lassen sich in einem Spannungsfeld der Radikalität (Dewar & Dutton, 1986) oder auch Disruptivität (Christensen et al., 2015) und dem Integrationsgrad der Organisation einordnen, in dem jedes Unternehmen sein individuelles Optimum finden wird.

Allen Zusammenarbeitsmodellen gemein ist die Adressierung bestimmter Engpässe, häufig:

Mangel an Fachkräften: Die Ausarbeitung einer guten Idee bis zur erfolgreichen Markteinführung bedarf hoch qualifizierten Personals. Dies lässt sich aber nur bedingt finden. Zugleich sind Gründungen in konjunkturell guten Zeiten vergleichsweise unattraktiv, da Angestellten hohe Gehälter und Sicherheiten angeboten werden.

Gerade bei hoch qualifiziertem Personal kann die Attraktivität der Arbeit insbesondere durch Optionen zur Mitgestaltung und Selbstverwirklichung gesteigert werden. Schafft es ein Unternehmen also, Menschen für eine Idee zu begeistern und diese in einem Start-Up zusammenzuführen, entsteht Raum für Selbstverwirklichung.

Steuert die Parent Company darüber hinaus noch Sicherheiten in Form von Venture Capital oder garantierten Abnahmemengen bei, wird auch das Sicherheitsbedürfnis bedient. Darüber hinaus bietet die Beteiligung der Start-Up-Gründer an ihrem Unternehmen selbst und dessen Wertsteigerung zusätzliche Anreize.

Aus Sicht des Incumbents bedeutet dieses Konstrukt nicht nur finanzielle Nachteile. Neben einer Risikoteilung mit Start-Up-Gründenden werden v. a. Ideen umgesetzt, die ansonsten ungenutzt bleiben würden. Es muss also nicht mehr fortlaufend im Dilemma der Opportunitätskosten von heute und übermorgen abgewogen werden, welche Kapazität für mögliche Umsätze genutzt und welche für zukunftsweisende Projekte eingesetzt werden soll. Das Unternehmen kann beides parallel realisieren.

Fehlende Radikalität bzw. Disruptivität neuer Ideen: In bestehenden Strukturen funktioniert insbesondere die Perfektion bestehender Angebote und Geschäftsmodelle sehr gut. Gerade diese Stärke ist zugleich eine Schwäche. Sie verhindert das Out-of-the-Box-Denken oder eine Infragestellung bisher geltender Erfolgsrezepte. Wirklich neue (disruptive) Ideen entstehen tendenziell eher außerhalb eingespielter Strukturen und Organisationseinheiten.

Eine Option, sich diesen externen Blickwinkel einzuholen, ist die Kooperation mit Start-Ups. Bevor andere fremde Player das eigene Geschäftsmodell unbemerkt und im Zweifel auch erfolgreich in Frage stellen, stoßen etablierte Unternehmen diesen Prozess selbst und bewusst an. Zugleich können sie sich weiterhin auf aktuelle Cash Cows konzentrieren und die hier erzielten Gewinne teilweise in Start-Ups investieren.

Diese „Ambidextrie" bildet eine sinnvolle Innovations-Symbiose (O'Reilly & Tushman, 2004). US-Amerikanische und deutsche Studien zeigen die Unvereinbarkeit beider Ansätze in derselben Organisation. Ein Ingenieur, der spezialisiert ist auf die Effizienzerhöhung eines Verbrennungsmotors, sollte sich hierauf konzentrieren. Denn trotz bestimmter Vorteile, wie beispielsweise frei einteilbarer Innovationsarbeitszeit, wird er wohl nicht zum Experten in der Entwicklung von Drohnen mit Elektroantrieb als Fortbewegungsmittel avancieren. Ein Start-Up, das diesen Bereich fokussiert, wird sich hier als effektiver erweisen.

Engpässe in der Finanzierung: Aus Sicht eines Start-Ups bietet die Kooperation mit etablierten Incumbents viele Vorteile. Es kann auf Ressourcen und Netzwerke zurückgreifen, ohne einem prozessualen Zwang zu unterliegen. Insbesondere der Sicherheitsaspekt ist durch Venture Capital vom Parent-Unternehmen abgedeckt, das häufig auch der wichtigste und erste Kunde ist und damit eine tragende Säule in der Finanzierung darstellt.

Diese drei Grundgedanken werden mit Hilfe des Incubator Scribble aufgegriffen. Im konkreten Anwendungsfall entsteht eine entsprechende Innovationsstrategie. Zu Beginn ist meist nicht viel mehr offensichtlich als die o. g. Punkte. Dabei aber bleiben einige Fragen offen:

- Wie eng soll die Bindung zwischen Start-Up und etabliertem Unternehmen sein?
- Wie stellt man eine erfolgreiche Rückintegration sicher?
- Welche Innovationsideen werden extern bearbeitet?

- Braucht es andere Incumbent-Partner zum Aufbau einer Kooperation?
- Wie sieht eine passgenaue Lösung für eine ambidextere Innovationsstrategie aus?
- usw.

Zur Ausarbeitung einer erfolgreichen Innovationsstrategie nutzt das Incubator Scribbeling eine Reihe von Sprints, die jeweils Teilfragestellungen adressieren und diese lösen. Welche Sprints genau benötigt werden, in welcher Reihenfolge sie stattfinden und ob ggf. weitere hinzukommen, hängt von der individuellen Situation des Anwendungsfalls ab (s. Abb. 3.18).

Tipps und Tricks
- Eine aktuell gute Auftragslage sollte langfristig nicht aufs Spiel gesetzt werden, indem Kosten für Investitionen in radikale oder disruptive Innovationen gescheut werden – im Zweifel realisiert diese dann ein heute noch völlig unbekannter Wettbewerber (passive Disruption).
- Der Versuch, radikale Innovationen mit denselben Personen und derselben Organisation zu realisieren, die auch im etablierten Geschäft agieren, ist oft zum Scheitern verurteilt. Hier werden die Schwächen beider Ansätze anstelle ihrer Stärken verbunden.
- Es gibt keinen idealen Weg. Jedes Innovationsfeld und jedes Unternehmen braucht eine passgenaue Lösung. Es existieren aber Bausteine, die sinnvoll kombiniert werden können.
- Zu Beginn herrscht Ergebnisoffenheit. Dies erfordert einen souveränen Umgang und ein agiles Projektmanagement mit Sprints. Insbesondere starre Vorgehenspläne, eine zu früh und unflexibel gestaltete Zielsetzung oder konventionelle Kennzahlen sind kontraproduktiv – wenngleich klar ist, dass am Ende ein signifikanter (z. B. monetärer) Nutzen entstehen soll.
- Radikale und disruptive Innovation lebt vom Experiment in der Praxis. Theoretische Konzepte sind hilfreich für eine Orientierung, im Sinne des o. g. Projektmanagementansatzes und vor dem Hintergrund der entstehenden Kosten, sollte direkt am konkreten Praxisbeispiel umgesetzt, reflektiert, ggf. justiert und weitergearbeitet werden.
- Projekte mit derart tief greifendem Veränderungscharakter erfordern Rückhalt von Seiten des Managements. Auch wichtig sind Zeit sowie der Freiraum, anders denken und agieren zu dürfen.
- Es gilt, eine gute Lösung zu finden, in der bestehende hilfreiche Strukturen, erfahrene Mitarbeitende und externe Impulse zusammenfinden.

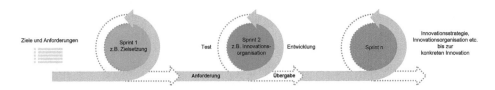

Abb. 3.18 Aufbau der Teilfragestellungen mit zugehörigen Projektsprints

Praxistest

Der Enabling-Innovation-Anwendungsfall konzentriert sich auf ein autark agierendes, mittelgroßes Unternehmen. In einer bereits etablierten Unternehmensstrategie sind u. a. die Themen Innovation und digitales Geschäftsmodell im Fokus.

Das Incubator Scribbleing setzt hier an und beginnt im ersten Sprint mit einer Übersicht zu den wissenschaftlichen internationalen Grundlagen hinsichtlich des aktuellsten Innovationsmanagements. Diese Erkenntnisse werden den für Deutschland deckungsgleichen und differierenden Ergebnissen jüngster Studien gegenübergestellt. Beispielsweise funktioniert das Thema der Venture Capital Finanzierung in den USA nach anderen Prinzipien und Maßstäben als im Münsterland.

Eine Reihe internationaler und lokaler Best Practices stehen im nächsten Sprint exemplarisch für unterschiedliche Möglichkeiten der Arbeit in ambidexteren Organisationsformen und extern getriebener, radikaler Innovation. Im Münsterland sei beispielsweise auf die Zusammenarbeit vieler mittelständischer Unternehmen mit dem Digital Hub münsterLAND verwiesen. Hier kommt auch ein Blick auf die regionale Landschaft der NGOs, Hochschulen und Förderstrukturen nicht zu kurz.

Nach einer ersten Richtungsentscheidung wird nun weiter konkretisiert. Dies umfasst zunächst die Auswahl der Organisationsform und der geografischen Nähe, in diesem Fall mehrerer Start-Ups, zur Parent Company. Es werden bereits erste potenzielle Gründer und umsetzende Personen miteinbezogen und Umsetzungsszenarien definiert.

Es wird beispielsweise eine Entscheidung zwischen neuer Unternehmenseinheit (Abteilung mit eigenem Flur) und einer Externalisierung in Form eines eigenen Büros diskutiert. Letzteres hat eine deutlich mehr auf den Gesamtmarkt ausgerichtete Funktion. In diesem Fall besteht die Zielgruppe zu einem hohen Prozentsatz auch aus Kunden außerhalb der Parent-Company.

In einem Projektteam bestehend aus erfahrenen Mitarbeitern, Gründungsinteressenten und Beratern, entsteht ein Business Case für die unterschiedlichen Szenarien. Dabei werden auch die Kosten einer Rückintegration des entstandenen Wissens oder z. B. Beteiligungsverhältnisse berücksichtigt und simuliert. Am Ende steht eine Entscheidung für eine fallgenau passende Strategie.

3.2.6   Cross Innovation Workshop

Bernd Büdding

Ziel

Kreativitätstechnik mit Ansätzen zur Konzeptentwicklung. Innovationen sollen branchenübergreifend gedacht werden. Durch das bewusste, fachübergreifende und trendübergreifende Denken werden Innovationspotenziale sichtbar.

Zielgruppe

Die Methode kann in Einzelunternehmen mit verschiedenen Abteilungen durchgeführt werden. Allerdings entfaltet sie ihre volle Stärke erst dann, wenn unterschiedliche Unternehmen und Hochschulvertreter ihr Fachwissen aus verschiedenen Branchen und Forschungsbereichen miteinander kombinieren.

Aufwand und Dauer

Ca. ein Workshop-Tag. Der Workshop kann ggf. auf wenige Stunden verkürzt werden, allerdings zeigt er dann eher den methodischen Ansatz. Ein geschulter, neutraler Moderator ist von Vorteil. Die Zukunftsinstitut Workshop GmbH bietet den Workshop in einer professionellen und standardisierten Form an und bringt viele Erfahrungen mit. Für eine ansprechende und kreative Umgebung ist ein innovatives Umfeld, wie z. B. Themenräume oder auch eine ungewöhnliche Umgebung von Vorteil, beispielsweise ein Zirkuszelt, eine Industriekulisse, Zoo oder Naturpark. Bei größeren Gruppen sollten verschiedene Räume bzw. Bereiche für Gruppen bis zu sechs Personen vorhanden sein. Für die Einführung und für die Abschlusspräsentation benötigt man einen großen Veranstaltungsraum mit Präsentationstechnik

Beschreibung

Der Cross Innovation Workshop kann zur Ideenfindung als Kreativitätsmethode eingesetzt werden. Der Ablauf ist stark standardisiert. Die Methodik basiert auf dem Cross Industry Prinzip, welches im Kern drei Phasen vorsieht: Ideengenerierung, Kreativphase und Inkubation (vgl. van Aerssen & Buchholz, 2018, S. 118). In der Version der Zukunftsinstituts Workshop GmbH wird die Methodik durch ein Kartenset abgebildet, das auch eine Megatrendkarte vorsieht. Hier wird also nicht nur branchenübergreifend verknüpft, sondern auch unter Berücksichtigung globaler Megatrends.

Durch die zufällige Zusammensetzung der gezogenen Karten und die vielen Kombinationsmöglichkeiten können ganz neue Ideen entstehen, die mit dem einseitigen Blick auf den eigenen Branchenfokus so nicht in den Sinn kommen würden.

Das System funktioniert wie folgt: zunächst werden zwei Branchenkarten gezogen, sofern die Branchen durch die Zusammensetzung der Teams nicht bereits vorgegeben sind. Zu diesen Branchen werden Assoziationen und bekannte Vorreiter-Marken gesammelt. Anschließend werden die Assoziationen miteinander verknüpft.

Diese verknüpfte Branchenassoziation wird durch eine Megatrendkarte ergänzt. Schließlich wird die Ideengenerierung noch durch ein zufällig gewähltes Best-Practice-Beispiel in Form einer Erfolgsprinzip-Karte angereichert. Dieser Vorgang kann mehrmals durchgeführt werden. Schließlich werden die Gruppen aufgefordert, die beste ihrer Cross-Innovation Ideen auszuwählen. Danach arbeiten die Teams ihre Ideen weiter aus und treten in einem Pitch um die Goldene Idee gegeneinander an. Unterstützt werden kann dies durch eine Art fiktive Währung, wie dem „Zukunftseuro." Dieser kann von allen Workshop-Teilnehmern an alle vorgestellten Cross-Innovation-Ideen vergeben werden. So lässt sich später eine Goldene Idee ermitteln.

Tipps und Tricks
- Moderation durch einen erfahrenen und neutralen Moderator
- Vor dem Workshop eignen sich Keynotes zu Zukunftsthemen sehr gut, da diese oft mutige Entwicklungsschritte begünstigen und den Fokus vom Tagesgeschäft ablenken.
- Die Präsentation der Ideen und Prototypen im Pitch gibt den Teilnehmern die Möglichkeit, sich mit Ihren Ideen zu identifizieren und dies vor Publikum zu testen. Das hat einen hohen Mehrwert für alle Workshop-Teilnehmer.

Praxistest
Am 25.09.2017 wurde das Cross Innovation Workshop Konzept in Münster mit ca. 100 Teilnehmern erprobt. Um möglichst vielen Unternehmen die Teilnahme zu ermöglichen, ohne dabei Qualitätsverluste in Kauf zu nehmen, wurde ein geschulter Moderator von der Zukunftsinstitut Workshop GmbH für die Veranstaltungsdurchführung eingesetzt. Die gewählten Räumlichkeiten in einem Münsteraner Unternehmen haben durch ein inspirierendes Umfeld, durch eine Vielzahl von Themenräumen und durch modernste Bühnen- und Veranstaltungstechnik deutlich zum Gelingen beigetragen. Das Feedback der Teilnehmer fiel durchweg positiv aus.

3.2.7 Leitfaden zur Entwicklung innovativer Geschäftsmodelle mit 3D-Druck

Christian Holterhues

Ziel
Die Vermittlung einer systematischen und praxisnahen Vorgehensweise zur Entwicklung innovativer Geschäftsmodelle mit 3D-Druck Methoden.

Zielgruppe
Unternehmen sowie Wirtschaftsförderungen und Forschungseinrichtungen.

Aufwand und Dauer
Der Workshop zur 3D-Druck-Geschäftsmodellentwicklung bei einem Unternehmen nimmt ca. 0,5–2 Tage in Anspruch.

Beschreibung
Der 3D-Druck ändert nicht nur Fertigungsprozesse einzelner Unternehmen, sondern ganze Branchen mitsamt ihrer Wertschöpfungsketten. Bislang konzentriert sich der Einsatz in der betrieblichen Praxis vor allem auf industrielle Anwendungen und auf technische Aspekte. Den spezifischen Anforderungen von kleinen und mittelständischen Unternehmen wird bislang jedoch wenig Aufmerksamkeit geschenkt. Dabei bieten 3D-Druckverfahren vor allem produzierenden mittelständischen Unternehmen die Möglichkeit, ihre Produktion zu flexibilisieren und zu individualisieren.

Von Seiten der Unternehmen wird das Thema der Geschäftsmodell-Innovationen auf Basis additiver Fertigungsverfahren vernachlässigt. Beispiele für solche Geschäftsmodelle finden sich in der Mass Customization, wo kundenindividuelle Anforderungen durch 3D-Druckverfahren vom Hersteller, Dienstleister oder vom Kunden entwickelt und produziert werden. Beispielsweise wird in der Medizintechnik bereits die standardisierte Herstellung von Hüftprothesen in eine patientenindividuelle Produktion überführt. Dies bietet für Unternehmen dort Vorteile, wo kundenindividuelle Wünsche bislang durch teure Einzelanfertigungen erfolgen.

Ein anderes Beispiel ist der Prozess des technischen Kundendienstes. Wird ein additives Fertigungsverfahren in den Ort der Serviceerbringung (Point of Service) integriert, kann ein benötigtes Ersatzteil beim Kunden als Produzent gedruckt und direkt eingebaut werden. Der Hersteller der Anlage übernimmt damit koordinierende und anleitende Funktion und der Kunde wird aktiv in die Erbringung des Services eingebunden.

Zudem verlagert sich beim 3D-Druck die maßgebliche Wertschöpfung in die Konstruktion, die zukünftig primär als Dienstleistung verkauft wird. Die Konstruktion eines Produktes enthält bereits alle wichtigen Parameter (z. B. Baurichtung des Teils, Maschinenparameter) und damit auch das gesamte Fertigungs-Know-how, um das Teil auf einem 3D-Drucker orts- und zeitunabhängig herzustellen. Der Kunde zahlt für die Konstruktion und für jede Vervielfältigung (Produktion nach Bedarf). Die Integration von 3D-Druckverfahren in bestehende Prozesse ermöglicht somit neue, flexible Anwendungsfelder und Geschäftsmodelle.

Auch im Münsterland gibt es enorme Vorteile für den Bereich 3D-Druck. Potenzielle Kunden finden sich im produzierenden Gewerbe, dem starken, mittelständischen Maschinen- und Anlagenbau, der Kunststoff- und Chemieindustrie, der Lebensmittelherstellung- und Verarbeitung sowie der Medizintechnik. Um diese Vorteile des 3D-Drucks für sich zu nutzen, müssen Unternehmen geeignete, kundenzentrierte Geschäftsmodelle entwickeln. Hierfür ist methodisches Know-how vonnöten, das besonders in kleinen und mittelständischen Unternehmen in dieser Form oft fehlt. Wirtschaftsförderungen mit ihrem Angebot der Innovationsberatung, in Kooperation mit fachlicher Expertise aus den Hochschulen können hier unterstützen.

Tipps und Tricks
- Unternehmen über Workshops und Veranstaltungen zu den Potenzialen von neuen Geschäftsmodellen durch 3D-Druck sensibilisieren
- Methoden der Geschäftsmodell-Entwicklung wie Business Model Canvas nutzen und bei Unternehmen einsetzen
- Fördermittel wie den Innovations- und Digitalisierungsgutschein NRW für die Umsetzung nutzen

Praxistest

Das Thema „Neue Geschäftsmodelle durch 3D-Druck" wird dem Innovationskompetenz-feld „Digital Solutions" zugeordnet. Im Rahmen des BMBF-geförderten Projektes „Push.3D-Druck" wurde in Kooperation mit der FH Münster ein Methodenbaukasten zur Erhebung von konkreten, individuellen Innovationspotenzialen für kleine und mittel-ständische Unternehmen in Bezug auf 3D-Druck-induzierte Geschäftsmodelle entwickelt und in Form einer Marktstudie und eines dazugehörigen Leitfadens publiziert (Feld-mann, 2018).

Die Marktstudie wurde vom Institut für Prozessmanagement und Digitale Trans-formation der FH Münster durchgeführt. Die Marktstudie informiert KMU über Poten-zial- und Handlungsfelder hinsichtlich einer 3D-Druck-basierenden Geschäftsmodell-innovation. Sie bietet Antworten und zahlreiche Praxisbeispiele zu den Fragen: Welche Geschäftsmodelle im Kontext der additiven Fertigung nutzen KMU bereits? Welche Geschäftsmodellmuster bieten innovative Potenziale zur Weiterentwicklung? Über welche Geschäftsmodellmuster lassen sich Wettbewerbsvorteile generieren, die Posi-tionen in der Wertschöpfungskette stärken oder neue Märkte erschließen? Wie lassen sich die Geschäftsmodelle klassifizieren, um Orientierung insbesondere für KMU zu bieten?

Aufbauend auf den Erkenntnissen der Marktstudie hat das Kompetenzzentrum Coes-feld – Institut für Geschäftsprozessmanagement e. V. einen Leitfaden zur Identifikation innovativer Geschäftsmodelle mit 3D-Druck in kleinen und mittelständischen Unter-nehmen entwickelt. Im Kern des Leitfadens steht das GIN3D-Modell. Das entwickelte GIN3D-Modell ist eine Methodik zur unternehmensindividuellen Identifikation des Innovationspotenzials eines 3D-Druck gestützten Geschäftsmodells. Die Anwendung ist kostenfrei und für jeden Partner verfügbar.

Gleichwohl erfordert die Anwendung eine hohe Methodenkompetenz in der Durch-führung und Konzeptionierung einer Geschäftsmodellinnovation sowie eine hohe Kenntnis im Bereich potenzieller Mehrwerte der 3D-Druck Technologie. Über diese erforderliche Kompetenz verfügt bspw. das Kompetenzzentrum Coesfeld – Institut für Geschäftsprozessmanagement e. V. und das Institut für Prozessmanagement und Digita-lisierung (IPD) der FH Münster. Die optimale Anwendung des GIN3D-Modells/ Leit-fadens erfolgt in Form eines ein- oder mehrtägigen Workshops. Gegebenenfalls lässt sich die Umsetzung der Workshops auch mit passenden Förderprogrammen wie dem Innovations- und Digitalisierungsgutschein NRW bezuschussen.

Die Marktstudie und der Leitfaden dienen damit als unterstützendes Tool bei der vorwett-bewerblichen Sensibilisierung von Unternehmen für die Geschäftsmodell-Entwicklung mit 3D-Druck. Über das Netzwerk von Enabling Innovation wird sie interessierten Partnern zur Verfügung gestellt. Dies ermöglicht einen Wissenstransfer an eine größtmögliche Anzahl von potenziellen Interessenten im Münsterland.

3.2.8   Innovationskopfstand

Manuel Rudde und Christian Junker

Ziel

Kreativität als eine der Voraussetzungen für Innovation ist zwar bei vielen Unternehmen gewünscht, findet aber im Tagesgeschäft häufig nur selten statt. Das Problem liegt oftmals in fehlenden Methoden zur Kreativitätsförderung durch laterales Denken.

Eine Metapher hilft dabei, zu illustrieren: Links und rechts neben einer Straße wächst frisches, saftiges Gras. Weiter abseits der Straße wächst nichts mehr. Die Straße steht für das normale und geradlinige Denken sowie für die Ideen, die Menschen schnell in den Sinn kommen. Die saftigen grünen Wiesen repräsentieren wertvolle Ideen, aus denen beispielsweise zukünftige Geschäftsmodelle erwachsen. Die karge Einöde darüber hinaus stellt nicht hilfreiche Ideen dar.

Wird beispielsweise einem Mitarbeitenden aufgetragen, doch bitte eine kreative Idee zu produzieren, wird diese höchstwahrscheinlich zuerst irgendwo im Bereich der asphaltierten Straße liegen. Ohne die Unterstützung durch Kreativitätsmethoden meidet das menschliche Gehirn Aufwand oder Risiko und greift auf bestehendes Wissen und bewährte Muster zurück. Dass hierbei kaum wirklich neue Ideen generiert werden, ist naheliegend.

Ziel sollte jedoch sein, die saftigen grünen Wiesen links und rechts der Straße, also die guten und wirklich neuen Ideen, zu erreichen. Um das Problem des Denkens in bewährten Mustern zu lösen, braucht das Gehirn auch unsinnige Ideen, um diese als Impuls für eine wirklich gute neue Idee zu nutzen. Über diesen Umweg lassen sich neue Ideen entwickeln, ohne in angestammte Denkmuster zu verfallen. Der Innovationskopfstand greift diesen Weg als Lösungsansatz auf.

Zielgruppe

Unternehmen und Privatpersonen auf der Suche nach wirklich neuen Ideen

Aufwand und Dauer

Die Methode kann in unterschiedlicher Intensität und für unterschiedlich komplexe Probleme eingesetzt werden, mindestens für zwei Stunden.

Beschreibung

Wie beim klassischen Kopfstand wird beim Innovationskopfstand eine Fragestellung andersherum betrachtet als es üblicherweise geschehen würde. So erhält das Gehirn neue Impulse. Die Methode funktioniert in aller Regel auf Anhieb, auch in ungeübten Teams sorgt sie für gute Stimmung und gute Resultate.

In fünf einfachen Schritten zu neuen Ideen mit dem Innovationskopfstand:

1. Schritt: Formulieren Sie Ihre Herausforderung, Ihr Problem oder Ihre Frage ins Gegenteil um, am besten ohne Negation. Paradoxerweise wissen Menschen sehr genau, ob
   und warum etwas nicht funktioniert. Fehler, Stolpersteine und Probleme sind häufig
   viel klarer als positiv konstruktive Lösungen. Daher findet sich auf diese Weise schneller der Kern einer Herausforderung.

   Beispiel: Was müssen wir beachten, um einen erfolgreichen Messestand zu erstellen? Wird umgedreht zu: Was müssen wir tun, damit wir mit dem neuen Messestand
   scheitern?

2. Schritt: Sammeln Sie nun all Ihre kontraproduktiven Ideen in schriftlicher Form, eine
   Idee pro Karte oder Post-It.

   Hierfür sollten Sie viel Zeit einplanen, je länger desto besser. Stoppen Sie den Prozess insbesondere nicht nach dem ersten Abflauen des Flows, nach einer kleinen über-
   brückten Pause kommen meist die besten Beiträge und nicht offensichtliche Aspekte.

   Beispiel: Der Messestand müsste an der Decke der Halle sein, damit ihn niemand
   erreichen kann.

3. Schritt: Clustern und sortieren Sie diese Negativideen. Sammeln Sie die Karten in der
   Mitte eines Tisches, lesen Sie diese laut vor und diskutieren Sie eine Struktur der Ideen
   nach Kategorien.

   Ordnen Sie die Ideen in den Kategorien sichtbar an einer Wand oder anderen Fläche.
   Für den nächsten Schritt sollte jedes Mitglied der Runde freie Sicht auf alle Negativideen haben.

4. Schritt: Formulieren Sie, warum die negativen Ideen negative Emotionen auslösen und
   benennen Sie diese. Bei der klassischen Kopfstandmethode wird als vierter Schritt häufig bereits die Positivierung der Negativideen vorgenommen. Die Ergebnisse des
   Innovationskopfstands werden jedoch in ihrer Gewinnbringung durch einen Zwischen-
   schritt deutlich gesteigert: Das Out-of-the-Box-Denken wird zusätzlich zur Abstraktion durch Negation über die Betrachtung von Emotionen gehebelt. Für die negativen
   Ideen werden die negativen Emotionen benannt, die hierüber ausgelöst werden.

   Beispiel: Der Stand an der Decke ist sichtbar, aber unerreichbar, daraufhin fühlt sich
   ein Besucher frustriert (da scheinbar unerreichbar) oder getäuscht (z. B. wie durch eine
   Fata Morgana).

5. Schritt: Drehen Sie die negativen Emotionen ins Positive um.

   Das Gegenteil jeder negativen Emotion wird benannt und auf Post-Its festgehalten,
   sodass zahlreiche positive Emotionen im Raum stehen.

   Beispiel: „getäuscht" wird zu „angenehm überrascht" o. Ä.

6. Schritt: Nutzen Sie diese positiven Emotionen als Inspirationsquelle für tatsächlich
   verwertbare und positive Ziel-Ideen. Hierzu wird gefragt, wie oder an welcher Stelle
   sich diese positiven Emotionen typischerweise finden lassen.

   Beispiel: Zaubershow, Überraschungsei, Überraschungsparty, Spiegelkabinett etc.

7. Schritt: Transferieren Sie diese Inspirationsquellen auf die ursprüngliche Fragestellung.
   Die hieraus resultierenden Ideen werden wiederum auf Post-Its festgehalten und bilden
   das finale Ergebnis.

Beispiel: Die Personen am Messestand lernen alle einen kleinen Zaubertrick, um Visitenkarten hervorzuzaubern oder verschwinden lassen zu können. Oder: Die Visitenkarten sind in einem Überraschungsei.

Tipps und Tricks

- Bei der Umformulierung eines Problems sollten keine Verneinungen wie „nicht" und „kein" verwendet werden. Stattdessen helfen neue und starke Verben in einem neu formulierten und klaren Satz.
- Nach den ersten, meist offensichtlichen Ideen empfiehlt es sich, eine kleine Denkpause einzulegen und dann nach weiteren Ideen zu suchen. Hier entstehen die wertvollsten Ansätze.
- Die doppelte Abstraktion, einerseits über die Verkehrung ins Gegenteil und darüber hinaus durch den Ansatz über emotionale Aspekte, erhöht die Ergebnisqualität erheblich.
- Eine anregende Umgebung und die ein oder andere kreative Übung erhöhen den Spaßfaktor. Ein Kopfstand darf ausdrücklich im wahrsten Sinne des Wortes vorgeturnt werden. So wird deutlich, dass es nicht um eine alltägliche Aufgabe aus der alltäglichen Perspektive geht und sich die Teilnehmenden ruhig etwas zutrauen dürfen.

Praxistest

Der Innovationskopfstand wurde in mehreren Workshops mit Unternehmen im Rahmen des Projekts *Enabling Innovation Münsterland* eingesetzt. Dabei wurde erfolgreich mit Auszubildenden und Trainees einer Bank über neue Vertriebsansätze nachgedacht oder mit IT-Experten eines Logistikunternehmens über neue Geschäftsmodelle auf Basis von Blockchaintechnologie. Die Teilnehmenden waren in allen Fällen sehr schnell und ohne große Vorerfahrungen in der Lage, eine große Zahl neuer Ideen zu generieren. Pro Workshop lässt sich je nach Personenzahl mit 100 bis 300 Ideen rechnen. Dabei ist insbesondere die Ideenqualität hervorzuheben, da im Gegensatz zu Brainstorming oder anderen Methoden das „Out-of-the-Box-Denken" sehr gut gelingt. Die Methode ist daher besonders geeignet, wenn es um die Findung wirklich neuer Ideen und Ansätze geht.

3.3 Fokusprojekte

Bernd Büdding

Innovationstreiber im regionalen Innovationsraum

Auf den nun folgenden Seiten werden Ideen und Konzepte für sogenannte „Fokusprojekte" beschrieben, die im Rahmen des Projekts *Enabling Innovation Münsterland* identifiziert und zum Teil entwickelt wurden. Regionale Fokusprojekte zeichnen sich per Definition des Projektteams dadurch aus, dass sie durch Relevanz, Größe und thematische Ausrichtung in der Lage sind, die Innovationsstrukturen im Innovationsraum Münsterland innerhalb eines der fünf Innovationskompetenzfelder (IKF) der Region wesentlich voranzubringen.

Es sind Projektideen, die den Standort Münsterland dabei unterstützen, sich über-regional zu spezialisieren und die Wettbewerbsfähigkeit für alle Unternehmen und Hochschulen der Region erhöhen. Sie schaffen Vernetzung, eine besondere Expertise, sind nachhaltig und für alle Wirtschaftsakteure in der Region zugänglich.

Die fünf Fokusprojekte wurden von den Wirtschaftsförderungen und Hochschulen gemeinsam gesammelt bzw. zum Teil entwickelt und im Rahmen der Wirtschaftsförderungskonferenz Münsterland abgestimmt und verabschiedet. Ihre Umsetzung und Realisierung ist daher erklärtes Ziel aller regionalen Akteure der Innovationsförderung. Im Rahmen des Projektes *Enabling Innovation Münsterland* wurden fünf Fokusprojekte, eines je Innovationskompetenzfeld, von den Projektbeteiligten unterstützt und konkretisiert. Durch die Vernetzung mit weiteren Akteuren über das Projekt hinaus, wurden Interessenlagen und Umsetzungsmöglichkeiten skizziert und zum Teil auch erprobt.

Die Fokusprojekte bilden langfristige Orientierungslinien für die Innovationsförderungen in der Region, müssen allerdings auch in regelmäßigen Abständen auf Realisierbarkeit und Aktualität überprüft werden und sind daher nicht in Stein gemeißelt. Aufkommende Trends und Chancen können das Gefüge verändern und erweitern.

3.3.1 Fokusprojekt „Mobiles Münsterland"

Ute Schmidt-Voecks

Ein Reallabor für Mobilität im ländlichen Raum

Ziel des Projekts „Mobiles Münsterland" ist es, Ideen für eine zukunftsweisende vernetzte Mobilität im ländlichen Raum zu entwickeln, im Reallabor Münsterland umzusetzen und landes- bzw. bundesweit Modellregion sein. Das Projekt richtet sich dabei an Städte, Gemeinden, Kreise, Institutionen, Unternehmen, Mobilitätsanbieter, Bürgerinnen und Bürger im Münsterland.

Das Münsterland ist eine wirtschaftlich starke und sehr dynamisch wachsende Region. Sie steht in einem regen und immer stärker werdenden Austausch mit den Nachbarregionen Ostwestfalen-Lippe und dem Osnabrücker Land, den Niederlanden und besonders mit dem größten europäischen Wirtschafts- und Verdichtungsraum, der Metropolregion Rhein-Ruhr. Neben diesen wichtigen Verkehrsachsen nach außen sind auch die Verkehrsströme innerhalb der Region für eine gute Entwicklung enorm wichtig: gestiegene Pendlerzahlen und ein immer höheres und an die Belastungsgrenzen kommendes Verkehrsaufkommen belegen dies.

Neue Mobilitätsansprüche verändern den Mobilitätssektor nachhaltig. Bedingt wird dies durch den demografischen Wandel und durch eine veränderte Arbeitswelt sowie neue Familienmodelle und zukunftsweisende Technologien, wie Elektromobilität, On-Demand-Services, automatisiertes Fahren, etc. Auch der Klimawandel spielt eine nicht zu unterschätzende Rolle.

Angesichts dieser Herausforderungen entwickelte der Münsterland e. V. 2017 das Strategiepapier „Mobiles Münsterland". Das Projekt Enabling Innovation Münsterland unterstützte hierbei in Form von Austausch und Kontaktaufnahme zu Netzwerkpartnern aus dem Innovationskompetenzfeld „Digital Solutions". Mit Hilfe innovativer Lösungen soll ein Reallabor für Mobilität im ländlichen Raum umgesetzt werden.

Nach erfolgreicher Überzeugungsarbeit fördert auch das Land NRW das Vorhaben „Mobiles Münsterland" mit 334.000 Euro. Der entsprechende Förderbescheid wurde Ende Juni 2018 an den Zweckverband Schienenpersonennahverkehr Münsterland (ZVM) übergeben. Gefördert wird die Entwicklung eines Konzepts für ein in den öffentlichen Personenverkehr integriertes Mobilitätssystems im Münsterland. In einem ersten Schritt werden Belange der Raumordnung auf die aktuellen gesellschaftlichen Anforderungen hin untersucht und in einem Rahmenkonzept für das Münsterland zusammengeführt. Der zweite Schritt ermöglicht die Neuentwicklung oder Weiterentwicklung von Einzelmaßnahmen zur besseren Vernetzung von Verkehrsmitteln im ÖPNV-System.

In einem regionalen Diskurs über neue Planungsansätze sollen Ideen für eine zukunftsweisende Mobilität entwickelt und umgesetzt werden, damit das Münsterland auch zukünftig attraktiv bleibt. Im Fokus stehen hier vor allem die Städte und Gemeinden sowie die Verkehrsträger der Region. Ausgehend von den individuellen Fragestellungen vor Ort soll ein breiter Zugang zu allen Themen rund um das Schlagwort Mobilität ermöglicht werden. Langfristiges Ziel ist es, über die Konzeptebene hinaus zu gehen und innovative Ideen umzusetzen. Die Themenfelder, die im „Mobilen Münsterland – Ein Reallabor für Mobilität im ländlichen Raum" erprobt werden sollen, sind:

Einrichtung individueller öffentlicher Mobilitätsangebote auf der ersten und letzten Meile

Das Rückgrat eines multimodalen Mobilitätssystems ist ein leistungsstarker Öffentlicher Personennahverkehr (ÖPNV) auf den wichtigen Achsen im Bahn- und Busverkehr. Als Zubringersystem zu diesen Achsen fungieren verschiedene öffentliche Mobilitätsangebote, die bereits heute im Einsatz sind und weiterentwickelt werden wie:

- Bürgerbus- oder Taxibusverkehre (On demand, Ride-Sharing)
- Neue, individuelle Konzepte wie Mitnahmeangebote
- Bike- und Car-Sharing-Angebote

Die Zusammenführung diverser Fahrzeuge und Dienstleistungen mit dem ÖPNV hilft, ein kundenorientiertes, einfach nutzbares und finanzierbares Grundmobilitätsangebot für den ländlichen Raum zu schaffen, das aber auch für den urbanen Raum – also raumübergreifend – gelten kann.

Entwicklung innovativer Mobilpunkte

Innovative Mobilpunkte sollen kundenorientiert an zentralen Verknüpfungspunkten zwischen den ÖPNV-Achsen und den Zubringersystemen eingerichtet werden. An diesen

wichtigen Schnittstellen werden die verschiedenen Mobilitätsangebote, wie z. B. Taxi-
oder Bürgerbusse, Car-Sharing-Angebote und E-Bike-Verleihstationen zusammengeführt
und die erforderlichen Informationen und Infrastrukturen unter Einbeziehung von Paket-
stationen und des örtlichen Handels für einen attraktiven Ein- und Umstieg zur Verfügung
gestellt (s. Abb. 3.19).

Erprobung des autonomen Fahrens
Die Entwicklung des autonomen Fahrens im ÖPNV soll im Münsterland durch die Erprobung auf verschiedenen Teststrecken erfolgen, um wertvolle Erkenntnisse über die Bedeutung dieser innovativen Mobilitätsform auch im ländlichen Raum zu erhalten.

Unterstützung durch einfache digitale Nutzung
Gerade bei flexiblen nachfrageorientierten Angeboten, die sich von festen Linienwegen
lösen, ist der Einsatz digitaler Informations- und Buchungsmöglichkeiten essentiell für
einen schnellen und leichten Zugang zu neuen Mobilitätsangeboten. Mit Hilfe einer auf
die Belange des Münsterlandes zugeschnittenen App kann hier eine Plattform für Information, Buchung, Ticketing und Bezahlung entstehen.

Nach Übergabe des Förderbescheids erhielt ein Verkehrsplanungsbüro den Auftrag zur
Analyse des Öffentlichen Verkehrs. Dazu beschäftigt sich die Projektgruppe Reallabor
Mobiles Münsterland, bestehend aus dem Koordinierungsbüro/ZVM, Münsterland e. V.,
der EnergieAgentur NRW und dem Zukunftsnetz Mobilität NRW, mit der Projekt-
koordinierung, Projektberatung und der Unterstützung zur Umsetzung und Austausch mit
wissenschaftlichen und dienstleistungsorientierten Institutionen und Unternehmen.

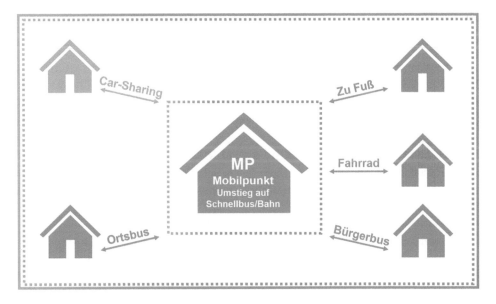

Abb. 3.19 Konzept der Mobilitätspunkte „Mobiles Münsterland"

2019 finden weiterhin Beratungsgespräche mit interessierten Kommunen und Institutionen statt. Auch befassen sich Arbeitsgruppen mit weiteren Themen. Bei der Mobilitätsmesse am 30. April 2019 am Flughafen Münster/Osnabrück stellen sich Anbieter von Mobilitätsangeboten den Kommunen des Münsterlandes vor. Erste Projektfamilien in ähnlichen Mobilitätsthemenfeldern werden gebildet und erste Antragstellungen seitens der Kommunen bei der Bezirksregierung eingereicht.

Hierfür wird im 2. Quartal 2019 eine neue Förderrichtlinie FöRIMM des NRW Verkehrsministeriums veröffentlicht. Mobilitätsprojekte können von den Kommunen des Münsterlandes eingereicht werden, wenn denn eine Vernetzung mit anderen Mobilitätsprojekten im Reallabor Mobiles Münsterland gewährleistet ist. Projektlaufzeit beträgt nach Bewilligung drei Jahre. Die Förderquote beläuft sich auf 80 Prozent. Die Kommunen müssen lediglich die Eigenmittel in Höhe von 20 Prozent in ihren Haushalten zurückstellen.

In 2020 sollen erste Mobilitätsprojekte im Münsterland bewilligt und mit der Umsetzung des Reallabors Mobiles Münsterland begonnen werden.

3.3.2 Fokusprojekt „LADI" Landwirtschaft-Agrar-Digital

Bernd Büdding und Sonja Raiber

Das Fokusprojekt LADI bringt das Thema „Landwirtschaft und Digitalisierung (LADI)" in der Region voran und regt Forschungs- und Entwicklungskooperationen zwischen Hochschulen und Unternehmen aus dem Agrarsektor durch gemeinsame Projektentwicklung an. Es richtet sich dabei an Hochschulen, Unternehmen und Start-Ups aus dem Agrarsektor bzw. verwandten Sektoren, die gemeinsam digitale Lösungen entwickeln möchten.

Das Münsterland ist traditionell stark landwirtschaftlich geprägt. Das zeigt sich auch heute noch. Der Landesdurchschnitt der Bruttowertschöpfung in NRW liegt bei 0,3 Prozent. Im Münsterland macht er 1,4 Prozent aus (NRW Bank, 2018). Damit erbringt das Münsterland 31 Prozent der landwirtschaftlichen Bruttowertschöpfung in NRW. Unter Berücksichtigung der vor- und nachgelagerten Arbeitsgänge, weist jeder siebte Arbeitsplatz im Münsterland einen konkreten Bezug zur Landwirtschaft auf (Landwirtschaftskammer NRW, 2014).

Auch das gesellschaftliche Gefüge ist aufgrund der für NRW relativ dünnen Besiedlung ländlich geprägt. Diese Faktoren legen es, unter Berücksichtigung der regionalen Innovationskompetenzen im Bereich „Digital Solutions", nahe, dass die Landwirtschaft und das Themenfeld „Ländliches Leben im Münsterland" auch im Bereich der Digitalisierung besonders betrachtet und gefördert werden sollten.

Die grundsätzliche Relevanz für ein Fokusprojekt liegt sowohl in der spezifischen regionalen Wirtschaftsstruktur als auch in den besonderen Innovationskompetenzen begründet. Daher wurden im Rahmen des Projektes Enabling Innovation Münsterland Unterstützungsmaßnahmen eingeleitet, um das Themenfeld zu sondieren und Kooperationspartner zu identifizieren.

Der Digital Hub münsterLAND vernetzt Unternehmen, Wissenschaft, Institutionen und Start-Ups und ist damit ein wichtiger Akteur im Innovationskompetenzfeld „Digital Solutions". Als erster Schritt wurde daher der Digtal Hub über das Projekt Enabling Innovation angesprochen, um gemeinsam ein Fokusprojekt im Bereich der Digitalisierung zu entwickeln, das in der Lage ist, die Innovationsförderung im Münsterland strukturell voranzubringen.

Nach ersten Gesprächen wurde deutlich, dass die Region als ländlich geprägter Raum stark von innovativen digitalen Lösungen in der Landwirtschaft profitieren würde. Deshalb entwickelten der Digital Hub, die Wirtschaftsförderungs- und Entwicklungsgesellschaft Steinfurt mbH (WESt), die TAFH Münster GmbH und das Projekt Enabling Innovation gemeinsam die Projektidee LADI.

Aufgrund der vorhandenen Schwerpunkte der regionalen Hochschulen und Unternehmen sowie des benachbarten *COALA*-Kompetenzzentrums der Hochschule Osnabrück (Competence Of Applied Agricultural Engineering) ergeben sich sehr gute Voraussetzungen für die Etablierung dieses Feldes.

Um die Thematik der digitalen Landwirtschaft besser in der Region zu verankern, wurden verschiedene Instrumente besprochen. Vielversprechend erschien dabei die Schaffung eines Agrar-Labs, um die Vernetzung räumlich zu verankern und technische Infrastrukturen für Start-Ups und Projekte bereitzustellen. Der erste Konzeptentwurf umfasste neben dem Lab zur Erprobung technischer Lösungen (Forschung und Entwicklung), ein Aus- und Weiterbildungsmodul für die digitale Landwirtschaft sowie das Perspektiv-Modul „Smart Rural Areas" zur Entwicklung und Erprobung digitaler Konzepte für den ländlichen Raum (s. Abb. 3.20).

Neben dem Digital Hub wurde nun mit Hilfe der Transferstellen ein Kompetenzträger an einer regionalen Hochschule gesucht, der die Federführung für die Umsetzung der

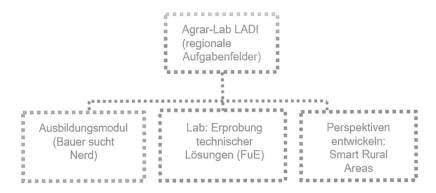

Abb. 3.20 Konzeptionsentwurf „Agrar-Lab LADI"

Projektidee übernimmt. Dieser wissenschaftliche Partner sollte in der Lage sein, ein Lab inhaltlich zu bespielen. Eine Vernetzung mit den landwirtschaftlichen Unternehmen sollte bereits vorhanden sein.

Hierzu wurden verschiedene Partner angesprochen. In drei Workshops wurde die bestehende Projektidee weiterentwickelt. Zunächst wurde in Richtung eines REGIO.NRW Antrags im Bereich „Innovation und Transfer" gearbeitet und ein vorläufiger Projektleiter bestimmt. Darüber hinaus wurden relevante Akteure in der Region angefragt, einen Letter of Intent für das Projekt zur Verfügung zu stellen. Leider fand sich kein wissenschaftlicher Partner mit ausreichenden zeitlichen und personellen Kapazitäten, um ein Projektkonsortium anzuführen, dass sich regional um das Thema kümmert. Deshalb war während der Projektlaufzeit von Enabling Innovation Münsterland die Weiterentwicklung des Projekts LADI und die Beantragung von Fördermitteln leider nicht möglich.

Abschließend lässt sich sagen, dass die Initiierung eines regionalen Netzwerks und eines Projektes zum Thema „Digitalisierung in der Landwirtschaft" mit großen Hindernissen verbunden war. Es wurde deutlich, dass die Dichte an Unternehmen und Hochschuleinrichtungen, die an einer FuE-Kooperation interessiert sind, von den Projektinitiatoren als nicht sehr hoch empfunden wurde. Dies kann auch darin begründet liegen, dass die Suche nach weiteren interessierten Projektpartnern noch intensivier vorangetrieben werden müsste.

Die Basis eines regionalen Netzwerks zum Thema ist nach Ansicht der Partner zum jetzigen Zeitpunkt noch nicht ausreichend. Zudem stellt sich die Fokussierung auf ein regionalspezifisches Thema als schwierig dar, da in den Nachbarregionen zum Teil erfolgreiche Ansätze für Forschungskooperationen und begleitende Netzwerke vorhanden sind, die auch von den münsterländischen Unternehmen genutzt werden können.

Eine Abgrenzung innerhalb des Themenfeldes „Landwirtschaft und Digitalisierung" könnte ggf. eine Fokussierung auf die sogenannte „Innenwirtschaft" sein, denn der Anteil der Viehhaltung im Münsterland ist relativ hoch. Der nächste Schritt, um die Umsetzung eines regionalen Fokusprojektes zu ermöglichen, sollte die Bildung eines kleinen Netzwerks aus Wissenschafts- und Unternehmensvertretern sein, die ein Thema mit starkem Eigennutzen sowie intrinsischer Motivation identifizieren und dieses dann prototypenhaft umsetzen. So ließe sich ggf. das nötige Vertrauen für eine langfristige Kooperation mit regionaler Dimension schaffen.

3.3.3 Fokusprojekt Bund-Länder-Initiative „münster.land.leben"

Lisa Stahl, Julia Blank, Vivien Dransfeld, Bettina Begerow, Eva Sormani, Kerstin Kurzhals und Carsten Schröder

Gesundheit, Teilhabe und Wohlbefinden als innovatives Entwicklungsfeld im Münsterland

Gesundheitsregion Münsterland

Münster zieht als prosperierender Dienstleistungs- und Wissenschaftsstandort in West-falen immer mehr (junge) Menschen an. Die Stadt ist bereits heute Heimat von über 310.000 Einwohnern[9] und wächst weiter. Das ländlich geprägte Münsterland setzt sich aus insgesamt vier Kreisen (Borken, Coesfeld, Steinfurt und Warendorf) mit 65 Städten und Gemeinden zusammen und verzeichnet mittlerweile rund 1,3 Millionen hier ansässige Menschen. Demnach lebt rund ein Viertel der Gesamtbevölkerung des Münsterlandes in der Stadt Münster.

Nach Aussagen des Sachverständigenrats zur Begutachtung der Entwicklung im Gesund-heitswesen (SVR) wird es zu einem zunehmenden Ungleichgewicht in der Gesundheits-versorgung zwischen den Ballungsräumen und der Fläche kommen (SVR, 2014; S. 345 ff.). Die vier Kreise des Münsterlandes mit dem Oberzentrum Münster bilden diese Ent-wicklung beispielhaft ab. Einerseits zeichnet sich die aufstrebende Stadt Münster mit ihren jungen Einwohnern durch ihr unverkennbares Wachstum aus; auf der anderen Seite steht das verstärkt alternde und schrumpfende Bevölkerungsumfeld des Münsterlandes. Der demografische Wandel hat demnach auch schon Teile des Münsterlandes erreicht, mit Folgen für die Deckung des Gesundheitsbedarfs. Prognosen weisen darauf hin, dass das Durchschnittsalter im Münsterland zukünftig deutlich älter sein wird als im Landesdurch-schnitt (Bertelsmann Stiftung, 2019).[10]

Das beschriebene Landsterben, bedingt durch die voranschreitende demografische Ent-wicklung, stellt die ruralen Gebiete des Münsterlandes vor immer größere Heraus-forderungen. Die Sicherstellung der ärztlichen Versorgung ist mittlerweile nur durch län-gere Anfahrtswege zu bewerkstelligen. Außerdem muss die Region den steigenden Pflegebedarf, bedingt durch eine immer älter werdende Bevölkerung, sicherstellen und den damit einhergehenden Fachkräftemangel[11] kompensieren (Kassenärztliche Ver-einigung Westfalen-Lippe, 2015). Der Mehrbedarf[12] an Pflegepersonal im Münsterland steigt um ein Vielfaches (Bertelsmann Stiftung, 2019). Hierbei gilt es, sich als schrump-fende Region richtig zu positionieren, um langfristig die Versorgung gewährleisten zu können.

---

[9] Nach Möglichkeit verwenden wir geschlechtsneutrale Formulierungen. Wo sich dies nicht um-setzen lässt, benutzen wir zur besseren Lesbarkeit das generische Maskulinum. Selbstverständlich sind Frauen eingeschlossen.

[10] Das Durchschnittsalter in den vier Kreisen liegt im Jahr 2012 bei 41,6 Jahren (Borken), 43,0 Jah-ren (Coesfeld), 42,5 Jahren (Steinfurt) und 43,1 Jahren (Warendorf). Laut Prognose werden im Jahr 2030 folgende Werte beim Durchschnittsalter erreicht: Borken 45,9 Jahre; Coesfeld 48,0 Jahre; Steinfurt 46,5 Jahre und Warendorf 47,2 Jahre (Prognose 2030).

[11] In der Versorgungsregion Westfalen-Lippe waren 2015 33,2 % der Hausärzte über 60 und 11,8 % über 65 Jahre alt.

[12] Für das Jahr 2030 wird im Vergleich zu 2013 ein Mehrbedarf von 6118 Pflegekräften, davon in der stationären Versorgung 4480 prognostiziert. Ebenso zeigt sich ein zunehmender Pflegebedarf durch Angehörige (+ 4586 von 2013 bis 2030).

FH Münster als „Innovative Hochschule"

„Gemeinsam weiter denken" – an der FH Münster – University of Applied Sciences arbeiten seit vielen Jahren Wissenschaftler an Zukunftskonzepten für die Region. Dabei greift die FH Münster auf eine gut etablierte und langjährige Vernetzung im Sinne von Partnerschaften mit regionalen Wirtschaftsunternehmen, Kommunen und Verbänden zurück.

Bei der von Bund und Ländern geförderten Initiative Innovative Hochschule konnte sich die FH Münster erfolgreich gegenüber weiteren Mitbewerbern durchsetzen und ihr Gesamtvorhaben „münster.land.leben" positionieren. Die Förderinitiative Innovative Hochschule legt ein Hauptaugenmerk auf den regionalen Bezug sowie auf die Leistung eines innovativen Beitrags zu Wirtschaft und Gesellschaft. Die FH Münster soll durch diese Förderung in ihrer strategischen Rolle als regionaler Innovationsmotor gestärkt werden. Traditionell sind Lehre und Forschung die beiden Kernaufgaben von Hochschulen. Hinzukommen als sogenannte „dritte Mission" die vielfältigen Interaktions- und Kooperationsbeziehungen mit Unternehmen und Interessengruppen der Zivilgesellschaft. Dabei wird der Ideen-, Wissens- und Technologietransfer als rekursiver Prozess im Sinne eines Austauschs zwischen Wirtschaft und Gesellschaft verstanden. Im Rahmen der Innovativen Hochschule wird einerseits Wissen für die Partner der FH Münster zugänglich gemacht; andererseits wird ein offener Umgang mit Ideen vonseiten der Partner gehegt, sodass Lösungen für konkrete Fragen aus Wirtschaft und Gesellschaft gemeinsam erarbeitet werden.

Mit mittlerweile über 280 Professoren, mehr als 700 Beschäftigten und rund 15.000 Studierenden ist die FH Münster ein Bestandteil des Münsterlandes mit zunehmender Bedeutung für die Region. Diese Ausgangssituation erleichtert die Zusammenarbeit mit rund 75 national und international agierenden Projektpartnern wie Wirtschaftsunternehmen, Verbänden, Vereinen, Kliniken sowie Städten und Gemeinden, die sich seit dem Startschuss im Frühjahr 2018 aktiv an „münster.land.leben" beteiligen.

Eine zentrale Rolle in der Zusammenarbeit mit den Projektpartnern spielt das Netzwerk Gesundheitswirtschaft Münsterland e. V. Der Verein fungiert als ein bedeutender Projektpartner im Rahmen von münster.land.leben. Das Netzwerk Gesundheitswirtschaft Münsterland e. V. ist ein gemeinnütziger Verein, der die Kompetenzen im Bereich Gesundheitsversorgung im Münsterland zusammenfügt und vernetzt. Ziel des Netzwerks ist es, lokal Agierende durch Netzwerkarbeit, Kontaktvermittlung und organisatorische Beratung zu unterstützen. Mehr als 50 Mitglieder zählt das Netzwerk seit seiner Gründung im Jahr 2009, zu denen neben Mitgliedern aus der Forschung weitere aus dem Versorgungsbereich vertreten sind.

Das Projekt münster.land.leben

Die einleitend beschriebenen Herausforderungen in Bezug auf Gesundheit, Teilhabe und Wohlbefinden der Menschen im Münsterland werden im Rahmen des Projektes „münster.land.leben" untersucht. Ein übergeordnetes Ziel von „münster.land.leben" ist es, langfristig erfolgversprechende Maßnahmen zur Förderung der Gesundheit, der Teilhabe und des Wohlbefindens im Münsterland zu etablieren und die Erkenntnisse in der Region zu verbreiten sowie Beispiele für andere Regionen zu schaffen. Das Gesamtvorhaben „müns-ter.land.leben" ist ein Transferprojekt und fußt auf einer inter- und transdisziplinär aus-gerichteten Zusammenarbeit mit Wissenschaftlern aus verschiedenen Fachbereichen und – wie bereits eingangs beschrieben – unterschiedlichen Projektpartnern aus der Praxis.

Es werden verschiedene Teilvorhaben umgesetzt, die innerhalb der Kreise und ver-schiedenen Projektkommunen des Münsterlandes initiiert und gemeinsam mit den Part-nern und Bürgern vor Ort entwickelt und durchgeführt werden. Dabei sind die Teilvor-haben eng miteinander verzahnt. Eine Übersicht über die einzelnen Teilvorhaben sowie deren Beziehung zueinander liefert die Abb. 3.21 der Struktur des Gesamtprojekts.

Neben den übergeordneten, allgemein projektrelevanten Elementen wie dem Projekt-management und dem Transfermanagement (der Nutzer- und Lenkungsausschuss sei dabei eingeschlossen) sind die vier großen Teilvorhaben etwa mittig dargestellt. Dazu zählen Sturzmanagement mit bürgerschaftlichem Engagement, Smart Mirrors zur Förde-rung der Gesundheitskompetenz, Healthy Lifestyle Community und das Netzwerk re-ges:BOR (Regionale Gesundheitsförderung im Kreis Borken). Eine Sonderstellung nimmt das Science Marketing ein, indem es die anderen Teilvorhaben mit Modellen, Strategien und Instrumenten im Sinne von „Science with and for Society" unterstützt. Unterhalb der vier großen Teilvorhaben in der Abb. 3.21 sind die kleineren Teilvorhaben aufgelistet, zu denen der mobile Innovationstrailer opentruck, @vis – videogestützte Visite, der Ideen-

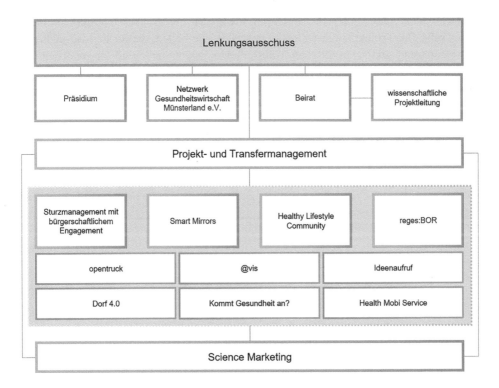

Abb. 3.21 Struktur des Projekts münster.land.leben

aufruf für innovative Vorhaben im Münsterland, die Gemeinschaft zwischen Tradition und Wandel (Dorf 4.0), Kommt Gesundheit an? und der Health Mobi Service zählen.

Die Bezeichnungen „größere" und „kleinere" Teilvorhaben beziehen sich dabei sowohl auf die zeitliche als auch die finanzielle und inhaltliche Ausgestaltung dieser. Die erstgenannten fünf Teilvorhaben haben jeweils eine Laufzeit von bis zu fünf Jahren (2018 bis 2022). Die letztgenannten Teilvorhaben weisen eine kürzere Dauer von zwei bis zu vier Jahren auf.

Alle Teilvorhaben finden in den vier Kreisen des Münsterlandes statt: Borken, Coesfeld, Steinfurt und Warendorf.

Neben dem gemeinsamen inhaltlichen Fokus der Teilvorhaben auf die Themen Gesundheit, Teilhabe und Wohlbefinden, liefert die Untersuchung sogenannter Transferhemmnisse ein verbindendes Element auf methodischer Ebene. Im Rahmen der Konzeptionierung von münster.land.leben wurden insgesamt vier Transferhemmnisse identifiziert, die im Feld der Gesundheitsversorgung und -vorsorge aktuelle Herausforderungen darstellen. Die einzelnen Transferhemmnisse wurden dabei den Teilvorhaben zugeordnet. Diese Zuordnung der spezifischen Transferhemmnisse zu den Teilprojekten ist von großer Relevanz, da das Gesamtvorhaben bewusst so konzipiert wurde, dass einzelne Teilvorhaben vorrangig spezielle Transferhemmnisse adressieren, um entsprechende Fragestellungen anzugehen. Dies wird in Abb. 3.22 ersichtlich:

Die Teilvorhaben sollen dabei bestimmten Herausforderungen begegnen und letztlich unter wissenschaftlich-analytischer Begleitung des Teilvorhabens „Science Marketing" Lösungsansätze und Methoden zur Überwindung der spezifischen Transferhemmnisse entwickeln. Das Projekt „münster.land.leben" soll also helfen, die für den Gesundheits- und Versorgungssektor spezifischen Transferhemmnisse grundlegend zu verstehen, die Austauschprozesse zwischen Wissenschaft und Gesellschaft anzupassen und vor allem operative Maßnahmen langfristig in der Transferstrategie der Hochschule zu verankern. Im Folgenden werden die vier größeren Teilvorhaben sowie die jeweils zugeordneten Transferhemmnisse ausführlich erläutert.

Teilvorhaben	Transferhemmnis
Sturzmanagement mit bürgerschaftlichem Engagement	Transferferne Untersuchungsmerkmale
Smart Mirrors zur Förderung der Gesundheitskompetenz	Transferferne Gruppen
Healthy Lifestyle Communities	Transferkontroverse Strukturen
Reges:BOR	Transferresistente Systeme

Abb. 3.22 Teilvorhaben und Transferhemmnisse

Sturzmanagement mit bürgerschaftlichem Engagement (Stu.bE)

Das Gefühl von Sicherheit, Wohlbefinden und selbstbestimmter Teilhabe im Alter wird durch Herausforderungen, wie sich verändernde Lebens- und Familienformen (z. B. kleiner werdende Privathaushalte), mangelnde soziale Einbindung, eingeschränkte Mobilität und nicht barrierefreie Wohnsituationen zum Teil erheblich vermindert. Technische Tools wie Falldetektoren, Sturzmelder und Hausnotrufsysteme in Kombination mit zeitnaher Hilfeleistung können bei sturzgefährdeten und alleinlebenden, älteren Personen das Sicherheitsgefühl stärken und so Wohlbefinden, Gesundheit und Teilhabe unterstützen. Neben der uneingeschränkt (gesundheits-)entscheidenden Rolle von professionellen Dienstleistungsunternehmen und Rettungsdiensten in der Versorgung sturzgefährdeter bzw. gestürzter Personen können Personen aus dem näheren Umfeld oder auch bürgerschaftlich engagierte Gemeindemitglieder ebenfalls eine bedeutende Ressource in der Reduzierung (schwerwiegender) Sturzfolgen, insbesondere für Alleinlebende, darstellen.

Vor diesem Hintergrund wird im Rahmen dieses Teilprojekts eruiert, inwiefern technische Hilfsmittel, wie Sturzsensoren, Sturzmanagementsysteme, Notrufe oder Sprachassistenten den Bedarfen und Wünschen älterer Personen in der Absicherung häuslicher Notfälle entsprechen und unter welchen Bedingungen persönliche Unterstützung in Form von Familienmitgliedern, Nachbarn oder ehrenamtlich engagierten Personen aus der Kommune gewünscht sind. Das Ziel ist, förderliche sowie hinderliche Faktoren der Inanspruchnahme von Hilfeleistungen aller Arten zu identifizieren und in eine Notfallkette zu integrieren. Die Entwicklung dieses Sturzmanagementkonzeptes erfolgt partizipativ, d. h. gemeinsam mit Bürgern, Quartierskennern und -playern sowie professionellen Dienstleistern aus den jeweiligen Kooperationskommunen. Zur Realisierung dieses Ansatzes werden Dialogformate eingesetzt, die dem Austausch von Erfahrungen, der Sammlung von Ideen und der Ableitung von konzeptionellen Lösungen zur Ausgestaltung des Sturzmanagements dienen.

Zur direkten Kontaktaufnahme und zum Austausch mit den Bürgern vor Ort präsentierte sich das Stu.bE-Team mit interaktiven Ständen auf örtlichen Veranstaltungen sowie mit informativen und integrativen Veranstaltungen in den Kooperationskommunen. So konnten erste Einstellungen zur Einbindung in den Ablauf eines Sturzmanagements aus Sicht einer potenziell sturzgefährdeten sowie aus Sicht einer potenziell helfenden Person identifiziert werden.

Während des gesamten Entwicklungsprozesses finden beide Positionen: die einer gestürzten Person mit ihren Ängsten, Schmerzen und Einschränkungen auf der einen Seite sowie die einer helfenden Person mit ihrer möglichen Unsicherheit, Verantwortung und ggf. auch psychischen Belastung auf der anderen Seite Beachtung. Die gemeinsame Konzeptionierung soll dazu beitragen, dass eine Art „Notfallkette" unter Einbindung des bürgerschaftlichen Engagements eine akzeptierte und nachhaltige Lösung innerhalb der Gesundheitsversorgung der Kooperationskommunen darstellt.

Durchgeführt wird dieses Projekt in den Kooperationskommunen im Kreis Steinfurt, d. h. konkret in der Gemeinde Metelen und in den Städten Horstmar und Hörstel. Das

Projektteam legt bei der Umsetzung den Fokus auf transferferne Untersuchungsmerkmale, die bei bisherigen Forschungsinhalten größtenteils unberücksichtigt blieben. Bei dem Einsatz von technischen Lösungen werden Merkmale wie Handhabbarkeit, Patientensicherheit und Datenschutz häufig hinterfragt. Weniger Beachtung finden bislang psychologisch wirksame Merkmale wie die (Nicht-)Akzeptanz bei den Anwendern. Diese beeinflussen jedoch mitunter maßgeblich die Inanspruchnahme technischer Lösungen und werden daher in diesem Teilvorhaben ebenfalls berücksichtigt.

Smart Mirrors zur Förderung der Gesundheitskompetenz
Im Kreis Warendorf sollen intelligente Datenspiegel, sogenannte Smart Mirrors, als innovatives Medium zur Förderung der Gesundheitskompetenz bei Bürgern eingesetzt werden, um insbesondere transferferne Gruppen zu erreichen, die eine eher niedrige Gesundheitskompetenz aufweisen und als schwer erreichbar für gesundheitsbezogene Maßnahmen beschrieben werden können. Um die Bedürfnisse dieser Personengruppe(n) nicht außer Acht zu lassen, sollen partizipatorisch ausgerichtete Maßnahmen helfen.

Das Institut für Gesellschaft und Digitales (GUD) der FH Münster arbeitet in diesem Teilprojekt interdisziplinär mit dem Fachbereich Oecotrophologie an dem intelligenten Datenspiegel, der eine neuartige Form der Wissenskommunikation bietet. Nutzern der intelligenten Spiegel wird wortwörtlich „der Spiegel vorgehalten", indem sie im eigenen Spiegelbild die eingeblendeten Informationen, die ihr Spiegelbild überlagern, auf sich übertragen. Inhalte zu den Themen Ernährung und Genuss können auf diese Weise gut verstanden, realistisch eingeschätzt und angemessen angewendet werden. Für die inhaltliche Ausarbeitung personenspezifischer Informationen zum Thema Gesundheit wurden sogenannte Genusstypen entwickelt, die die Bevölkerung des Münsterlandes widerspiegeln. Hierzu recherchierte das Projektteam bestehende Typologien im Bereich Ernährung und Genuss, verglich die Typologien und führte sie zusammen. Ableitend wurden sieben Genusstypen entwickelt, die verschiedene Charakteristika aufweisen.

Die interaktiven Datenspiegel werden auf die Bedürfnisse von Menschen, die im ländlichen Raum leben, entwickelt. Sie werden an ausgewählten Orten im halböffentlichen Raum zugänglich sein – zunächst im Kreis Warendorf, der in diesem Teilvorhaben als Projektregion dient – wo sie messbar zur Förderung der Gesundheitskompetenz beitragen sollen.

Healthy Lifestyle Communities
Im Rahmen des INTERREG-Projektes KRAKE (Krachtige Kernen – Starke Dörfer) wurde für ländliche Dörfer ein umfassendes gemeindebezogenes Gesundheitsmanagementprogramm entwickelt. Ziel war es, dass Gesundheitsexperten gemeinsam mit kommunalen Akteuren die Bürger für einen gesunden Lebensstil sensibilisieren und die Teilhabe an gemeinschaftlichen Maßnahmen fördern.

Auf diesen Erfahrungen aufbauend wird im Rahmen des Projekts münster.land.leben in den Projektkommunen (den Städten Billerbeck und Dülmen, im Kreis Coesfeld sowie der Gemeinde Legden im Kreis Borken) jeweils ein Interventionsprogramm zur Förderung eines gesunden Lebensstils auf der Verhaltens- (individuelles Gesundheitsverhalten) und der Verhältnisebene (gesundheitsförderliche Verhältnisse) durchgeführt. Im Fokus steht die intensive Zusammenarbeit mit Gesundheitsakteuren und Bürgern vor Ort.

Vorhandene Angebote der Gesundheitsversorgung, die Verfügbarkeit von (Fach-)Ärzten, Präventionsangebote und Beratungsstellen sowie die Struktur von Vereinen und ehrenamtlichem Engagement beeinflussen das Wohlbefinden der Bürger und deren Teilhabe am gesellschaftlichen Leben. Im Idealfall finden für „gut" befundene Lösungen ihren Weg automatisch in die Regelversorgung. Jedoch führen gewisse Veränderungsresistenzen, d. h. transferkontroverse Strukturen in der Gesellschaft zur Vermeidung einer reibungslosen Überführung in die Regelversorgung. Insbesondere im ländlichen Raum mangelt es an Strukturen zur Beratung und Aufklärung. Zu oft scheitern gute Ideen zur Gesundheitsförderung auch an der Umsetzung in die Praxis, weil sie der Realität in den Orten nicht gerecht werden. Veränderungsresistente bzw. transferkontroverse Strukturen gibt es auf mehreren Ebenen (z. B. Konkurrenzdenken unter Gesundheitsakteuren, fehlende Übersicht über das Angebot und nicht berücksichtigte Traditionen).

Um diese Strukturen aufbrechen zu können, sollen die gesundheitsförderlichen und -gefährdenden Aspekte durch ein Reifegradmodell bewertet werden, das Gesundheitsindikatoren auf individueller (Bürgerpartizipation, Risikoprofil chronischer Erkrankungen) sowie gesellschaftlicher Ebene (Struktur der Gesundheitsversorgung, Altersstruktur, Natur- und Umweltfaktoren) berücksichtigt. So sollen den Kommunen, je nach Ausgangslage (IST-Reifegrad), Instrumente entsprechend den Bedürfnissen angeboten werden. Auf diese Weise erhalten sie passgenaue Lösungen, um schrittweise und niedrigschwellig ihren SOLL-Reifegrad zu erreichen.

Erste Auswertungen der Gesundheitschecks der Teilnehmenden des Lebensstilprogramms in Billerbeck, eine der Projektkommunen im Kreis Coesfeld, weisen auf eine Verbesserung des individuellen Gesundheitsreifegrads bei den Teilnehmenden der durchgeführten Maßnahmen hin. Dies zeigt sich z. B. durch eine Gewichtsreduktion, verändertes Essverhalten sowie Einstellung und Motivation gegenüber Veränderungen. Eine systematische, statistische Analyse dazu steht noch aus. Viele aktive Gruppen, die sich aus freiwillig engagierten Bürgern zusammensetzen, und einzelne Gesundheitsakteure vor Ort (u. a. Ärzte, Ernährungsberater, Yogalehrer) beteiligen sich an der Planung und Umsetzung unterschiedlicher Maßnahmen und Veranstaltungen, z. B. der Abschlussfeier (der intensiven ersten zehn Wochen des Interventionsprogramms), einer gemeinsamen Weihnachtsfeier, Seminaren des Programms, Gesundheits-Coachings sowie einem Gesundheitsmarkt, bei dem verschiedene Stände und Aktionen rund um das Thema (Herz-)Gesundheit angeboten wurden und unter Einbeziehung vieler Akteure vor Ort weitere Teilnehmende für das Projekt gewonnen werden konnten.

reges:BOR

Das Gesundheitsförderungsnetzwerk reges:BOR soll eine Weiterentwicklung der präventiven und gesundheitsfördernden Angebotslandschaft im Kreis Borken (ländlicher Raum) initiieren. reges:BOR nimmt dabei alle Lebenswelten, in denen Menschen aufwachsen und zusammen leben, lernen, ihre Freizeit verbringen und arbeiten, in den Blick. Das Netzwerk betrachtet den Menschen im Mittelpunkt innerhalb seiner Bezüge, Verbindungen und Systeme, die sich um ihn herum spannen: Familie, Nachbarschaft, Quartier, aber auch Settings wie Kita, Schule, Verein sowie Kommunen und das gesundheitspolitische Umfeld. Dabei schaut es nicht nur auf einzelne Lebenswelten, sondern auch auf ihre Schnittstellen und Übergänge.

Das Netzwerk setzt sich aus relevanten Partner*innen der Gesundheitsförderung und Prävention und lokalen Akteur*innen der Settings zusammen. Es übernimmt sektorenübergreifend und partizipativ eine lokale gesundheitspolitische Steuerungsaufgabe und Multiplikatorenrolle.

Das Projekt nähert sich von zwei Perspektiven: partizipative Netzwerkarbeit (Beobachtungen und Erzählungen der Netzwerkpartner*innen) und der Kartierung und Datenanalyse. Zunächst nimmt das Projekt eine settingübergreifende Kartierung des Kreises Borken vor: welche Angebote existieren bereits im Kreis und in welchen Settings sind diese angesiedelt.

Zusätzlich wurde eine Übersicht an Gesundheits- und Sozialindikatoren für die Region definiert. Grundlage dafür sind vorliegende aktuelle frei zugängliche Gesundheitsdaten. Ergänzend kommen Daten zu Aktivitäten und Interventionen in den diversen Settings hinzu, außerdem Daten aus Primäruntersuchungen.

Die Netzwerkpartner*innen unterstützen zum einen den Aufbau des Datenpools. Zum anderen kennen und bewerten sie den Status Quo der Gesundheitsförderung und Prävention im Kreis und können gemeinsam mit den Projektmitarbeiter*innen die regionsbezogenen Interventionen beurteilen und initiieren, die im Projekt angegangen werden.

Die Projektmitarbeiter*innen übernehmen die Moderation des Netzwerkes unter Einbezug bestehender Angebotsstrukturen, regionsspezifischer Besonderheiten und vorhandener Akteur*innen (partizipativer Ansatz).

Das Netzwerk identifiziert außerdem Transferhemmnisse und entwickelt Strategien, diese zu verringern. Grundlage zu deren Identifikation sind settingbezogene und -übergreifende Forschungsergebnisse zu Ansätzen der Gesundheitsförderung und Prävention. Ziel ist immer die Stärkung der Gesundheitskompetenz der Bürger*innen, eine zielgruppenentsprechende Verhältnis- und Verhaltensprävention sowie die Vernetzung der gesundheitsbezogenen Aktivitäten.

Konkrete Themenstellungen werden durch so genannte Fachkreise bearbeitet. Der Fachkreis „Gesundheitsförderung für erwerbstätige pflegende Angehörige" nimmt Betroffene in den Blick, für die zwar entlastende Angebote existieren, die aber möglicherweise nicht ausreichen oder nicht wahrgenommen werden (können) oder die tatsächlichen Bedürfnisse zu wenig berücksichtigen. Mit Hilfe von Daten, die durch eine Befragung von Betroffenen erhoben werden, und unter Berücksichtigung der vorhandenen Angebote und weiteren Ressourcen der Fachkreis-Teilnehmerinnen sollen passgenauere Angebote sichtbar gemacht werden oder neu entstehen.

Ein weiterer Fachkreis „Gesund Aufwachsen" wird sich Themenstellungen zur Gesundheitsförderung in den Lebensphasen von der Geburt bis zum Kinder- und Jugendlichenalter widmen.

Aktuell fokussiert reges:BOR den Einbezug von Bürger*innen und weiteren Akteuren des Kreises, um gemeinsam Maßnahmen zu entwickeln und diese im Sinne des Kreis Borken umzusetzen. Dies geschieht auf der einen Seite im Rahmen der fortlaufenden Formatreihe „reges:TUN", in der Projektideen aus dem Kreis identifiziert werden, die in ihrer Weiterentwicklung durch die Expertise der Wissenschaftler*innen des Projektteams unterstützt werden. Auf der anderen Seite sollen in einem zweitägigen Workshop im Kreis konkrete Maßnahmen durch ansässige Akteure entwickelt und konkretisiert werden. Beide Ansätze sollen dazu dienen, möglichst umfassend die Bevölkerung des Kreis Borken zu beteiligen und zu empowern. Die Bürger*innen werden dabei selbst zu Experten*innen für Gesundheitsförderung und Prävention, indem sie Bedarfe und Bedürfnisse in den Prozess der Maßnahmenentwicklung einbringen.

Langfristig sollen Akteure im Kreis Borken befähigt sein, das Netzwerk selbstständig weiterzuführen, Themen zu identifizieren, gemeinsame Lösungsansätze zu erarbeiten und für die Bürger*innen zugänglich zu machen. Darüber hinaus soll der Kreis Borken dauerhaft als Transferplattform nutzbar sein, um weitere wissenschaftliche Fragestellungen rund um das Thema Gesundheitsförderung und Prävention zu platzieren.

Weitere Teilvorhaben

Neben dem Teilvorhaben Science Marketing, das wie weiter oben bereits erwähnt eine Sonderstellung unter den Teilvorhaben einnimmt, indem es diese auf wissenschaftlich-analytischer Ebene begleitet und die Austauschprozesse zwischen Wissenschaft und Gesellschaft mit Modellen, Strategien und Instrumenten unterstützt, gibt es weitere, kleinere Projekte, von denen die ersten im Frühjahr 2019 starteten. Dazu zählt beispielsweise der mobile Innovationstrailer opentruck, ein LKW-Auflieger, der durchs Münsterland fahren wird und eine Informations- und Kommunikationsplattform bietet für einen Austausch mit und zwischen allen Akteuren der Gesundheitswirtschaft und Gesellschaft. Mit den Projekten „Dorf 4.0" und „Health Mobi Service" werden insbesondere die Versorgung und Anbindung von kleineren Orten und Dörfern im Münsterland unter die Lupe genommen werden.

Bei letzterem fungiert die Use-Lab GmbH als Kooperationspartner. Auch die Westfälische Wilhelms-Universität Münster ist Teil von „münster.land.leben", da das Institut für Kommunikationswissenschaft Partner im Teilvorhaben „Kommt Gesundheit an?" ist. Dieses Teilprojekt unterscheidet sich – ähnlich wie Science Marketing – inhaltlich insofern von den anderen Teilprojekten, als dass es das Potenzial von Kommunikationsinstrumenten für die Gesundheitsversorgung, speziell Gesundheitsvorsorge, im Münsterland analysiert und bewertet. Dabei wird untersucht, wie wissenschaftliches Wissen und Expertenwissen im Bereich Gesundheitsvorsorge optimal vermittelt und wie die jeweiligen Zielgruppen ohne Streuverluste und effektiv erreicht werden können.

Von den Ergebnissen dieser Untersuchungen profitieren alle weiteren Teilvorhaben; sie können diese direkt in der Interaktion mit den Bürgern und Projektpartnern anwenden. Die ohnehin schon stark inter- und transdisziplinär geprägte Arbeit und der Austausch zwischen den Teilprojekten und Fachbereichen wird durch die Umsetzung dieser kleineren Teilvorhaben noch intensiviert.

Ausblick

Ein übergeordnetes Ziel von „münster.land.leben" ist die Verbreitung der Erkenntnisse in der Region und die langfristige Verankerung von Maßnahmen zu Förderung der Gesundheit, Teilhabe und Wohlbefinden im Münsterland. Wenn sich Bürger durch Smart Mirrors oder den Innovationstrailer mit Gesundheitsfragen beschäftigen, das Gesundheitsförderungsnetzwerk reges:BOR Systemgrenzen überwindet, Healthy Lifestyle Communities attraktive Wohnorte im ländlichen Raum bleiben, ein nachbarschaftlich begleitetes Sturzmanagement das Verbleiben sturzgefährdeter Menschen in ihrer häuslichen Umgebung bestärkt und Patienten auch in kleineren Krankenhäusern nicht auf fachärztliche Kenntnisse verzichten müssen, kann von einem hohen volkswirtschaftlichen Nutzen ausgegangen werden. Außerdem kann mit einer Gewährleistung von Gesundheitsversorgung, Teilhabe und Wohlbefinden im ländlichen Raum die Region durch eine gesteigerte Attraktivität und eine erhöhte Lebensqualität gestärkt werden.

3.3.4   Fokusprojekt „Haus der Bionik"

Kathrin Bonhoff

Ziel des Fokusprojektes „Haus der Bionik" ist die Schaffung einer Transfer- und FuE-Organisation, um die Anwendung der chancenreichen Bionik in Forschungs- und Entwicklungsprojekten von kleinen und mittleren Unternehmen zu ermöglichen und somit die Wettbewerbsfähigkeit der regionalen Wirtschaft zu steigern. Im Vordergrund stehende Zielgruppen sind Akteure aus Unternehmen, Start-Ups und der Wissenschaft.

Das Projekt „Haus der Bionik" ist dem IKF „Engineering Pro" zugeordnet. Die Bionik (im internationalen Sprachgebrauch: biomimetics) kann zusammenfassend als „naturanaloges Entwicklungs- und Konstruktionsverfahren" umschrieben werden. Bekannt geworden ist diese im Grunde über hunderte von Millionen Jahre optimierte und bewährte „Konstruktionsmethodik" vor allem über Werbemaßnahmen im Zusammenhang mit dem Lotusblüteneffekt für eine selbstreinigende Oberfläche.

Vom Prinzip her geht es bei der Bionik nicht darum, die natürlichen Vorbild-Lösungen direkt in die Technik zu übernehmen, sondern die „natürliche Methodik zur Lösungsfindung" gezielt für „nachhaltige bzw. die Umwelt erhaltende Konstruktions- und Fertigungskonzepte" zu analysieren und ingenieurwissenschaftlich für neue Produkte, Verfahren und auch Dienstleistungen umzusetzen. Mit Bionik wird ein minimaler Ressourcen- und auch Energieeinsatz bei vollständiger Recyclebarkeit möglich.

Mit Gründung des Studiengangs Bionik 2010 an der Westfälischen Hochschule am Standort Bocholt hat die Wahrnehmung der Bionik durch Unternehmen des Münsterlandes als Problemlöser für technische Fragestellungen in der Produktentwicklung an Bedeutung gewonnen. Daher wurde das Themenfeld Bionik im Zuge der Umfeldanalyse der regionalen Innovationspotenziale im Münsterland als wichtig eingestuft und dem Innovationskompetenzfeld „Engineering Pro" zugeordnet.

Bereits im Zuge der Einrichtung des Bachelor-Studiengangs in Bocholt, der von der heimischen Wirtschaft über die Fördergesellschaft Westmünsterland der Hochschule Bocholt/Ahaus e. V. unterstützt wird, ist das Vorhaben entstanden, eine Transfereinrichtung in Form eines „Hauses der Bionik" in direkter Nachbarschaft zur Westfälischen Hochschule in Bocholt zu errichten. Das „Haus der Bionik" soll sich als regionale Innovationsstätte mittelfristig durch Förderprojekte und Auftragsforschung selbst tragen.

Das Vorhaben wurde in die Regionale 2016 eingebracht und hat das dreistufige Qualifizierungsverfahren durchlaufen. Im Frühjahr 2017 erhielt das Projekt den A-Stempel.

Das Projekt „Haus der Bionik" wurde im Rahmen von Enabling Innovation Münsterland durch begleitende Öffentlichkeits- und Netzwerkarbeit unterstützt. Als ersten Schritt in Richtung *„Haus der Bionik"* errichtete die WFG Borken das „Büro der Bionik" im Technologiepark an der Hochschule in Bocholt, das im Juni 2017 offiziell eröffnet wurde.

Aus dem „Büro der Bionik" werden die themenbezogenen Transfer- und Beratungsaktivitäten der WFG münsterlandweit koordiniert und durchgeführt sowie das INTERREG-Projekt „Bionik für KMU" und das ZIM[13]-Netzwerk „Bionische Leichtbaustrukturen für KMU" betreut. Perspektivisch sind alle Aktivitäten auf die Errichtung eines „Hauses der Bionik" ausgelegt – ein Ziel, das weiterhin verfolgt wird.

3.3.5 Fokusprojekt „Predictive Maintenance"

Kathrin Bonhoff, Jens Konermann und Stefan Adam

Das Fokusprojekt „Predictive Maintenance" soll den Unternehmen in der Region das gleichnamige Technologiefeld im Kontext von Industrie 4.0 zugänglich machen und Forschungs- und Entwicklungskooperationen zwischen Hochschulen und Unternehmen durch Transferaktivitäten anregen. Es richtet sich an Unternehmen, Start-Ups, Hochschulen und öffentliche Institutionen (u. a. Wirtschaftsförderer).

Das Projekt „Predictive Maintenance" (PdM) ist dem IKF „Engineering Pro" zugeordnet. PdM (übersetzt: vorausschauende Wartung) bezeichnet per Definition einen Wartungsvorgang, der eine Auswertung von Prozess- und Maschinendaten beinhaltet, auf deren Basis eine zukunftsorientierte Ausfall- und Verschleißprognose erstellt wird. Der Begriff wird häufig im Kontext Industrie 4.0 und IoT (Internet of Things) verwendet, PdM wird häufig auch als Instandhaltung 4.0 bezeichnet (PwC, 2017).

---

[13] ZIM = Zentrales Innovationsprogramm Mittelstand (www.zim.de).

Durch die Echtzeit-Verarbeitung der Maschinendaten werden Prognosen möglich, die die Grundlage für eine bedarfsgerechte Wartung und somit eine große branchenübergreifende Chance darstellen, ungeplante Ausfälle und Störungen im Betriebsablauf zu verhindern, Verschleiß zu erkennen sowie Stillstandzeiten zu minimieren, Instandhaltungskosten zu verringern und die Wettbewerbsfähigkeit der Unternehmen zu steigern (McKinsey & Company Inc., 2017).

Die PdM-Technologien werden die Wartungs- und Produktionsstrategien der Maschinennutzer deutlich verändern und somit auch die Service-Geschäftsmodelle der Maschinenbauer. Das Potenzial von PdM beschränkt sich dabei allerdings nicht nur auf neue Maschinen und Anlagen. Auch bei älteren Anlagen, die über eine gute Materialsubstanz verfügen und noch wirtschaftlich betrieben werden können, kann das Potenzial der vorausschauenden Wartung genutzt werden. Das hierfür notwendige Retro-Fit bietet sowohl Maschinennutzern als auch den Ausstattern vielfältige Möglichkeiten und Effizienzsteigerungen. In dieser Implementierung liegen die zentralen Herausforderungen für den Maschinen- und Anlagenbau, welche insbes. für KMU anspruchsvoll zu bewältigen sind.

Im Rahmen der Umfeldanalyse wurde im Münsterland ein Schwerpunkt im Bereich der Digitalisierung und der Produktions- und Fertigungstechnologien identifiziert. Aufgrund der Branchenstruktur im Münsterland mit einer überdurchschnittlich hohen Präsenz des Maschinenbaus und der IT-Branche wurde „PdM" als ein Thema mit hoher Relevanz für die Region identifiziert, das gleichzeitig ein Motor für die umzusetzende Digitalisierung der Unternehmen darstellen kann und somit als Fokusprojekt in *Enabling Innovation Münsterland* bearbeitet werden sollte (s. Abb. 3.23).

Kick-off-Veranstaltung
Im Rahmen einer Kick-off-Veranstaltung, die von den Projektpartnern Wirtschaftsförderungs- und Entwicklungsgesellschaft Steinfurt mbH (WESt), der TAFH Münster GmbH

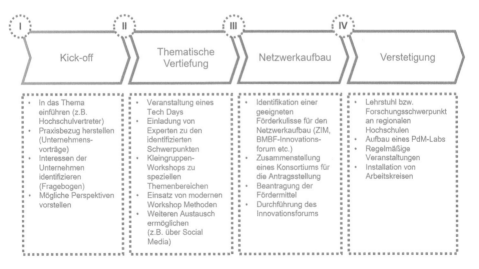

Abb. 3.23 Ablauf des Projekts „Predictive Maintenance"

und der Wirtschaftsförderungsgesellschaft für den Kreis Borken mbH (WFG) organisiert wurde, wurden interessierte Unternehmen aus dem Münsterland am 27.09.2017 zur Firma Availon GmbH nach Rheine eingeladen.

Über 50 interessierte Unternehmens- und Hochschulvertreter erfuhren, was sich hinter dem Begriff vorausschauende Wartung verbirgt und wie dieser bereits in lokalen Unternehmen mit Leben gefüllt wird.

Zu Beginn der Veranstaltung führte Prof. Salewski (FH Münster) theoretisch in das Thema ein und zeigte das Spektrum von Instandhaltung auf. Praxisnahe Einblicke lieferten vier Kurzvorträge von Vertretern der Firmen 2G Energy AG, PROGNOST Systems GmbH, Availon GmbH und Uhlenbrock Elektronik GmbH. Sie zeigten auf, wie in ihren Unternehmen vorausschauende Wartung bereits heute betrieben wird, welche Hürden sie bis zur Umsetzung meistern mussten und wie sie und ihre Kunden von der vorausschauenden Wartung profitieren. Abgerundet wurde das Programm durch eine Firmenbesichtigung beim gastgebenden Unternehmen Availon.

Abschließend wurden die Teilnehmer mithilfe eines Fragebogens nach thematischen Schwerpunkten und dem Interesse an der Mitwirkung in Arbeitskreisen befragt. Das Feedback war sehr positiv, so dass in Abstimmung mit der Projektleitung die weitere Bearbeitung des Themas vorangetrieben wurde.

Tech-Day
Aufbauend auf der Erfahrung aus der Kick-off-Veranstaltung wurde ein Tech Day „Predictive Maintenance" geplant, der am 10.04.2018 beim Unternehmen Hengst SE in Münster stattfand.

Diese Veranstaltung sollte noch einmal münsterlandweit Aufmerksamkeit für das Thema erzeugen, technisch tiefer in die Thematik einsteigen und bereits die konkreten Fragestellungen zur Umsetzung von PdM im Unternehmen der Teilnehmer beleuchten (vgl. hierzu Tool „Tech Day").

Netzwerkbildung
Die Ergebnisse der Workshoprunden beim Tech Day zeigten, dass den Unternehmensvertretern die Bedeutung der Thematik PdM deutlich ist, allerdings viele Hemmnisse vorhanden und Fragen zur Umsetzung offen sind. Die Bildung eines Netzwerks mit regelmäßigem Austausch der Unternehmen untereinander und mit den Know-how-Trägern (u. a. Hochschulen, IT-Unternehmen, Dienstleister) wurde im Projektkonsortium als notwendiger nächster Schritt definiert.

Um das Thema intensiv weiter zu bearbeiten, wurde nach weiteren Förderzugängen recherchiert. Zunächst wurde ein Netzwerk nach der ZIM-Richtlinie des BMWi in Betracht gezogen, da aber dieses Netzwerk bereits zu Beginn mit festen Mitgliedern zu beantragen ist, viele Unternehmen noch keine konkreten Handlungsfelder definiert haben und zudem das Netzwerk weiterhin offen für neue Mitglieder sein soll, wurde alternativ das BMBF-Innovationsforum angestrebt.

Mit der Förderinitiative „Innovationsforen Mittelstand" unterstützt das Bundes-forschungsministerium die Bildung von Netzwerken, die weit über die bloße Projektarbeit hinausgehen und in nachhaltige, strategische Bündnisse münden. Kleinen und mittleren Unternehmen fehlen häufig die Kapazitäten für eigene Forschung sowie der Zugriff auf aktuelle Forschungsergebnisse. Vitale Kooperationen zwischen Wirtschaft, Wissenschaft und weiteren Partnern sind deshalb essenziell für die Entstehung von Innovationen (BMBF, 2016).

Im November 2018 wurde federführend von der WFG für den Kreis Borken gemeinsam mit der WESt (Wirtschaftsförderungs- und Entwicklungsgesellschaft Steinfurt), der wfc (Wirtschaftsförderung Kreis Coesfeld), der gfw (Gesellschaft für Wirtschaftsförderung im Kreis Warendorf) sowie der TAFH Münster GmbH und dem Münsterland e. V. die Projektskizze „PdM@KMU" eingereicht und am 21.02.2019 erfolgreich vor der Programm-Jury im Ministerium in Berlin verteidigt. Ab der zweiten Jahreshälfte wird das Thema nun intensiv mit einer Vollzeitstelle für neun Monate bearbeitet werden.

Abgeschlossen wird das Innovationsforum mit einem 2-tägigen Kongress im Münsterland, die weitere Betreuung des Netzwerks und die nachhaltige Bearbeitung des Themas wird von den regionalen Hochschulen sichergestellt.

3.3.6 Fokusprojekt „DigiTrans@KMU"

Stefan Adam und Christian Holterhues

Digitale Geschäftsprozesse und -modelle für produzierende Unternehmen

„DigiTrans@KMU" hat das Ziel, Vorgehensweisen zur Integration digitaler Technologien in Geschäftsmodelle zu entwickeln und Bausteine für Digitalisierungsstrategien mit Unternehmen praxisnah zu erproben. Es richtet sich an Unternehmen aus dem verarbeitenden Gewerbe und an technologiebezogene Dienstleister. Die Entwicklung des Projekts nimmt ca. 6 Monate in Anspruch. Die Gesamtdauer des Projekts liegt bei 3 Jahren.

Die Wirtschaftsstruktur des Münsterlandes ist geprägt von mittelständischen produzierenden Unternehmen. Im Gegensatz zu Start-Ups ist die Digitalisierung in diesen etablierten Unternehmen oft nicht Bestandteil des Geschäftsmodells, sondern betrifft meist sekundäre Prozesse der Produkt- und Prozessentwicklung. Dies aber wird sich zukünftig ändern. Auch für mittelständische Unternehmen wird es zukünftig darum gehen, digitale Technologien nicht nur unterstützend, sondern wertschöpfend einzusetzen, ändernde Kundenbedürfnisse zu adressieren und neue, digitale Geschäftsmodelle zu entwickeln.

Mit Unterstützung von Enabling Innovation Münsterland wurde unter dem Titel „Digi-Trans@KMU" ein Fokusprojekt entwickelt, das hier ansetzt. Es werden Muster zur Integration digitaler Technologien in Geschäftsmodelle abgeleitet, Bausteine für Digitalisierungsstrategien entwickelt und in Transferworkshops mit Unternehmen praxisnah erprobt. Der Fokus liegt auf Unternehmen des verarbeitenden Gewerbes sowie relevanten Betrieben aus dem Dienstleistungssektor, der im Münsterland stark ausgeprägt ist und dessen Entwicklung beispielhaft für andere ländliche Regionen in NRW und darüber hinaus steht.

Unternehmen, die im Rahmen der regionalen Umfeldanalyse von Enabling Innovation dem Innovationskompetenzfeld „Digital Solutions" zugeordnet wurden, waren im Schnitt sechs Prozent innovativer als der Durchschnitt, haben 23 Prozent mehr Geschäftsmodelle entwickelt und 19 Prozent mehr Innovationen hervorgebracht als der Durchschnitt der befragten Unternehmen. Daher ist die Schaffung eines Fokus-Projektes „DigiTrans@KMU", das sich mit der Entwicklung digitaler Prozesse, Strategien sowie neuer Service- und Geschäftsmodelle in Unternehmen im Münsterland beschäftigt, für die Wettbewerbsfähigkeit der Unternehmen besonders relevant.

Das Vorhaben wird dem Innovationskompetenzfeld „Digital Solutions" zugeordnet. Es wurde unter Federführung des Instituts für Prozessmanagement und Digitale Transformation der FH Münster in Kooperation mit den vier Kreiswirtschaftsförderungen des Münsterlandes sowie des münsterLAND.digital e. V. als gemeinsames Vorhaben beim Aufruf Regio.NRW – Innovation und Transfer eingereicht und zur Förderung empfohlen.

Das Projekt verfolgt in den zwei unterschiedlichen Handlungsfeldern „Geschäftsmodell-Innovationen mit digitalen Technologien" und „Digitalisierungsstrategie" das Ziel, kleine und mittelständische Unternehmen im Münsterland bei der Entwicklung digitaler Prozesse, Strategien sowie neuer Service- und Geschäftsmodelle zu unterstützen (s Abb. 3.24).

Handlungsfeld Geschäftsmodell-Innovationen mit digitalen Technologien
„DigiTrans@KMU" widmet sich im Handlungsfeld „Geschäftsmodell-Innovationen mit digitalen Technologien" der Problematik, wie mittelständischen Unternehmen bei der strukturierten und effizienten (Weiter)-Entwicklung digitaler Geschäftsmodelle geholfen werden kann. Hierzu sind Geschäftsmodellmuster zu identifizieren, die sich insbesondere durch den Einsatz der fokussierten Technologie anbieten. Diese Muster berücksichtigen ebenfalls die klassischen Ansätze, da es im Rahmen der späteren Prüfung der Muster durch ein konkretes Unternehmen ebenso sinnvoll sein kann, die Technologie mit dem bisherigen bzw. klassischen Geschäftsmodell unter Ausnutzung von Kostensenkungspotenzialen oder Performancesteigerungen einzusetzen.

Handlungsfeld Digitalisierungsstrategie
Digitale Technologien sind in vielen Fällen zunächst nicht disruptiv, können aber eingesetzt werden, um Kosten zu reduzieren und die Performance oder z. B. die Qualität zu steigern. Das heißt: Effektivität und Effizienz der Geschäftsprozesse stehen im Vordergrund. Digitale Technologien stellen bessere Werkzeuge zur Prozessausführung bereit, verändern den Prozess maßgeblich durch eine Digitalisierung des Ablaufs oder automatisieren die Datenübertragung über Schnittstellen zu Marktpartnern.

Hierbei gilt es, die Besonderheiten des jeweiligen Unternehmens und des Personals zu berücksichtigen, die Technologie sowie die Digitalisierungsoptionen zu bestimmen und schließlich umzusetzen. Die meisten kleinen und mittleren Unternehmen sehen sich bei der Einführung neuer Technologie nicht als Vorreiter ihrer Branche, da am Markt bereits Erfahrungen sowie Erkenntnisse über einen wirtschaftlichen und sinnvollen Einsatz bestehen. Häufig sind den Unternehmen weder entsprechende Digitalisierungsmöglichkeiten

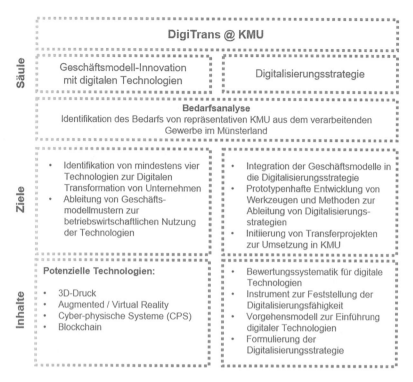

Abb. 3.24 Struktur von DigiTrans@KMU

oder Angebote zur Umsetzung bekannt, noch haben sie die erforderlichen Erfahrungen,
um die Angebote systematisch zu nutzen. Dieses Handlungsfeld entwickelt ein Vorgehen,
welches Unternehmen nutzen können, um das eigene Unternehmen zielgerichtet zu digi-
talisieren. Im Fokus stehen hierbei die Definition einer Digitalisierungsstrategie sowie das
Vorgehen zu ihrer Umsetzung.

Begleitend wird in Zusammenarbeit mit den im Antrag genannten Konsortialpartnern
geprüft, mit welchen Partnern modell- bzw. prototypenhaft eine Umsetzung einer solchen
Digitalisierungsstrategie ermöglicht werden kann. Die Projektergebnisse werden nach
Ende des Vorhabens von den Wirtschaftsförderern genutzt, um weitere Unternehmen, insbesondere die fokussierten KMU, im verarbeitenden Gewerbe und den relevanten techno-
logiebezogenen Dienstleistungsbereichen zu unterstützen.

3.3.7   Fokusprojekt „Digitale Materialbibliothek"

Christian Junker und Matthias Günnewig

Materials & Surfaces als Innovationskompetenzfeld des Münsterlandes
Das Innovationskompetenzfeld „Materials & Surfaces" stellt einen wichtigen Eckpfeiler
für die zukünftige Entwicklung der Region Münsterland dar.

Gerade auf Seiten der Wissenschaft ist das Münsterland im Bereich der Materialwissenschaften stark aufgestellt. Mit den Hochschulstrukturen im Oberzentrum Münster hat das Münsterland exzellente Studien- und Forschungsmöglichkeiten in diesem Sektor. Hervorzuheben sind hier die naturwissenschaftlichen Fachbereiche der Westfälischen Wilhelms-Universität Münster (WWU) und der FH Münster, insbesondere mit dem Standort im Kreis Steinfurt. Vor allem der Bereich der Nano-Bio-Analytik in Münster und der Region Münsterland zeichnet sich durch hohe Qualität auch im internationalen Vergleich aus. Analytikunternehmen und wissenschaftliche Einrichtungen generieren zahlreiche spezifische Daten.

Auch auf Seiten der Wirtschaft bestehen große Expertise und ebenso großer Bedarf im Umfeld technischer Materialien. Wachstumstreiber für die Region lassen sich mit dem Maschinenbau, den Gummi- und Kunststoffwaren sowie der chemischen Industrie finden – vor allem im produzierenden Gewerbe.

Das Innovationskompetenzfeld „Materials & Surfaces" würde daher von einer digitalen und physischen Materialbibliothek (*Erlebniswelt Materialien*) profitieren und beflügelt werden. Die Wissenschaft könnte hierüber Materialinnovationen veröffentlichen und testen, Unternehmen könnten nach geeigneten Konstruktionsmaterialien suchen oder aber Informationen zu ihren eigenen Materialien anbieten. Bei Veranstaltungen würden die Akteursgruppen zueinander geführt.

Eine solche Materialbibliothek macht idealerweise in erster Linie ein digitales Angebot, das Einstellung, Abruf und die digitale Vernetzung von Informationen umfasst. Darüber hinaus wäre vor Ort ein Raum wünschenswert, um die Materialien zu erleben. Die digitale Datenintegration (z. B. Trendauswertung, Lösungsalgorithmen, etc.), der Fokus auf Funktionalität (nicht Optik) und die Zusammenarbeit zwischen Wissenschaft, Wirtschaft und Gesellschaft grenzt eine solche „Erlebniswelt Materialien" von klassischen Material-Ausstellungen ab.

Lösungen mit Hilfe einer digitalen Materialdatenbank
Überblick über sehr viele Materialien: Es gibt eine Vielzahl verschiedenster Materialien mit den unterschiedlichsten Funktionen. Über die Datenbank einer Materialbibliothek werden diese diversen Funktionen sukzessive gesammelt, analysiert und Interessenten zur Verfügung gestellt, sodass Innovationen horizontal entlang der Wertschöpfungskette entstehen. Die registrierten Materialien werden Interessierten mit ihren entsprechenden Funktionen zur Verfügung gestellt. Aufgrund der Vielfältigkeit der Materialien und Funktionen bestehen Suchkriterien, die beliebig erweiterbar sind. Beispielsweise wird nach einem eigentlichen Grundstoff (Stein, Beton, Holz, Stoff, Keramik, Kunststoff, Metall, etc.), ihrer Funktionalisierung (Laserstrukturierung, Beschichtung, etc.), ihrer Funktion (antimikrobiell, wasserabweisend, gezielte Wechselwirkung mit Biomolekülen, etc.) oder Recyclingfähigkeit kategorisiert.

Schaffung einer gemeinsamen Plattform: Unternehmen leisten sich häufig einen sogenannten „Materialscout". Dieser reist kostenintensiv durch ganz Deutschland, Europa oder die Welt, um einen adäquaten Überblick über Materialien und deren Funktionalitäten zu gewinnen. In den wenigsten Fällen sind die Informationen, die ein Scout über die Materialien in Erfahrung bringt, analytisch so aufbereitet, wie es für Anwendungsunternehmen sinnvoll wäre. Eigenschaften wie Adhäsion, Oberflächenbeschaffenheit auf Nanoebene oder biologische Abbaubarkeit bleiben weiterhin unbekannt. Mit der Recherche über eine einheitliche Datenbank wird ein objektives Verständnis für die Materialien geschaffen, es werden Reisekosten eingespart und so der CO_2-Ausstoß gesenkt. Die eingesparten Kosten werden wiederum in Forschung und Entwicklung reinvestiert und führen so zu einer nachhaltig steigenden Qualität dieser Bereiche.

Einheitliches Verständnis: Zurzeit vereint keine Einrichtung sämtliches Wissen um Materialien und deren vielfältige Funktionalitäten. Aus diesem fehlenden Wissen resultiert ein uneinheitliches Verständnis. Diese Diskrepanz führt in Verhandlungen und Kooperationen zu Missverständnissen, da von verschiedenen Sachverhalten ausgegangen wird. Auf dieses uneinheitliche Verständnis ist es auch zurückzuführen, dass Wirtschaft und Wissenschaft noch nicht in dem maximalen Maße zusammenarbeiten, wie es für beide Seiten wünschenswert wäre. Eine digitale Materialbibliothek schafft ein einheitliches Verständnis auf Basis von unabhängig analysierten Daten, sodass Wissenschaft und Wirtschaft effizienter und effektiver kooperieren können.

Unabhängigkeit und Objektivität: Eine Recherche zu bestehenden Materialbibliotheken weltweit hat ergeben, dass die heute bestehenden Material-Ausstellungen typischerweise abhängig von dauerhafter und ggf. interessengeleiteter externer Finanzierung sind. In den meisten Fällen sind sie Universitäten oder Fachhochschulen angegliedert. In manchen Fällen sind sie auch direkt von der Wirtschaft finanziert und dementsprechend auf ein bestimmtes Fachgebiet ausgelegt. Wissenschaft und Wirtschaft können hier nur in einem eingeschränkten Teilbereich auf gemeinsame Interessen stoßen und damit einhergehende Kooperationen weiterverfolgen.

Konzept der digitalen Materialbibliothek: Eine Materialbibliothek sollte auf Basis physisch existierender Materialien ein digitales Angebot machen. Das bedeutet, dass Unternehmen und Wissenschaft ihre Materialien mit einem entsprechenden Datensatz zur Einbindung in der Datenbank zur Verfügung stellen. Interessenten, die sich für ein entsprechendes Material interessieren, rufen die Daten ab. Darüber hinaus können Interessenten auch weitere Daten bei der Materialbibliothek anfragen. Diese können aus der Meta-Auswertung der vorliegenden Daten generiert werden. So kann beispielsweise festgestellt werden, welches Material von welchen Entwicklungsvorhaben oder Kundensegmenten besonders oft nachgefragt wird, welche Eigenschaften in welchem Kontext besonders häufig gesucht werden oder welche Kooperations- und Verbundmöglichkeiten der Hersteller und der Wissenschaft möglich wären. Zur Erzeugung zusätzlicher Daten stehen außerdem regionale Analytikpartner zur Verfügung, sodass ein breit aufgestelltes Netzwerk entlang der Wertschöpfungskette entsteht. Für die haptische Erfahrung wäre zudem ein physischer Raum zur Lagerung und Besichtigung des Materials hilfreich, der vorteilhafterweise in der Region liegt. Dieser Raum sollte der Öffentlichkeit zur Verfügung stehen (Wirtschaft, Wissenschaft, Gesellschaft).

Die Struktur einer digitalen Materialbibliothek zeigt die Übersichtsgrafik, siehe Abb. 3.25.

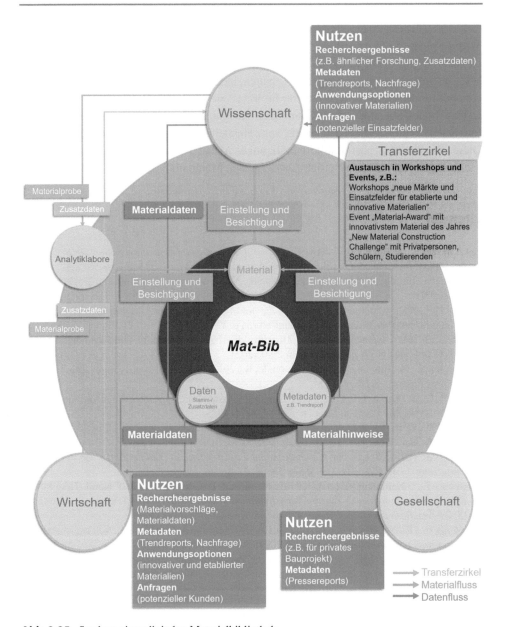

Abb. 3.25 Struktur einer digitalen Materialbibliothek

Nach einer anfänglichen Förderung zum Aufbau des Konzepts und zur Generierung einer kritischen Masse an Materialien bzw. User-Traffic, kann sich das Modell aus eigenen Mitteln finanzieren. In der Initialphase bedarf es eines erheblichen Kommunikationsaufwandes, der über Automatisierung, digitale Kanäle und gute Vernetzung realisierbar ist (beispielsweise algorithmisch unterstützte Suche nach potenziellen Materialanbietern,

Call Center Bearbeitung, Netzwerk NRWO!, Hochschul- und Analytiknetzwerke, Social-Media-Kanäle, SEO etc.). Um die Zahl der eingestellten Materialien zu erhöhen, wird parallel zur genannten Kommunikationsoffensive die Einstiegshürde und das Risiko der Materialeinstellung möglichst gering gehalten, indem hierfür keine Kosten anfallen. Gleiches gilt für den Abruf standardisierter Informationen. Über ein Donate-per-Click-Modell werden Materialhersteller (erst dann) zu zweckgebundenen Spenden aufgerufen, wenn Interessenten Informationen über die vom Hersteller eingestellten Materialien abrufen. Diese Einnahmen, gepaart mit kostenpflichtigen Metadatenauswertungen, garantieren den nachhaltigen und autarken Betrieb einer digitalen Materialbibliothek.

Literatur

van Aerssen, B., & Buchholz, C. (Hrsg.). (2018). *Das große Handbuch Innovation 2018: 555 Methoden und Instrumente für mehr Kreativität und Innovation im Unternehmen*. Vahlen.

Bertelsmann Stiftung. (2019). *Wegweiser Kommune*. www.wegweiser-kommune.de. Zugegriffen am 30.06.2021.

Biskup, D. (2016). *mastermind: Einblick in die neuen und klassischen Veranstaltungsformate*. Vereinigung Deutscher Veranstaltungsorganisatoren e. V.

BMBF. (2016). *Innovationsforen Mittelstand*. https://www.bmbf.de/de/innovationsforen-mittelstand-3064.html. Zugegriffen am 29.06.2021.

Christensen, C. M., Raynor, M. E., & McDonald, R. (2015). What is disruptive innovation? *Harvard Business Review, 93*(12), 44–53.

Dewar, R. D., & Dutton, J. E. (1986). The adoption of radical and incremental innovation: An empirical analysis. *Management Science, 32*(11), 1422–1433.

Eriksson, M., Fleischer, R., Johansson, A., Snickars, P., & Vonderau, P. (2019). *Spotify teardown – Inside the black box of streaming music*. MIT Press.

Feldmann, C. (2018). *Innovative Geschäftsmodelle mit 3D-Druck – Ein Leitfaden von der Idee zur Umsetzung*. ISBN 978-3-00-059555-4 (PUSH.3D-Druck – Band 2).

Feldmann, F., & Hellmann, K. (2016). Partizipation zum Prinzip erhoben. In T. Knoll (Hrsg.), *Neue Konzepte für einprägsame Events: Partizipation statt Langeweile – vom Teilnehmer zum Akteur* (S. 29–54). Springer Gabler. ISBN 978-3-658-10154-1.

FH Münster. (2018). *Managing Disruptive Change*. https://en.fh-muenster.de/science-marketing/s2i-projects.php. Zugegriffen am 29.06.2021.

Handelsblatt. (2018). *Jennifer Schäfer verkauft ihr Mode-Start-up Daily Dress*. https://www.handelsblatt.com/unternehmen/handel-konsumgueter/outfit-beratung-jennifer-schaefer-verkauft-ihr-mode-start-up-daily-dress/22954666.html?ticket=ST-1953546-Tqsxce1viTl7pU6yOltV-ap3. Zugegriffen am 29.06.2021.

Hubspot. (2021). *InfluencerDB vervierfacht mit HubSpot das durchschnittliche Auftragsvolumen*. https://www.hubspot.de/case-studies/influencerdb. Zugegriffen am 29.06.2021.

Junker, C., Petzold, N., & Schmitt, A. (2018). *Wege zur Disruptiven Innovation – So managen Sie Ihr Unternehmen in Zeiten des disruptiven Wandels*. Whitepaper FH Münster, S. 1–8. www.fh-muenster.de/wirtschaft/downloads/personen/baaken/Managing_Disruption_Whitepaper.pdf. Zugegriffen am 15.01.2021.

Kassenärztliche Vereinigung Westfalen-Lippe. (2015). *Versorgungsbericht 2015*. www.kvwl.de/mediathek/son/pdf/2015/kvwl_versorgungsbericht_2015.pdf. Zugegriffen am 30.06.2021.

Knoll, T. (2018). *Veranstaltungsformate im Vergleich: Entscheidungshilfen zum passgenauen Event.* Springer Gabler. ISBN 978-3-658-22017-4.

Kusay-Merkle, U. (2018). *Agiles Projektmanagement im Berufsalltag.* Springer.

Landwirtschaftskammer NRW. (2014). *Landwirtschaft im Münsterland, Daten – Fakten – Analysen.* https://www.landwirtschaftskammer.de/landwirtschaft/landentwicklung/regionalentwicklung/pdf/landwirtschaft-muensterland.pdf. Zugegriffen am 30.06.2021.

Massachusetts Institute of Technology. (2020). *A business edge that comes with age.* https://news.mit.edu/2020/age-founders-successful-startups-0320. Zugegriffen am 29.06.2021.

McKinsey & Company, Inc. (2017). *Smartening up with Artificial Intelligence (AI) – What's in it for Germany and its Industrial Sector?* https://www.mckinsey.com/~/media/McKinsey/Industries/Semiconductors/Our%20Insights/Smartening%20up%20with%20artificial%20intelligence/Smartening-up-with-artificial-intelligence.ashx. Zugegriffen am 09.11.2018.

NRW Bank. (2018). *Regionalprofil Münsterland.* https://www.nrwbank.de/export/sites/nrwbank/de/corporate/downloads/presse/publikationen/regionalwirtschaftliche-profile-nrw/NRW.BANK_Wirtschaftsregion_Muensterland_2018.pdf. Zugegriffen am 12.07.2019.

O'Reilly, C. A., & Tushman, M. (2008). Ambidexterity as a dynamic capability: Resolving the innovator's dilemma. *Research in Organizational Behaviour, 28,* 185–206.

O'Reilly, C. A., & Tushman, M. L. (2004). The ambidextrous organization. *Harvard Business Review, 82*(4), 74–83.

Osterwalder, A., & Pigneur, Y. (2010). *Business model generation.* Wiley.

Petzold, N., Junker, C., & Riemenschneider, F. (2014). The strategy of hybrid value creation as a possible way to manage disruptive change. In T. Baaken & J. Teczke (Hrsg.), *Managing disruption and destabilisation.*

PwC. (2017). *Predictive maintenance 4.0 predict the unpredictable.* https://www.pwc.be/en/documents/20171016-predictive-maintenance-4-0.pdf. Zugegriffen am 09.11.2018.

Reuters. (2018). *Spotify generates third quarter revenue of $1.2 billion.* www.reuters.com/article/us-spotify-results/spotify-generates-third-quarter-revenue-of-1-2-billion-the-information-idUSKBN1FR01W. Zugegriffen am 23.05.2021.

RKW Kompetenzzentrum. (2013). *Gründerinnen und Gründer ab dem mittleren Alter: Schlüsselfaktor für die Wirtschaft.* https://www.rkw-kompetenzzentrum.de/publikationen/studie/gruenderinnen-und-gruender-ab-dem-mittleren-alter-schluesselfaktor-fuer-die-wirtschaft/gruendungstrends-in-deutschland-europa-und-den-usa/die-juengsten-entwicklungen-am-gruendungsstandort-deutschland/die-altersstruktur-der-gruendungszahlen/. Zugegriffen am 29.06.2021.

SVR. (2014). *Bedarfsgerechte Versorgung.* https://www.svr-gesundheit.de/index.php?id=465. Zugegriffen am 27.01.2018.

Vaynerchuk, G. (2021). *Why I love mediocre ideas.* www.garyvaynerchuk.com/why-i-love-mediocre-ideas. Zugegriffen am 29.06.2021.

Wirtz, B. W., Pistoia, A., Ullrich, S., & Göttel, V. (2016). Business models: Origin, development and future research perspectives. *Long Range Planning, 49*(1), 36–54.

Transfermethoden

4

Katarina Kühn, Jörn Erselius, Sue Rossano-Rivero,
Thomas Baaken und Thorsten Kliewe

4.1 Transfer im Münsterland

Katarina Kühn

Das Münsterland ist eine starke Wissenschaftsregion in NRW. Insbesondere in Münster gibt es insgesamt neun Hochschulen und viele weitere außeruniversitäre Forschungseinrichtungen. Allein die Westfälische Wilhelms-Universität (WWU) mit der angegliederten Universitätsklinik Münster verfügt über 45.000 Studierende, zusammen mit der FH Münster und ihren 15.000 Studierenden repräsentieren diese Hochschulen bereits 90 Prozent der Wissenschaftslandschaft in Münster und im Münsterland.

K. Kühn
Westfälische Wilhelms-Universität Münster, Arbeitsstelle Forschungstransfer,
Münster, Deutschland
E-Mail: katarina.kuehn@uni-muenster.de

J. Erselius
Max-Planck-Innovation GmbH, München, Deutschland
E-Mail: erselius@max-planck-innovation.de

S. Rossano-Rivero
TAFH Münster GmbH und FH Münster, Münster, Deutschland
E-Mail: rossano@fh-muenster.de

T. Baaken (✉) · T. Kliewe
FH Münster, Münster, Deutschland
E-Mail: baaken@fh-muenster.de; kliewe@fh-muenster.de

In den letzten Jahren ist es jedoch auch gelungen, außeruniversitäre Forschungseinrichtungen anzusiedeln. Insbesondere im Bereich der Grundlagenforschung haben sich mit dem Max-Planck-Institut für molekulare Biomedizin, dem Fraunhofer-Institut für Biomedizinische Technik (IBMT, Außenstelle Münster), dem Fraunhofer-Institut für Molekularbiologie und Angewandte Ökologie (IME, Außenstelle Münster) und dem Helmholtz-Institut Münster (HI-MS) vier nationale Forschungseinrichtungen angesiedelt, die in zwei zentralen, die gesellschaftlichen Veränderungen adressierenden Bereichen forschen: Stammzellforschung und elektrochemische Energiespeichersysteme.

Im Gegensatz zu den etablierten und auch erprobten Modellen der Kooperation zwischen Wirtschaft und Hochschulen im Münsterland, organisiert vornehmlich durch Transfereinrichtungen der WWU und der FH Münster, aber auch weiterer Einrichtungen wie zum Beispiel die Technologieförderung Münster GmbH, besteht bei den oben genannten außeruniversitären Forschungseinrichtungen noch keine erprobte Zusammenarbeit. Zum einen resultiert das aus der Distanz der Ergebnisse im Hinblick auf die unmittelbare Anwendbarkeit in der Wirtschaft, zum anderen sind die Translationsprozesse komplex und mitunter auch unbekannt.

Mit *Enabling Innovation Münsterland* wurde die Möglichkeit genutzt, die diesen Einrichtungen zu Grunde liegenden Strukturen der Translation zu verstehen, sie für die Translation in Münster und im Münsterland zu nutzen und gegebenenfalls anzupassen, um so mittelfristig aus dem vorhandenen Wissen auch eine wirtschaftliche Umsetzung zu erreichen.

Dieses kann durch Ausgründungen, durch Patentvermarktung und Lizenzvereinbarungen mit der Wirtschaft, durch die Ansiedlung neuer wirtschaftlicher Forschungseinrichtungen erfolgen oder auch durch die Etablierung von Plattformen und Veranstaltungen zum Wissens- und Erfahrungsaustausch. Die Methoden und Techniken zur Translation von Grundlagenforschung in der Wirtschaft unterscheiden sich dabei deutlich von denen, die bei der Übertragung von anwendungsorientierten Forschungen appliziert werden. Dieses Kapitel hat zum Ziel, die Translationsprozesse von Grundlagenforschungsinstituten aufzulisten und transparent zu machen.

Die im Folgenden beschriebenen Steckbriefe über die etablierten Translationsmethoden in der Helmholtz-Gemeinschaft und der Max-Planck-Gesellschaft, sowie die in gesonderten entwickelten Translationsgesellschaften, wurden durch Dr. Jörn Erselius von der Max-Planck-Innovation GmbH im Auftrag von *Enabling Innovation Münsterland* erstellt und werden hier in gekürzter Form dargestellt.

Hinweis: Aus Gründen der besseren Lesbarkeit wird im Folgenden auf die gleichzeitige Verwendung von männlichen und weiblichen Sprachformen verzichtet und nur die maskuline Form verwendet. Sämtliche Personenbezeichnungen gelten jedoch gleichermaßen für beide Geschlechter.

4.2   Translationsmethoden und Werkzeuge der Helmholtz-Gemeinschaft

Jörn Erselius und Katarina Kühn

Ein wesentliches Element der Mission der Helmholtz-Gemeinschaft (HGF) ist der Transfer von Wissen und Technologien in Gesellschaft und Wirtschaft. „Zur Helmholtz-Mission gehören die nutzeninspirierte, langfristig orientierte Grundlagenforschung („use inspired basic research") und die anwendungsorientierte Forschung gleichermaßen. Durch den Transfer und die Verwertung von Ergebnissen dieser Forschung nimmt die HGF eine wichtige Funktion im Innovationsgeschehen wahr und trägt maßgeblich zur Zukunftsfähigkeit von Wirtschaft und Gesellschaft bei" (Helmholtz-Gemeinschaft, 2014).

Die im Folgenden beschriebenen Translationsmethoden und das Spinnovator-Konzept wurden nicht in der Max-Planck-Gesellschaft, sondern durch die Ascenion GmbH entwickelt und konzipiert. Die Ascenion GmbH ist ein exklusiver Technologietransferpartner von zahlreichen Forschungsinstituten der Helmholtz- und Leibniz-Gemeinschaft und assoziierten Organisationen der translationalen Forschung. Als hundertprozentige Tochter der Life Science-Stiftung zur Förderung von Wissenschaft und Forschung bietet die Ascenion GmbH ihre Leistungen allen öffentlichen Forschungseinrichtungen mit Schwerpunkten in den Lebenswissenschaften oder angrenzenden Bereichen an, unabhängig von ihrer regionalen oder organisatorischen Zugehörigkeit.

4.2.1   Spinnovator der Ascenion GmbH

Der Spinnovator ist ein Instrument, um vielversprechende Projekte aus der öffentlichen Life-Science-Forschung für die kommerzielle Anwendung weiterzuentwickeln. Der Verwertungsweg führt dabei immer über eine Unternehmensgründung. Jedes Spin-off kann dabei bis zu 3,7 Mio. Euro an Fördermitteln vom Bundesministerium für Bildung und Forschung (BMBF) erhalten, wenn diese Mittel mindestens in gleicher Höhe durch privates Risikokapital gegenfinanziert werden. Für private Kapitalgeber wird so der Einstieg in frühe Projekte, die naturgemäß besonders risikoträchtig sind, deutlich erleichtert.

Insgesamt umfasste das Konzept Fördermittel in Höhe von bis zu 20 Mio. Euro für innovative Start-Ups. Grundvoraussetzung war die Spiegelung der öffentlichen Förderung durch Gelder privater Investoren in gleicher Höhe. Jedes Projekt konnte dabei in Summe bis zu 7,4 Mio. Euro in mehreren Finanzierungsrunden erhalten. Zusätzlich wurden die geförderten Projekte intensiv durch die Technologietransferexperten der Ascenion GmbH und zum Teil auch des jeweiligen privaten Investors gefördert und gecoached.

Die Wissenschaftler und Gründer erhielten damit nicht nur Startkapital, sondern auch praktische und strategische Hilfe von Experten mit langjähriger Erfahrung und exzellenten Netzwerken in der Branche, welche die Rolle eines *Sparringpartners* übernahmen. Diese halfen bei der Erstellung des Businessplans, dem Aufbau des (Management-)Teams sowie bei der Gründung und Entwicklung des Unternehmens.

Die Förderung des Spinnovators durch das BMBF in dieser Form lief Ende 2014 aus. Er wird heute als Projektentwicklungsstruktur durch eine Person in der Ascenion GmbH weitergeführt und somit auf eigene Kosten erhalten. Der Spinnovator ermöglichte damit bislang die Entwicklung von insgesamt vier inzwischen finanzierten Unternehmen mit einem Volumen von ca. 30 Mio. € (öffentliche und private Mittel in Summe).

Projektauswahl und Prozessbeschreibung

Die Auswahl der geförderten Projekte erfolgte durch die Experten der Ascenion GmbH basierend auf strikt einzuhaltenden Grundvoraussetzungen. So wurden zunächst nur Projekte der Technologiepartner der Ascenion GmbH gefördert, die ihren Ursprung im Life-Science Bereich hatten, insbesondere aus den Bereichen Biopharmazeutika, Medizintechnik, Diagnostika und Ernährung. Im weiteren Projektverlauf wurden auch andere Einrichtungen eingeladen, mit Ascenion zu kooperieren, um ausgewählte Gründungsvorhaben in den Spinnovator aufzunehmen.

Wichtige Auswahlkriterien waren
- Alleinstellungsmerkmal der Technologie und großer medizinischer (Kunden-)Bedarf
- Exzellente zugrunde liegende wissenschaftliche Forschungsergebnisse als Basis der Spin-offs
- Mindestens ein erster Proof-of-Concept der entsprechenden Technologie.
- Großes Marktpotenzial (>300 Mio. Euro pro Jahr) und skalierbares Geschäftsmodell
- Eine gesicherte und geschützte Patentposition sowie Freedom to operate
- Unterstützung der Gründung durch die Wissenschaftler der Technologie

Der Spinnovator hat eine klassische Public-Private-Partnership Struktur (s. Abb. 4.1). Neben dem BMBF als öffentlicher Fördermittelgeber wurden für jedes aufgenommene Projekt private Kapitalgeber benötigt, welche die öffentlichen Fördermittel in gleicher Höhe spiegelten. Dies war Grundvoraussetzung und integraler Bestandteil des Konzeptes. Insgesamt sah das Konzept maximal drei Finanzierungsrunden pro Projekt vor, wobei der private Investor im Anschluss natürlich weitere Gelder zur Verfügung stellen konnte. Die Höhe der maximalen Förderung stieg pro Finanzierungsrunde an. Maximal konnten die einzelnen Projekte über drei Finanzierungsrunden finanziert und unterstützt werden.

Die Projekte wurden in einem ersten Schritt durch die Technologietransferexperten der Ascenion GmbH auf Passung mit dem Konzept geprüft und vorselektiert. Anschließend wurden diese zusammen mit dem kooperierenden Investmentpartner einer detaillierten Due Diligence hinsichtlich Technologie, Markt, Team und Patentsituation unterzogen. Parallel hierzu wurde ein Business- und Finanzplan sowie ein Fördermittelantrag für das BMBF erstellt. Außerdem wurden die Verträge für die Gründung des neuen Spin-off verhandelt und vorbereitet. Insgesamt dauerte dieser Prozess circa neun Monate.

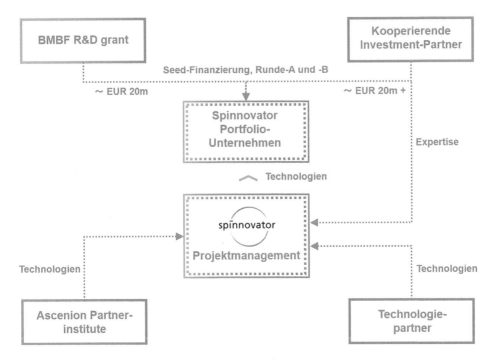

Abb. 4.1 Public-Private-Partnership-Struktur des Spinnovators

Neben diesen Kriterien für die Projektauswahl gab es weitere Voraussetzungen, die im Rahmen des Spinnovator-Konzeptes zu berücksichtigen waren:

- Das zu gründende Spin-off musste seinen Sitz in Deutschland haben
- Die öffentliche Förderung seitens des BMBF wurde ausschließlich für Forschungs- und Entwicklungsausgaben gewährt, nicht jedoch für weitere Overhead-Kosten
- Voraussetzung für die Gewährung von Fördermitteln seitens des BMBF war die sichergestellte Spiegelung mit privaten Investitionen
- Neben den Investoren war ein Sitz im Beirat des neu gegründeten Spin-offs einem Vertreter von Ascenion beziehungsweise dem Spinnovator vorbehalten.
- Weitere öffentliche Fördermittel durften nicht parallel beantragt werden, so dass der zusätzliche Fördereffekt im Vergleich zu anderen Ausgründungsvorhaben, die in der Regel auch Projektfördermittel einwerben, entsprechend geringer ausfiel.

Erfolge und Lessons Learned
- Für eine solche Public-Private-Partnership ist eine kritische Masse an potenziellen Projekten nötig, um das Matching mit den Interessen von privaten Geldgebern beziehungsweise Venture-Capital Unternehmen zu gewährleisten

- Zudem bedarf es einer kritischen Masse an kooperierenden Investoren, um für Projekte mit sehr unterschiedlicher Ausrichtung geeignete Geldgeber zu finden und Abhängigkeiten zu reduzieren
- Eine effiziente Kommunikation zwischen allen beteiligten Partnern (VC-Unternehmen, akademische Institutionen, öffentliche Förderer) ist ein wichtiger Grundpfeiler für erfolgreiche Projekte
- Die hohe Flexibilität sämtlicher Partner einer Public-Private-Partnership-Struktur im Rahmen der Ausgründung von Spin-offs ist ebenfalls sehr wichtig
- Eine kontinuierliche Verfügbarkeit von Projektfördermitteln ist von großer Bedeutung
- Der Zeitrahmen für die Konzeption und Implementierung einer solchen Struktur sollte auf keinen Fall unterschätzt werden

4.2.2 Helmholtz-Validierungsfonds

Der Helmholtz-Validierungsfonds (HVF) ist seit 2011 ein spezifisches Technologietransfer-Förderinstrument des Impuls- und Vernetzungsfonds der HGF. Zentrales Ziel dieses Förderinstruments ist die professionelle Unterstützung der Helmholtz-Zentren bei der Schaffung von Unternehmenswerten (Produkte und Dienstleistungen), die im Anschluss an die Förderung unmittelbar der wirtschaftlichen Verwertung zugeführt werden können. Bei der Ausgestaltung des HVF sollten die Anforderungen an industrieähnliche Entwicklungsprojekte besonders berücksichtigt werden.

Die Zielstellung umfasst folgende Punkte
- Überbrückung der finanziellen Lücke zwischen Idee und Anwendung
- Weiterentwicklung vielversprechender Forschungsergebnisse sowie Validierung der zugrunde liegenden Technologie zur Erhöhung des Marktpotenzials und der Kommerzialisierbarkeit
- Finanzielle sowie Managementunterstützung der geförderten Projekte, insbesondere durch meilensteinbasierte Projektplanung, Patenmodell und Expertennetzwerk
- Ergänzende Unterstützung im Vorfeld einer Ausgründung beziehungsweise in der sogenannten *Pre-Seed-Phase*
- Unterstützung vielversprechender Technologien und Projekte unabhängig vom angestrebten Verwertungskanal (Lizenzierung, Kooperation).

Konditionen
Aufgrund der bisherigen Erfahrungen zeigte sich, dass der HVF eine gute interne Ergänzung zum VIP-Programm[1] ist. Das Budget des Fonds von 2011–2015 betrug circa

---

[1]BMBF-Fördermaßnahme „Validierung des technologischen und gesellschaftlichen Innovationspotenzials wissenschaftlicher Forschung – VIP/VIP+".

20 Mio. Euro. Für den Zeitraum 2016–2020 ist ein Budget von circa 37 Mio. Euro geplant. Die Zuwendungen für einzelne Projekte belaufen sich zwischen 0,25 Mio. Euro und 1 Mio. Euro pro Jahr, wobei eine Laufzeit von maximal zwei Jahren vorgesehen ist. Außerdem basiert der Fonds auf dem Prinzip der Ko-Finanzierung. Dies bedeutet, dass 25–75 Prozent der Zuwendung durch Eigenanteile der jeweiligen Zentren getragen werden müssen oder durch eine entsprechende Substitution von Industriepartnern. Die maximale Höhe der Zuwendung durch den Fonds pro Projekt beträgt somit 2 Mio. Euro, das gesamte Projektbudget maximal 8 Mio. Euro.

Antrags- und Auswahlprozess
Mögliche Validierungsvorhaben aus den Helmholtz-Zentren werden in einem zweistufigen Antragsverfahren ausgewählt. Dazu können Voranträge im Sinne einer Ideenskizze eingereicht werden. Diese werden nach einer formellen Prüfung hinsichtlich der Einbindung der Transferstellen der Zentren und der beantragten Zuwendung und Laufzeit an den Projektträger Jülich (PTJ), der im Rahmen einer Ausschreibung als Dienstleister ausgewählt wurde, zur Begutachtung gegeben. Innerhalb von 15–20 Arbeitstagen erhalten die Antragsteller ein Kurzgutachten im Sinne eines Plausibilitätschecks. Unter Berücksichtigung der Gutachterempfehlungen kann dann der Hauptantrag gestellt werden. Die ursprüngliche Praxis, wonach der Vorantrag als eine Art Filter dient und nur nach einer positiven Begutachtung auch ein Hauptantrag gestellt werden kann, wurde aufgrund des geringer als erwartet ausfallenden Antragsaufkommens mit der 3. Auswahlrunde 2012 aufgehoben. Seitdem ist die Einreichung eines Vorantrags fakultativ. Es kann direkt ein Hauptantrag gestellt werden, wobei das Angebot zur Plausibilitätsprüfung dennoch häufig genutzt wird.

Hauptantrag und Begutachtung
Im Hauptantrag ist die Projektplanung zu detaillieren. Weiterhin muss eine Konkretisierung der Meilenstein- und Finanzplanung erfolgen. Beizufügen ist auch die schriftliche Bestätigung des Helmholtz-Zentrums, dass der Antrag unterstützt und der Eigenanteil gewährleistet wird. Sechs bis acht Wochen nach Einreichung des Hauptantrags werden den Antragstellern zwei unabhängige Gutachten mit einer quantitativen und qualitativen Bewertung zur Verfügung gestellt. Vor- und Hauptanträge werden in der Regel durch die gleichen unabhängigen Gutachter vom PTJ beurteilt, wodurch Konstanz und zudem ein vergleichbarer Bewertungsmaßstab erreicht werden soll. Beim Hauptantrag wird ein weiterer externer Gutachter einbezogen, der meist aus der Industrie oder der anwendungsnahen Forschung kommt.

Nach der Begutachtung der Hauptanträge erfolgt in Abhängigkeit von der Anzahl positiver Gutachten ein Review der Anträge und Gutachten bei einem Treffen zwischen internem und externem Management. Dabei wird darüber entschieden, wie viele Antragsteller zur Sitzung des Entscheidungsboards eingeladen werden und in welchem Format die Boardsitzung stattfindet.

In den Boardsitzungen erfolgt zunächst eine Übersicht zum aktuellen HVF-Portfolio mit Fokus auf den Stand der Projekte und das verfügbare Budget durch das externe Fondsmanagement. Dann werden die von den Gutachtern empfohlenen Projekte nacheinander geprüft. Den Boardmitgliedern stehen neben den Anträgen und den Gutachten auch Entscheidungsvorlagen des externen Fondsmanagements zur Verfügung, auf deren Basis eine kurze Projekteinführung stattfindet. Danach präsentieren die Antragsteller Ihr Projekt und anschließend gibt es eine offene Fragerunde mit dem Team sowie eine interne Diskussion. Den Teams wird in der Regel direkt im Anschluss die Empfehlung des Boards mitgeteilt, ob eine Zuwendung durch den HVF erfolgen sollte.

Einbindung externer Expertise und Paten
Die ausgewählten Validierungsvorhaben werden nicht nur finanziell, sondern auch durch Managementkompetenzen unterstützt. Dieser *Smart-Money-Ansatz* soll einen besonderen Mehrwert der Validierungsförderung darstellen, denn an der Schnittstelle zwischen Forschung und Markt sind die Helmholtz-Forscher in der Regel auf externe Kompetenzen (Industrieexperten) und professionelles Projektmanagement (Meilensteinplanung) angewiesen. Diese Unterstützung sieht sich von der Antragstellung bis zur Projektdurchführung.

Ein externer Projektpate dient dem HVF-Management als unabhängiger Ansprechpartner mit projektspezifischem Fachwissen und Einblick in das Projekt. Dem Projekt dient er als Berater für die Optimierung der Arbeitsplanung zur Erreichung eines Verwertungsziels oder eines Abbruchkriteriums sowie als Kontaktvermittler zur Anbahnung einer Verwertung. Der Pate gibt zu allen Meilensteinen regelmäßig eine Stellungnahme gegenüber dem HVF-Management in Textform ab, die den Grad der Zielerreichung bestätigt und eine Abschätzung zur Erreichung des Projektziels enthält.

Lessons Learned
- Der externe Pate muss die anspruchsvolle Funktion als Berater des Projekts und gleichzeitig als Experte für den Fonds ungeachtet eines möglichen Interessenkonflikts ausfüllen können
- Mit dem Erfolg der ersten HVF-Projekte steigt die Sichtbarkeit des Instruments und die Nachfrage. Zugleich werden Forscher in der HGF für die Verwertungsaspekte sensibilisiert. Es gibt Anreize, Validierungsvorhaben aus den Forschungsergebnissen zu konzipieren. Dies ermöglicht es auch den Transferstellen in den Zentren, neue Potenziale zu erschließen und frühe Projekte weiterzuentwickeln (Pre-Validierung)
- Mit dem erhöhten Deal Flow von verwertbaren Projekten aus der HGF ist eine wichtige Voraussetzung für weitere Instrumente und Maßnahmen gegeben. Zugleich können durch eine kritische Masse an Projekten innerhalb des Portfolios des Fonds Synergien entdeckt werden, die die Vorhaben aus den verschiedenen Zentren zum gegenseitigen Vorteil nutzen können

- Die Validierungsförderung ermöglicht trotz der umfangreichen Reporting-Pflichten eine flexible Beauftragung und Durchführung von Arbeiten, die in anderen Finanzierungskontexten schwierig ist
- Die notwendige Ko-Finanzierung durch die jeweiligen Zentren ist in Einzelfällen problematisch und kann dazu führen, dass Erfolg versprechende Projekte nicht eingereicht werden. Durch die Einführung einer flexibleren Ko-Finanzierungsregel lässt sich diese Hürde abbauen.
- Durch den HVF konnte ein professionelles Netzwerk aus Industrie-Experten in den verschiedensten Branchen etabliert werden, wodurch der Grad der Professionalisierung des Technologietransfers in der HGF weiter steigt.

4.3 Translationsmethoden und Werkzeuge der Max-Planck-Gesellschaft und in weiteren Gesellschaften

Jörn Erselius und Katarina Kühn

Als gemeinnützige und durch Zuwendungen von Bund und Ländern finanzierte Forschungsorganisation sowie größte Einrichtung der Grundlagenforschung in Deutschland generiert die Max-Planck-Gesellschaft (MPG) mit ihrer Forschung ein Gut, dass im öffentlichen Interesse genutzt werden soll. Der Transfer von Ergebnissen der Grundlagenforschung in wirtschaftliche und gesellschaftlich nützliche Produkte ist eine wichtige Aufgabe der MPG. Unter dem Motto Connecting Science and Business versteht sich die Max-Planck-Innovation GmbH (MI) als Partner für Wissenschaftler ebenso wie für Unternehmen und unterstützt bei der Bewertung von Erfindungen, der Anmeldung von Patenten sowie bei der Gründung von Unternehmen (Berninger, 2017).

4.3.1 Translationsmethoden der Max-Planck-Innovation GmbH

Mit ihrer seit 1970 bestehenden Tochtergesellschaft MI sorgt die MPG dafür, dass aus wissenschaftlichen Durchbrüchen wirtschaftliche Erfolge werden. MI übernimmt zentral für die MPI die inhaltliche und administrative Begleitung und Umsetzung des Technologietransfers. MI nimmt die Schnittstelle ein zwischen den auf Grundlagenforschung orientierten Max-Planck-Instituten (MPI) auf der einen Seite sowie der Industrie und wirtschaftlich orientierten Unternehmen auf der anderen Seite.

Somit ist MI sowohl Ansprechpartner für die Wissenschaftler der MPG als auch für Unternehmen. Die wichtigsten Aufgaben von MI sind zum einen die Beratung und Unterstützung von Wissenschaftlern der MPI bei der Evaluierung von Erfindungen und der Anmeldung von Patenten. Zum anderen verantwortet MI die Vermittlung von Erfindungen aus den MPI in die Industrie. Darüber hinaus unterstützt MI die Wissenschaftler der MPI bei der Gründung von Unternehmen. Somit fördert MI den Transfer von Ergebnissen der Grundlagenforschung in ökonomisch und gesellschaftlich nützliche Projekte und hilft, den Innovationsstandort Deutschland weiter zu stärken.

4.3.1.1 Lizenzmodell der Max-Planck-Gesellschaft

In den über 80 Max-Planck-Instituten (MPI) entstehen täglich innovative Ideen, Erfindungen und Know-how in den unterschiedlichsten Bereichen. Viele dieser Ergebnisse eignen sich zum Teil auch für eine wirtschaftliche Verwertung. Die Nutzung des in der MPG generierten Wissens im öffentlichen Interesse schließt den Transfer in die Industrie mit ein. Dieser Transfer stellt einen wichtigen und in seiner Bedeutung zunehmenden volkswirtschaftlichen Beitrag der MPG für das Gemeinwesen dar. Eine zentrale Strategie im Rahmen der wirtschaftlichen Verwertung bildet die Patentierung und Lizenzierung der entstandenen Erfindungen an etablierte Industrieunternehmen.

Problemstellung

Die MPG betreibt insbesondere in den Natur-, Bio-, Geistes- und Sozialwissenschaften Grundlagenforschung. Dieses Know-how wird von herausragenden, kreativen und interdisziplinär denkenden Wissenschaftlern generiert. Basis für die unabhängige Entfaltung der Wissenschaftler ist das sogenannte Harnack-Prinzip, welches basierend auf dem Grundprinzip der Autonomie, die Leitlinie für Berufungen in der MPG darstellt.

Demnach ist jeder Wissenschaftler in der Wahl des Forschungsgebietes frei von äußeren Zwängen bezüglich der Entscheidung, die Forschungsergebnisse in irgendeiner Art wirtschaftlich zu verwerten. Dieses Prinzip der persönlichkeits-zentrierten Forschung stellt das Fundament der MPG dar. Jedoch müssen gemäß den Anstellungsverträgen der MPG und nach dem deutschen Arbeitnehmererfindergesetz alle Arbeitsergebnisse oder Ideen, die Erfindungscharakter haben könnten, der jeweiligen Institutsleitung gemeldet werden. Die (geschäftsführenden) Direktoren der einzelnen Institute können darauf hin autonom entscheiden, ob diese Ideen MI als Erfindung gemeldet werden und ob und inwieweit sie Mittel des jeweiligen MPI für etwaige Patentanmeldungen und Aufrechterhaltungen einsetzen wollen.

Lizenzierungsstrategie

Oberstes Prinzip bei der Suche nach Lizenznehmern ist es, den wissenschaftlich und wirtschaftlich besten Partner zu finden. Dies bedeutet, dass Projekte zwar präferiert nationalen und europäischen Partnern angeboten werden. Bei Erfolg versprechenden Voraussetzungen für die Umsetzung oder besseren wirtschaftlichen Bedingungen werden Lizenzverträge aber auch mit außereuropäischen Partnern abgeschlossen.

Abhängig von der Technologie werden nicht-exklusive, semi-exklusive oder exklusive Lizenzverträge abgeschlossen. Diese sehen in der Regel Einstandszahlungen beziehungsweise Upfront-Payments, Meilensteinzahlungen, gegebenenfalls jährliche Mindestlizenzzahlungen und regelmäßige Stücklizenzen (Royalties) vor. Ein weiterer wichtiger Punkt ist die Übernahme der (zukünftigen) Patentkosten durch den Lizenznehmer. Angemessene Lizenzbedingungen werden vor allem durch ein internes und externes Benchmarking ermittelt. Übliche Bewertungsmodelle wie zum Beispiel der Net Present Value lassen sich bei Erfindungen aus der Grundlagenforschung praktisch meist nicht aussagekräftig anwenden. Das Hauptaugenmerk von MI liegt auf der langfristigen und jährlich wiederkehrenden Partizipation an erfolgreichen Lizenzprodukten, das heißt, dass die Höhe der Stücklizenzen in den Verhandlungen von größter Bedeutung ist. Bei Technologien aus der Grundlagenforschung, die naturgemäß einem hohen Entwicklungsrisiko unterliegen, kann dies im Einzelfall dazu führen, dass es nie oder nur für kurze Zeit zu Lizenzerlösen kommt, da das zugrunde liegende Patent bis zu einer erfolgreichen Markteinführung bereits ausgelaufen ist. Dennoch hat sich diese Strategie für den langfristigen und nachhaltig angelegten Technologietransfer der MPG in der Vergangenheit bewährt.

Die kritische Masse an Erfindungen zur erfolgreichen Umsetzung eines Konzepts liegt für die MPG bei circa 80 Patentanmeldungen pro Jahr. Statistisch gesehen entwickelt sich circa 1 von 1000 patentierten akademischen Erfindungen zu einem Blockbuster. Außer in Ausnahmefällen (z. B. bei Gemeinschaftserfindungen mit anderen wissenschaftlichen Einrichtungen oder aus Kooperationen mit der Industrie) werden Patente beziehungsweise Patentanmeldungen im Rahmen der Lizenz nicht auf den Lizenznehmer übertragen oder an diesen verkauft, auch nicht bei Ausgründungen aus der MPG. In Kooperationsverträgen wird dem Industriepartner gemäß MPG Mustervertrag die Option auf eine nicht-exklusive beziehungsweise exklusive Lizenz zu angemessenen wirtschaftlichen Bedingungen eingeräumt, wobei abhängig von den Terms des Kooperationsvertrags teilweise auf ein Upfront-Payment verzichtet werden kann. Solange eine vertragliche Bindung an den Industriepartner besteht, wird in Kooperationen außerdem die Übernahme von Patentkosten durch den Industriepartner erwartet.

Organisationsstruktur

Die Betreuung der Wissenschaftler aus den verschiedenen MPI erfolgt zentral durch die MI Patent-und Lizenzmanager. Jedes MPI ist in der Regel einem Patent- und Lizenzmanager zugeordnet und wird durch diesen betreut. Unterstützt werden die Patent- und Lizenzmanager durch Juristen, die interne Patent-Verwaltungsabteilung sowie ein großes Netzwerk an externen Patentanwälten. Es gibt keine MI Mitarbeiter, die direkt an den Instituten arbeiten. Dies hat Vor- und Nachteile: Zum einen ist die gesamte Expertise von MI an einem zentralen Ort gebündelt. Hierdurch ist der Austausch zwischen Geschäftsleitung, Patent- und Lizenzmanagement und Juristen sowie der Generalverwaltung problemlos und auf kurzen Wegen möglich. Zum anderen wäre aber eine Präsenz an den einzelnen MPI wünschenswert, um direkt mit den Wissenschaftlern und Erfindern interagieren zu können. Aufgrund der verhältnismäßig geringen Größe einzelner MPI ist eine Betreuung durch Mitarbeiter vor Ort wegen der fehlenden kritischen Masse wirtschaftlich nicht sinnvoll.

Zusammenarbeit mit der MPG und Einnahmen aus der Verwertung

Die Zusammenarbeit zwischen der MPG und MI wird durch einen Verwaltungs- und Verwertungsvertrag geregelt. Dieser regelt die Verwertung und Verwaltung der Immaterialgüter der MPG durch MI, insbesondere des geistigen Eigentums und der korrespondierenden gewerblichen Schutzrechte. MI betreut alle rechtlich unselbstständigen MPI. Dieser Vertrag bildet die Grundlage für das Geschäftsmodell von MI.

Die Einnahmen aus der Verwertung des geistigen Eigentums werden zwischen der MPG, dem MPI aus dem die jeweilige Erfindung stammt sowie den Erfindern (im Rahmen der Erfindervergütung, in der Regel 30 %) gemäß eines festgelegten Schlüssels prozentual aufgeteilt. MI bekommt für seine Dienstleistung im Rahmen des Technologietransfers eine Provision in festgelegter Höhe.

Lessons Learned und kritische Erfolgsfaktoren

* Erfolgreiche Patentierung beginnt mit der Patentanmeldung. Hier sollte man nicht sparen. Schlechte, nicht durchsetzbare Patentansprüche schrecken potenzielle Lizenznehmer ab beziehungsweise schmälern den Wert des IP beträchtlich.
* Lizenznehmer gezielt und gegebenenfalls unter Einschaltung von Kontakten der Wissenschaftler ansprechen. Man sollte einen internen Champion für das Projekt beim Lizenznehmer finden, der dieses vorantreibt.
* Die meisten erfolgreichen Lizenzierungen laufen immer noch über persönliche Kontakte. Postwurfsendungen von Tech-Offers oder Datenbanken bringen wenig bis nichts.
* Die Patent- und Lizenzmanager müssen daher ein breites Netzwerk pflegen, zum Beispiel über Partnering-Veranstaltungen.
* Die Vorbereitung von Lizenzverhandlungen ist das A und O (Patentrecherche, freedom to operate Analyse, Benchmarking, Infos über den Lizenznehmer).
* Erfinder nach Möglichkeit einbinden, aber nie zu Lizenzverhandlungen mitnehmen.
* Lizenzverhandlungen nicht bis zum Letzten ausreizen. Beide Parteien müssen beim Abschluss ein gutes Gefühl haben. Dann macht man auch noch mal einen Deal (hart aber fair).
* Für seine Verhandlungsposition immer Argumente haben und nicht um relativ unwichtige Punkte kämpfen, sondern auf das Wesentliche konzentrieren.
* Aktivitätsklauseln und Entwicklungsreports vereinbaren, damit man den Vertrag notfalls auch kündigen kann, wenn die Firma beziehungsweise der Lizenznehmer das Patent in der Schublade liegen lässt.
* Bei wichtigen Verhandlungen ein Team mit ergänzenden Fähigkeiten und Know-how bilden (z. B. Patent- und Lizenzmanager, Jurist, Geschäftsleitung).
* Patentverletzung auch gerichtlich durchsetzen.

4.3.1.2 Start-Up Modell der Max-Planck-Gesellschaft

Ausgründungen von Unternehmen aus den MPI sind ein wichtiges Element des Technologietransfers der MPG. Sie zeigen zum einen die Vereinbarkeit von wissenschaftlicher Freiheit in der Grundlagenforschung mit der kommerziellen Anwendung sowie der Gestaltung und Durchführung der damit verbundenen komplexen Prozesse einer Unternehmensgründung. Zum anderen adressieren Ausgründungen in besonderem Maße die hohen Erwartungen von Politik und Gesellschaft an den volkswirtschaftlichen Effekten der Forschungsförderung und des Technologietransfers.

Im Vergleich zum klassischen Lizenzgeschäft mit etablierten Unternehmen stehen Unternehmensgründungen mit den dort geschaffenen Arbeitsplätzen stärker im Fokus der öffentlichen Wahrnehmung. Ein weiteres wichtiges Argument für Ausgründungen im Vergleich zur klassischen Lizenzierung ist die teilweise unzureichende Bereitschaft beziehungsweise Fähigkeit des Kommerzialisierungspartners, radikal neue Technologien zu entwickeln und zu vermarkten. Entsprechende Technologien, die sich meist noch in einem sehr frühen Entwicklungsstadium befinden, passen meist nicht in das unternehmerische Ertrags-Risikoprofil. Zudem fehlt in etablierten Unternehmen häufig das Know-how zur Umsetzung von Entwicklungen in sehr frühen Phasen. Die Vermarktung von geistigem Eigentum an neu gegründete Unternehmen ergänzt somit die klassische Lizenzierung an etablierte Unternehmen und schafft im Idealfall viele neue hoch qualifizierte Arbeitsplätze und wirtschaftliches Wachstum, häufig in direkter Nachbarschaft der MPI.

Problemstellung

In den über 80 MPI weltweit entstehen täglich innovative Ideen, Erfindungen und Know-how in den unterschiedlichsten Bereichen. Insbesondere betreibt die MPG Grundlagenforschung in den Natur-, Bio-, Geistes- und Sozialwissenschaften. Dieses Know-how wird von herausragenden, kreativen und interdisziplinär denkenden Wissenschaftlern generiert. Basis für die unabhängige Entfaltung der Wissenschaftler ist das sogenannte Harnack-Prinzip, welches basierend auf dem Grundprinzip der Autonomie, die Leitlinie für Berufungen in der MPG darstellt. Demnach ist jeder Wissenschaftler in der Wahl des Forschungsgebietes frei von äußeren Zwängen und bezüglich der Entscheidung, die Forschungsergebnisse in irgendeiner Art wirtschaftlich zu verwerten. Dieses Prinzip der persönlichkeitszentrierten Forschung stellt das Fundament der MPG dar. Jedoch müssen gemäß den Anstellungsverträgen der MPG und nach dem deutschen Arbeitnehmererfindergesetz alle Arbeitsergebnisse oder Ideen, die Erfindungscharakter haben könnten, der jeweiligen Institutsleitung gemeldet werden. Die (geschäftsführenden) Direktoren der einzelnen Institute können darauf hin autonom entscheiden, ob diese Ideen MI als Erfindung gemeldet werden und ob und inwieweit sie Mittel des jeweiligen MPI für etwaige Patentanmeldungen und Aufrechterhaltungen einsetzen wollen. Hier beginnt das Aufgabengebiet von MI mit der zentralen Betreuung der MPI im Rahmen des Technologietransfers.

Die Bezeichnung Ausgründung im Kontext der MPG wird im Wesentlichen dann verwendet, wenn tatsächlich geistiges Eigentum der MPG eine wesentliche Basis für die Produktentwicklung beziehungsweise die Ausgründung ist und auch über MI lizenziert wird. Neben der Patentierung und Lizenzierung des entstandenen Know-hows an etablierte Unternehmen ist die Ausgründung entsprechender Start-Ups eine zentrale Säule des Geschäftsmodells von MI.

Ausgründungsstrategie

Die MPG sowie MI verfolgen im Ausgründungsgeschäft eine langfristige Strategie. Idealerweise sollen dauerhaft überlebensfähige Unternehmen mit einem stabilen Geschäftsmodell und einer tragfähigen Finanzierung ausgegründet werden. Durch Lizenz- und Beteiligungserlöse werden hierdurch signifikante Mittelrückflüsse an die MPG generiert, die wiederum der Forschung zugutekommen. Dabei setzt MI auf die eigene umfangreiche Gründungserfahrung sowie auf die Zusammenarbeit mit Partnern aus einem über viele Jahre etablierten Netzwerk in den Bereichen Unternehmensmanagement und Finanzierung. Zwischen dem ausgegründeten Unternehmen und dem jeweiligen MPI sind Kooperationen in der Regel ausdrücklich gewünscht. Dadurch wird nicht nur der Technologietransfer aus dem MPI in die Anwendung gefördert, sondern auch der Rückfluss von industriellem, anwendungs- und produktbezogenem Wissen aus den Start-Ups in die jeweiligen Institute, was wiederum der Forschung zugutekommt. Die Ausgründungen erfolgen zumeist in Deutschland, häufig sogar in unmittelbarer Nähe der MPI, zum Teil auch im europäischen Ausland und den USA.

Vorgehen, Organisation und Zusammenarbeit mit der Max-Planck-Gesellschaft

Die Aufgabe von MI im Ausgründungsprozess umfasst drei prinzipiell unterschiedliche Aspekte: Die Beratung der Gründer und Unterstützung bei der Ausgründung von Start-Ups sowie deren konstruktive Begleitung. Die Wahrung der Interessen der MPG sowie der Erfinder im Rahmen von Patentanmeldungen und der Lizenzierung von Patenten unter Berücksichtigung der spezifischen Anforderungen von Ausgründungen. Hinzukommt das Portfoliomanagement für die MPG. Hier werden sowohl die Beteiligungs- und Finanzierungsverträge verhandelt wie auch Folgefinanzierungsrunden sowie Unternehmensverkäufe begleitet.

Für diese unterschiedlichen Aufgaben wird jedes Projekt von mindestens zwei MI Mitarbeitern interdisziplinär betreut. Der für die Schutzrechte zuständige Patent und Lizenzmanager sowie der Start-Up-Manager arbeiten eng im Team, allerdings mit unterschiedlichen Schwerpunkten. Auf Basis einer ersten Analyse wird geprüft, ob im jeweiligen Einzelfall eine Ausgründung oder eine Lizenzierung an ein etabliertes Unternehmen der vielversprechendere Verwertungsweg für die Technologie ist. Die gemeinsam mit den Wissenschaftlern und Gründern getroffene Entscheidung bildet die Basis für das weitere Vorgehen. Parallel wird von Beginn an für die gesamte Dauer der Vorgründungs- beziehungsweise Pre-Seed-Phase geprüft, ob die geplante Ausgründung eine realistische Chance am Markt hat. Hierbei werden sowohl der Kapitalmarkt als auch das geplante Geschäftsmodell sowie der Markt für das angestrebte Produkt beziehungsweise Dienstleistung berücksichtigt. Da in vielen Fällen eine unzureichende Validierung der Technologie festgestellt wird, werden zusammen mit dem Team Möglichkeiten zur Verbesserung der Datenlage durch eine gezielte weitere Erforschung und Entwicklung bis hin zu Demonstratoren diskutiert. Hierbei wird auch die Zweckmäßigkeit der Beantragung von

Unterstützungsoptionen in Form von Förderprogrammen in Betracht gezogen. Wird ein Antrag auf Förderung durch ein Förderprogramm gestellt, das eine anschließende Verwertung des geistigen Eigentums begünstigt, unterstützt MI die potenziellen Gründer bei der Antragserstellung. Auf Basis der obigen Analysen unterstützt MI die Gründer in der Festlegung des endgültigen Unternehmenskonzeptes und bietet darauf aufbauend Unterstützung bei der Erstellung eines Businessplanes an.

Nach der Erstellung des Businessplans übernimmt MI die Ansprache von Investoren und unterstützt das Team, falls nötig und gewünscht, bei der Suche nach einem erfahrenen Manager. Im Fall einer Gründung wird im typischerweise eine weltweit exklusive Lizenz an das ausgegründete Unternehmen vergeben. Dabei werden auch im Fall einer Ausgründung aufgrund der rechtlichen Rahmenbedingungen marktübliche Konditionen verlangt. Zur Schonung der Liquidität der Ausgründungen vereinbart MI meist, dass die MPG anstelle einer bei Lizenzgewährung üblicherweise fälligen Upfront-Zahlung Anteile am Unternehmen erhält. Diese Anteile werden typischerweise mit investorengleichen Rechten versehen. Die Höhe der initialen Beteiligung liegt üblicherweise zwischen 10 Prozent und 24,9 Prozent und unterliegt der Verwässerung durch den Eintritt von Eigenkapitalinvestoren. Über die Beteiligung partizipiert die MPG am weiteren wirtschaftlichen Erfolg des Unternehmens. Darüber hinaus ist MI für das Management der von der MPG gehaltenen Beteiligungen verantwortlich. Im Rahmen dessen vertritt MI den Gesellschafter MPG in Abstimmung mit der Generalverwaltung auf Basis entsprechender Vollmachten, nimmt im Einzelfall Aufsichts- beziehungsweise Beiratsmandate wahr, informiert sich regelmäßig und überwacht den Geschäftsverlauf. Im Verkaufsfall übernimmt MI die Koordination der Mitgesellschafter. Zudem werden Kaufverträge und sonstige im Zusammenhang mit der Transaktion stehenden Verträge in Abstimmung mit der MPG geprüft und verhandelt. Erlöse aus den Beteiligungen, soweit diese im Rahmen der Lizenzierung erworben wurden, werden hierbei wie Lizenzerlöse aus Stücklizenzen behandelt und stehen zu einem bestimmten Prozentsatz der MPG, dem jeweiligen Institut sowie den Erfindern zu. Sofern die MPG gemäß des jeweiligen Gesellschafter- oder Beteiligungsvertrags als Gesellschafter der Ausgründung über Sonderrechte verfügt und diese bei weiteren Finanzierungsrunden bei Nichtbeteiligung verloren gehen könnten, besteht für die MPG die Möglichkeit, bis maximal zum Erhalt der bisherigen Beteiligungsquote an Folgefinanzierungen teilzunehmen. Für solche Engagements stehen insgesamt 500.000 Euro pro Jahr zur Verfügung. Die so erworbenen, zusätzlichen Anteile an den Ausgründungen werden bei der späteren Berechnung der Erfindervergütung nicht berücksichtigt. Der Erlös aus dem Verkauf solcher Anteile steht allein der MPG zu.

Die Zusammenarbeit zwischen der MPG und MI wird durch einen Verwaltungs- und Verwertungsvertrag geregelt. Dieser regelt die Verwertung und Verwaltung der Immaterialgüter der MPG durch MI, insbesondere des geistigen Eigentums und der korrespondierenden gewerblichen Schutzrechte. Der Vertrag umfasst sämtliche rechtlich unselbstständigen MPI und bildet die Grundlage für das Geschäftsmodell von MI.

Lessons Learned und kritische Erfolgsfaktoren

- Unabdingbar ist das Durchdringen und Verstehen der zugrunde liegenden Technologie sowie darauf aufbauend des entsprechenden Markt- und Wettbewerbsumfelds.
- Enger Einbezug und Zusammenarbeit mit den Erfindern und potenziellen Unternehmensgründern.
- Einnehmen der Rolle eines kritischen Sparring Partners gegenüber den Erfindern beziehungsweise potenziellen Gründern.
- Der Businessplan sollte durch die potenziellen Gründer beziehungsweise das zukünftige Management selbst erstellt werden, da diese den Businessplan operativ umsetzen müssen.
- Falls die Wissenschaftler des Gründungsteams dies nicht abdecken können, sollte ein Manager mit Industrieerfahrung, kaufmännischem Know-how und allgemeiner Managementexpertise von Anfang an in die Unternehmensgründung eingebunden sein.
- Eine frühzeitige Kontaktaufnahme zu anderen Marktteilnehmern, wie zum Beispiel potenziellen Kunden, ist wichtig für die Entwicklung und Verifizierung des Geschäftsmodells.
- Unterstützung der Wissenschaftler bei Gesprächen und Verhandlungen mit Investoren, da dies oft „Neuland" für die Gründer ist und hier schnell „viel falsch laufen kann."
- Unterstützung der Gründer bei der Fokussierung des Geschäftsmodells sowie bei einer realistischen Markteinschätzung.
- Den Gründern die Möglichkeit geben, einen Pitch vor Mitarbeitern von MI zu üben, damit diese in der realen Situation nicht ins „kalte Wasser" geworfen werden.

4.3.1.3 Innovation Days

Die seit 2012 jährlich stattfindende Partnering-Konferenz Innovation Days (www. innovationdays-partnering.de) ist eine zweitätige Veranstaltung, auf der die führenden deutschen außeruniversitären Forschungsorganisationen (MPG, Fraunhofer-Gesellschaft (FhG), Helmholtz-Gemeinschaft Deutscher Forschungszentren (HGF) und Leibniz-Gemeinschaft (WGL)) ausgewählte Technologien und Spin-off-Projekte aus den Bereichen Life Sciences und Physical Sciences mit wechselnden Technologieschwerpunkten vorstellen. Neben diesen Präsentationen gibt es zahlreiche Vorträge und Sessions zu aktuellen Themen und Trends im Technologietransfer. Darüber hinaus bieten die Innovation Days mit dem Partnering eine ideale Plattform, um die Teilnehmer zusammenzubringen und Wissenschaft und Wirtschaft besser zu vernetzen.

Hintergrund

Die Innovation Days wurden ursprünglich von der HGF im Rahmen des Pakts für Forschung und Innovation ins Leben gerufen. Der von Bund und Ländern finanzierte Pakt für Forschung und Innovation sichert der MPG eine verlässliche, mittelfristige Planungsperspektive. Angesichts des stetig steigenden Finanzbedarfs in der Spitzenforschung ist dies eine wesentliche Voraussetzung, um weiterhin innovative Forschungsgebiete frühzeitig erschließen und im internationalen wissenschaftlichen Wettbewerb eine Spitzenposition einnehmen zu können. Ein wesentlicher Bestandteil dieses Pakts ist der Transfer von Wissen und Erfahrung in Wirtschaft und Gesellschaft, der durch die Innovation Days befördert werden soll.

Zielgruppe und Ziel der Veranstaltung

Die Innovation Days sind eine ideale Plattform, um innovative Forscher, Technologietransferexperten, Business Development-Spezialisten, Venture Capital-Experten sowie Scouts und Führungskräfte aus der Wirtschaft zusammenzubringen. Das Veranstaltungsformat will den Transfer von Forschungsergebnissen fördern und Wissenschaft und Wirtschaft stärker miteinander vernetzen.

Themenschwerpunkte

Auf der Veranstaltung präsentieren Forscher und Gründer 40 ausgewählte Technologien und Spin-off-Projekte aus den Bereichen Life Sciences und Chemical & Physical Sciences. Jedes Jahr werden unterschiedliche Schwerpunkte in diesen Forschungsfeldern gesetzt, wie zum Beispiel Biotechnologie, Pflanzenzüchtung, Ernährung, Medizintechnik, Materialien, Leichtbau, Fotonik oder Sensortechnologien. Im Rahmen von Vorträgen und Podiumsdiskussionen zu den verschiedensten Themen stellen Experten Best Practices zum Beispiel für Kooperationsmodelle vor, geben Tipps für die Finanzierung von Unternehmensgründungen oder Crowdinvesting und diskutierten über Themen wie Open Innovation. Als Partnering-Veranstaltung bieten die Innovation Days den Teilnehmern die Möglichkeit für intensives Networking. So können diese über das Online-Partnering-Tool partneringONE vorab Termine vereinbaren. In den zur Verfügung gestellten Partnering-Boxen können mit potenziellen Forschungs-, Lizenz- und Geschäftspartnern Technologien und Ausgründungsvorhaben besprochen werden. Das Partnering-Tool bietet umfangreiche Möglichkeiten, das eigene Unternehmen im Profil darzustellen und nach geeigneten Partnern für One-to-one Meetings zu suchen.

Darüber hinaus ist die Verleihung des Karl Heinz Beckurts-Preises jedes Jahr ein wichtiger Programmpunkt der Innovation Days.

Organisation und Kosten

Die Innovation Days werden von den Technologietransfer-Organisationen der MPG, FhG, HGF und WGL gemeinsam organisiert. Die Innovation Days werden von zahlreichen Sponsoren finanziell unterstützt. Die Einnahmen hieraus betragen bis zu 100.000 Euro pro Veranstaltung. Die Teilnehmergebühr beträgt 500 Euro für Vertreter der Industrie und 250 Euro für Wissenschaftler der teilnehmenden Forschungseinrichtungen.

Die Innovation Days wurden in den letzten Jahren von circa 250 Teilnehmern besucht. Das Feedback der Teilnehmer, das über Evaluationsbögen abgefragt wird, ist überwiegend positiv. Die Möglichkeit zum Partnering wird mit bis zu 170 Partnering-Meetings jedes Jahr rege in Anspruch genommen.

Lessons Learned und kritische Erfolgsfaktoren

- Das Veranstaltungskonzept (Technologie- und Spin-off-Pitches/Vorträge/Partnering/ Beckurts-Preisverleihung) wird als gut bewertet.
- Es wird gewünscht, dass mehr Teilnehmer, insbesondere aus der Industrie akquiriert werden.
- Aufgrund der Schwerpunktsetzung zu bestimmten Themen einerseits und der Diversität der Technologien andererseits, sind für einzelne Unternehmen und Investoren (Sponsoren) teilweise nur wenige interessante Technologien beziehungsweise Start-Ups vertreten.
- Das Format als Zweitagesveranstaltung wird positiv bewertet. Auch das Gleichgewicht zwischen Pitches und Vorträgen ist sehr zufriedenstellend, sowie die gewählten Themenschwerpunkte.
- Es gibt laut Teilnehmern genügend Gelegenheiten für Gespräche und Networking. Die Vorabvereinbarung von Terminen über die Partnering-Plattform wird als gut bewertet.
- Die Teilnehmer bevorzugen Englisch als Veranstaltungssprache.

Um das Technologieangebot zu erweitern, sollten zukünftig auch Universitäten mit einbezogen werden.

4.3.1.4 Start-Up Days

Die Start-Up Days (www.Start-Up-days.de) sind eine zweitätige Veranstaltungsreihe, die gründungsinteressierten Wissenschaftlern aus den außeruniversitären Forschungseinrichtungen in Deutschland eine Plattform geben soll, auf der sich diese über gründungsrelevante Themen austauschen und informieren können. Hauptaugenmerk liegt auf einem umfangreichen Informationsangebot, welches erfolgskritische Kompetenzen im Bereich der Unternehmensgründung vermitteln soll. Organisiert wird die Veranstaltungsreihe in Zusammenarbeit zwischen den vier außeruniversitären Forschungseinrichtungen in Deutschland.

Hintergrund

Gründungsinteressierte Wissenschaftler aus den außeruniversitären Forschungseinrichtungen haben nur wenige Möglichkeiten, sich mit Gleichgesinnten zum Thema Unternehmensgründung auszutauschen. Zugleich ist es wichtig, die gründungsinteressierten Wissenschaftler frühzeitig mit der Vielfalt gründungs- und finanzierungsrelevanter Themen vertraut zu machen. Diese Herausforderungen sollen die Start-Up Days adressieren und es dadurch den Teilnehmern ermöglichen, ein unterstützendes Netzwerk zu wichtigen Partnern im Rahmen einer Unternehmensgründung auf- und auszubauen. Organisiert wird die Veranstaltungsreihe durch die Technologietransfereinrichtungen der FhG, der HGF, der WGL sowie der MPG. Durch die enge Kooperation dieser Einrichtungen soll auch ein Austausch der Wissenschaftler über die Grenzen ihrer jeweiligen Einrichtung hinweg ermöglicht werden.

Zielgruppe und Ziel der Veranstaltung

Zielgruppe der Start-Up Days sind gründungsinteressierte Wissenschaftler beziehungs-weise Gründer aus den vier teilnehmenden außeruniversitären Forschungseinrichtungen. Für Wissenschaftler der teilnehmenden Forschungseinrichtungen, die bereits an der Grün-dung eines Start-Ups arbeiten oder eine Idee für eine Unternehmensgründung haben, bie-ten die Start-Up Days eine wichtige Informationsplattform. Hier haben diese die Möglich-keit, sich durch ein umfangreiches Angebot an Vorträgen, interaktiven Workshops sowie Erfahrungsberichten erfolgreicher Gründer zu den relevanten Themen einer Unter-nehmensgründung zu informieren und auszutauschen.

Themenschwerpunkte

Programmatische Themenschwerpunkte sind Vorträge zum ABC des Gründens, wie zum Beispiel Business- und Finanzplanung, Markt- und Business-Development, IP und ver-tragliche Regelungen bei Unternehmensbeteiligungen. Zudem wird den Themen Förde-rung & Finanzierung üblicherweise großer Raum eingeräumt. Neben reinen Vortrags-themen bieten die Start-Up Days insbesondere auch Einblicke in unternehmerische Erfahrungsberichte. So ist eine moderierte Podiumsdiskussion mit erfahrenen Gründern beziehungsweise Unternehmern fester und von den Teilnehmern üblicherweise besonders geschätzter Programmpunkt. Zudem haben die Teilnehmer neben dem Austausch unter-einander die Gelegenheit an interaktiven Praxisworkshops in kleinen Gruppen teilzu-nehmen. Hier werden durch praxisbezogene Übungsbeispiele Themen wie Pricing, Busi-ness Modellierung, Markt, aber auch Business Knigge und Präsentationstechniken vertiefend aufgegriffen.

Organisation und Kosten

Seit 2013 laden die Technologietransferstellen der vier außeruniversitären Forschungsein-richtungen gemeinsam zu den Start-Up Days ein. Neben einem Budget der vier Ein-richtungen wird die Veranstaltung von Sponsoren finanziell unterstützt. Abwechselnd übernimmt jährlich eine der Einrichtungen die organisatorische Federführung. Dies hat sich als effizient erwiesen, um den Abstimmungs- und Koordinierungsaufwand zu redu-zieren. Die Start-Up Days haben sich in den letzten Jahren mit durchschnittlich 100 Teil-nehmern als gut besuchte Veranstaltung etablieren können. Die Teilnehmergebühr beträgt circa 40 Euro. Das Feedback der Teilnehmer, das regelmäßig im Nachgang abgefragt wird, ist überwiegend sehr positiv.

Lessons Learned und kritische Erfolgsfaktoren:
- Unternehmerische Erfahrungsberichte, die neben den Vorteilen einer Unternehmens-gründung auch von den persönlichen Herausforderungen und sich abwechselnden Hoch- und Tiefphasen berichten.

- Die interaktiven Workshops arbeiten üblicherweise mit sehr praxisnahen Beispielen. Gepaart mit der kleinen Gruppengröße von rund 20 Teilnehmern besteht gerade hier die Möglichkeit in konkreten Übungen sowie durch Diskussionen das Wissen zu vertiefen.
- Im Rahmen des Themenschwerpunktes Finanzierung wird mit einem Speed Matching-Ansatz dem Wunsch der Teilnehmer nach gezielten Einzelgesprächen nachgekommen. Die Projekte werden je nach Reifegrad im Gründungsprozess mit Finanzierungsexperten gematcht.
- Zu Beginn der Veranstaltung wird ein Redner für einen Eröffnungsvortrag eingeladen. Hier empfiehlt es sich einen mitreißenden Gründer beziehungsweise Unternehmer zu gewinnen, der die Freude am Gründen aus eigener persönlicher Erfahrung transportieren kann.
- Die Vortragsangebote wurden ab dem zweiten Jahr in parallelen Sessions angeboten, um insbesondere auch Teilnehmer aus dem Vorjahr mit fortgeschritteneren Themen zu einer nochmaligen Teilnahme zu motivieren. Dies wurde durchaus positiv aufgenommen, wenn auch immer wieder kritisiert wird, dass Teilnehmer sich für mehrere Vorträge gleichzeitig interessiert hätten. Dies lässt sich organisatorisch jedoch nicht lösen. Umso wichtiger scheint es, dass die Vortragsunterlagen im Nachgang passwortgeschützt zum Download bereitgestellt werden.
- Für abendliche Networking-Veranstaltung wurden in den letzten Jahren jeweils Redner für eine Dinner Speech eingeladen.

4.3.1.5 Biotech NetWorkshop

Seit 2007 lädt MI gemeinsam mit der Partnerorganisation Ascenion GmbH zum Biotech NetWorkshop (www.biotech-networkshop.de) ein. Hauptaugenmerk der dreitägigen Veranstaltungsreihe liegt neben der Vermittlung von aktuell interessierenden Themenbereichen insbesondere auf der Vernetzung von jungen, gründungsinteressierten Wissenschaftlern mit Managern und Unternehmern sowie Vertretern aus der Industrie und Investorenszene.

Hintergrund

Die Idee für den Biotech NetWorkshop ist mit dem Ziel entstanden, bereits etablierte Life-Science-Ausgründungen mit ihrem vielfältigen Erfahrungshintergrund und aktuelle Gründungsprojekte, beziehungsweise gründungsinteressierte Wissenschaftler, stärker zu vernetzen. Um die notwendige kritische Masse für eine solche Veranstaltung zu erreichen und im Sinne der organisatorischen Effizienz, wurde die Veranstaltung gemeinsam von MI und Ascenion GmbH begründet.

Zielgruppe und Ziel der Veranstaltung

Die Veranstaltung richtet sich gleichzeitig an gründungsinteressierte Forscher sowie bereits ausgegründete Unternehmen im Life Science Bereich aus der MPG, der HGF oder WGL und der Medizinischen Hochschule Hannover. Sofern dann noch einzelne Teilnehmerplätze frei sein sollten, wird die Einladung an weitere Partnerorganisationen, wie zum Beispiel den High-Tech Gründerfonds, Bio^M Biotech Cluster Development GmbH und den Projektträger Jülich weitergeleitet. Teilnehmer, Organisatoren und Referenten sollen für sich von der Veranstaltung Mut zum Risiko, neue Impulse bezüglich Ihres Gründungsvorhabens und neue Ideen und Pläne für potenzielle Technologietransferprojekte mitnehmen können.

Themenschwerpunkte
Neben Vorträgen zu Themen, wie zum Beispiel Zulassung, Partnering-Strategien, Biotech-Pharma, Business Development, Challenge Finanzierung oder Mergers & Acquisition (M&A) wird bereits am ersten Tag der Veranstaltung eine Podiumsdiskussion veranstaltet. Hier besteht die Möglichkeit auch das Auditorium in die Diskussion einzubeziehen und mit diesen Anknüpfungspunkten für weitere Gespräche in das Abendprogramm zu entlassen. Wesentlicher Bestandteil ist ein abendlicher Vortrag, der Querimpulse aus anderen Disziplinen in Form intelligenten Entertainments vermittelt.

Erfahrungsgemäß reisen Vertreter der bereits etablierten Firmen zum Ende des zweiten Veranstaltungstages ab, so dass der dritte Veranstaltungstag schwerpunktmäßig gründungsrelevanten Vorträgen und Workshops gewidmet wird.

Organisation und Kosten
Die Organisation wird jährlich abwechselnd von MI oder Ascenion GmbH übernommen. Nach initialen zwei Jahren, in denen die beiden Partner die Veranstaltung gemeinsam organisiert hatten, wurde die Veranstaltung fortan jährlich abwechselnd von einem der beiden Partner federführend organisiert. Dies bot zudem die Möglichkeit eigene Schwerpunkte und Akzente zu setzen. Zur finanziellen Unterstützung werden Sponsoren angesprochen. In der Teilnahmegebühr von 670 Euro sind die Übernachtungs- und Verpflegungskosten, die Kosten für die Outdoor-Aktivitäten sowie die Workshopkosten enthalten. Teilnehmern aus noch nicht finanzierten Unternehmen wird eine reduzierte Teilnahmegebühr von 420 Euro angeboten.

Lessons Learned und kritische Erfolgsfaktoren:
- Durch Vorträge von herausragenden und erfahrenen Referenten der Life Science Branche sind in der Regel begehrte Gesprächspartner aus renommierten Biotech- und Pharmaunternehmen, Forschungseinrichtungen, Investorenvertreter und Unternehmerpersönlichkeiten vor Ort.
- Die Referentenauswahl und die Querimpulse gepaart mit dem exklusiven Veranstaltungsort bewirken, dass sich neben gründungsinteressierten Wissenschaftlern auch Manager und Unternehmer bereits gut etablierter Biotechnologiefirmen zu der Veranstaltung anmelden.
- Ausgiebig Zeit zum intensiven Erfahrungsaustausch zwischen jungen Gründern sowie erfahrenen Unternehmern und Investorenvertretern.

- Die Zielgruppe des Biotech NetWorkshops ist sehr heterogen, was zugleich die große Herausforderung bedeutet, die verschiedenen Gruppen zusammenzubringen.
- Großer Wert wird auf casual Kleidung gelegt, um eine familiäre Atmosphäre zu schaffen.
- Als wesentlich für den Erfolg der Veranstaltungsreihe hat sich auch ein gemeinsamer Nachmittag oder Abend mit Outdoor-Aktivitäten herausgestellt.
- Die exklusive Atmosphäre aufgrund der vergleichsweise geringen Teilnehmerzahl (rund 70 Teilnehmer und Referenten) trägt viel dazu bei, dass sowohl die Vorträge als auch die verschiedenen Gespräche mehr Tiefgang haben und nachhaltiger sind.

4.3.1.6 Clearingverfahren der Max-Planck-Gesellschaft

Im Rahmen von Ausgründungen aus der MPG kann es zwischen den künftigen Gründern und den jeweiligen MPI sowie dem Technologietransfer aufgrund unterschiedlicher Motivation und Zielen zu Interessenkonflikten kommen. Um diese zu vermeiden und für alle Beteiligten Transparenz und „Rechtssicherheit" herzustellen, ist das Durchlaufen eines Clearingverfahrens bei Ausgründungen aus der MPG zwingend vorgeschrieben.

Hintergrund

Ein wichtiger Teil der Verwertung von Forschungsergebnissen aus der MPG im Rahmen des Technologietransfers ist neben der Gewährung von Lizenzen an etablierte Unternehmen auch die Unterstützung von Firmengründungen aus den Instituten. Um geeignete Maßnahmen zur Identifikation und im Umgang mit möglichen Interessenkonflikten zwischen der Ausgründung und den an der Ausgründung beteiligten Wissenschaftlern einerseits sowie dem jeweiligen MPI und der MPG zu veranlassen, wurde in der Vergangenheit im Vorfeld einer Firmenausgründung durch die Generalverwaltung der MPG eine sogenannte Institutsverträglichkeitsprüfung durchgeführt. Dieses Verfahren hat sich jedoch in der Vergangenheit oft als langwierig und insbesondere hinsichtlich der Sachverhaltsaufklärung in vielen Fällen als schwierig durchführbar erwiesen. Darüber wird durch die auch für die MPG geltenden BMBF-Leitlinien für die Beteiligung von Forschungseinrichtungen an Unternehmensgründungen die Einrichtung einer Clearingstelle für solche Aufgaben gefordert. Seit Einführung des Clearingverfahrens im Jahr 2011 ist die Resonanz der beteiligten Stellen überwiegend positiv. Insbesondere die deutlich höhere Effizienz im Vergleich zu der früher durchgeführten Institutsverträglichkeitsprüfung hat einen großen Mehrwert und Rechtssicherheit für alle Beteiligten geschaffen.

Personelle Zusammensetzung

Die personelle Zusammensetzung der Clearingstelle besteht aus jeweils zwei Mitarbeitern und Stellvertretern der Abteilung Innere Revision sowie der Abteilung Recht und Strukturentwicklung der Generalverwaltung der MPG. Zudem sind zwei Mitarbeiter von MI ständige Mitglieder der Clearingstelle. Außerdem ist der Beauftragte für Korruptionsbekämpfung und Compliance ständiger Gast. Durch diese Zusammensetzung wird einerseits gewährleistet, dass die mit dem Thema Firmenausgründungen in der MPG betrauten Stellen ihre Erfahrung und Know-how einbringen und bündeln, zum anderen besteht somit eine zentrale Anlaufstelle, die den Anforderungen der Zuwendungsgeber der MPG entspricht.

Ziel der Clearingstelle
Wichtige Ziele der Clearingstelle sind zum einen die Bündelung des Know-how sowie die Erfahrung der beteiligten Personen. Die damit einhergehende Rechtssicherheit erleichtert den Ausgründungsprozess für die betroffenen Stellen innerhalb der MPG. Des Weiteren wird die (rechtliche) Prüfung von Firmenausgründungen als wichtiges Verwertungsinstrument des Technologietransfers der MPG in einem effektiven, schlanken und zielführenden Prozess auf Basis von Fragebögen und daraus abgeleiteten Sachverhaltsbeschreibungen durchgeführt. Eine geeignete Zusammenarbeit der betroffenen Institute, der Generalverwaltung der MPG und MI mit der Clearingstelle wird sichergestellt. Die rechtzeitige Einbindung der Clearingstelle ermöglicht eine rechtssichere und institutskompatible Durchführung von Ausgründungen. Zudem werden mögliche Interessenkonflikte frühzeitig erkannt und können mit geeigneten Maßnahmen adressiert werden.

Durchführung
Um die Durchführung des Clearingverfahrens so effizient wie möglich zu gestalten und allen Beteiligten im Vorfeld einer Beschlussfassung einen gemeinsamen Informationsstand zu ermöglichen, wurden von der MPG Generalverwaltung in Zusammenarbeit mit MI vier verschiedene Fragebögen entworfen. Diese richten sich an den/die Gründer, das betroffene MPI, den verantwortlichen Mitarbeiter bei MI sowie den zuständigen Bearbeiter der Generalverwaltung. Die Fragebögen sind dabei je nach Adressat unterschiedlich gefasst und decken verschiedene Themenbereiche ab. Basierend auf der Sachverhaltserfassung gemäß den Auskünften in den Fragebögen und der rechtlichen Würdigung durch die Rechtsabteilung der Generalverwaltung, trifft die Clearingstelle eine Entscheidung, gegebenenfalls unter Auflagen. Die Clearingstelle trifft sich zudem halbjährlich, um aktuelle Themen beziehungsweise Sachverhalte zu diskutieren und den Prozess des Clearingverfahrens zu optimieren.

Themenschwerpunkte
Inhaltlich werden im Clearingverfahren folgende Fragen und Themenfelder abgedeckt:

* Projektbekanntheit
* (geplante) Geschäftsführer- und Beratungstätigkeiten
* (geplante) Beirats- und Aufsichtsratstätigkeiten
* Mögliche parallele Beschäftigungsverhältnisse am jeweiligen MPI sowie der geplanten Ausgründung
* (geplante) zukünftige Beteiligungsverhältnisse
* Lizenzen und deren Auswirkungen auf das geplante Start-Up (Marktüblichkeit)

- Mögliche und geplante Forschungskooperationen zwischen dem Start-Up und dem MPI/weiteren Organisationen
- Eventuell geplante Nutzung von MPI Ressourcen durch die Ausgründung
- Prüfung der Verträglichkeit der Ausgründung mit Institutsinteressen

Lessons Learned und kritische Erfolgsfaktoren:
- Ein schlanker Prozess im Rahmen der rechtlichen Prüfung von Unternehmensgründungen durch die extra hierfür geschaffene Clearingstelle erhöht die Effizienz des Ausgründungsprozesses erheblich.
- Die damit einhergehende Rechtssicherheit stiftet für alle Beteiligten einen großen Mehrwert.
- Die gesteigerte Transparenz für alle involvierten Parteien durch das Clearingverfahren ist sehr zu begrüßen.
- Die Geschwindigkeit und Effizienz des Verfahrens korreliert stark mit der Kooperationsbereitschaft der befragten Individuen und Organisationen.

4.3.2 Inkubatoren in der Max-Planck-Gesellschaft

„Trotz ihrer hohen Qualität sind Forschungsergebnisse aus der Grundlagenforschung oftmals noch nicht für direkte industrielle Verwertung geeignet. Um Erfindungen näher an die Industrie und den Markt heranzubringen, hat MI zum Teil gemeinsam mit gesonderten Translationsgesellschaften verschiedene Inkubatoren ins Leben gerufen." (Berninger, 2018)

4.3.2.1 Life Science Inkubator

Der Life Science Inkubator (LSI) unterstützt innovative Forschungsprojekte in den Bereichen Biotechnologie und Medizintechnik in einer sehr frühen Entwicklungsphase. Ziel ist es, diese in eigenständige Unternehmen auszugründen. Als Teil des Konzeptes der MPG zur Übernahme und Restrukturierung des Forschungszentrums Center of Advanced European Studies and Research (Caesar) wurde von MI im Auftrag des Präsidenten der MPG das Konzept für die Ausgründungsplattform LSI entwickelt. Zusammen mit anderen Forschungseinrichtungen wurde dieses Konzept im Anschluss etabliert und steht Ausgründungsvorhaben aus allen nationalen Universitäten und außeruniversitären Einrichtungen offen. Mit einem in Deutschland einzigartigen Ansatz inkubiert der LSI potenzialträchtige Gründungsprojekte aus dem Bereich der Lebenswissenschaften, die zuvor ein striktes, mehrstufiges Auswahlverfahren durchlaufen haben. In diesem werden neben der Technologie auch Patentanmeldungen, Markt und Wettbewerb sowie das Gründungsteam evaluiert. In konzeptionellen Workshops werden gemeinsam mit den Projektmitgliedern entsprechende Markt,- Entwicklungs- und Patentstrategien entwickelt und Teamergänzungen definiert. Die aufgenommenen Projekte erhalten während der

Inkubationsphase nicht nur ein Forschungs- und Entwicklungsbudget zur Technologie-evaluierung und Weiterentwicklung in den bereitgestellten Laborräumlichkeiten. Die Gründer-Teams werden zudem direkt beim LSI angestellt und inhaltlich wie auch operativ von Industrieexperten und dem Projektmanagement von LSI begleitet. Außerdem unterstützt LSI die Vorbereitung der Ausgründungen, insbesondere bei der Businessplanerstellung, der Managementergänzung sowie dem Fundraising. Sobald ein sogenannter lead investor identifiziert wird, stellt LSI in der Regel eigene ergänzende Mittel aus dem assoziierten CO-Investmentfonds LSI Pre-Seed-Fonds GmbH (LSI PSF) zur Verfügung. Inklusive der in den einzelnen Inkubationsprojekten tätigen wissenschaftlichen Mitarbeiter unterhält der LSI interdisziplinäre Teams mit circa 25 Mitarbeitern aus den Bereichen Lebenswissenschaften, Betriebswirtschaft und Rechtswissenschaft. Das Management besteht aus einem Geschäftsführer als CEO und einem Prokuristen als COO.

Hintergrund
Die Finanzierung von Ausgründungsunternehmen gestaltet sich für die MPG seit mehr als zehn Jahren zunehmend schwieriger. Das liegt nicht ausschließlich daran, dass grundsätzlich in Deutschland weniger Risikokapital für wachstumsstarke innovative Unternehmensgründungen zur Verfügung steht, sondern auch daran, dass viele geplante Unternehmensgründungen im Wettbewerb zueinander um die geringen verfügbaren Kapitalressourcen stehen. Dadurch haben sich die Anforderungen von Investoren an diese Unternehmen erheblich erhöht. So müssen Ausgründungsprojekte einen höheren technischen Reifegrad aufweisen und bereits vor Gründung und Finanzierung eine industriekonforme Technologieevaluierung erreichen. Hierfür sind neben den dafür notwendigen Finanzmitteln auch Kenntnisse erforderlich, die üblicherweise eher in der Industrie, als im akademischen Umfeld zu finden sind. Ferner haben die Investoren sehr hohe Erwartungen bezüglich der Erfahrung und Expertisen des Managements einer Ausgründungsgesellschaft. Mit Hilfe des LSI können die oben adressierten Herausforderungen der Kapitalknappheit, der Technologievalidierung sowie der geforderten Managementexpertise weitestgehend adressiert werden.

Zielgruppe und Ziele der Inkubationsphase
Zielgruppe sind innovative Forschungsprojekte aus dem Bereich der Lebenswissenschaften in der Vorgründungsphase. Diese können aus dem universitären Umfeld stammen, aber auch aus den außeruniversitären Forschungseinrichtungen, wobei es keine Beschränkung auf Projekte aus der MPG gibt. Hauptziel der Inkubation ist die tatsächliche Ausgründung der aufgenommenen Projekte als Unternehmen mit einer nachhaltigen Finanzierung und einer angemessenen Rendite. Der LSI versteht sich daher auch als Brücke zwischen der naturwissenschaftlichen Forschung in der Medizintechnik und dem Gesundheitsmarkt.

Zusammenarbeit mit MI

MI hat die Konzeption und anfängliche Etablierung des LSI als dritte Säule des restrukturierten Forschungszentrums Caesar intensiv mit personellen und zeitlichen Ressourcen vorangetrieben. Mit entsprechender Genehmigung der MPG wurde sogar die Geschäftsführung vorläufig für die Aufbauphase durch einen MI Mitarbeiter übernommen. Der Aufwand reduzierte sich im Zuge der Etablierung und des Aufbaus eigener Kompetenzen am LSI zunehmend. Aktuell ist MI für die MPG im Investmentgremium des LSI bei circa 3–4 Sitzungen pro Jahr vertreten. Daneben berät MI die Life Science Inkubator GmbH (LSI GmbH) als Tochtergesellschaft bei der Budgetierung, der strategischen Ausrichtung sowie der Auswahl der leitenden Angestellten. Zudem nimmt MI ihre Gesellschafterrolle bei der LSI GmbH wahr. Im Durchschnitt werden circa 1–2 Personentage pro Monat für die Unterstützung von LSI eingesetzt. Die Unterstützung umfasst mittelbar auch den zweiten LSI Standort in Dresden, wobei hier bis dato kaum nennenswerte Unterstützungsleistungen erforderlich waren.

Organisation

Der LSI hat aufgrund verschiedener förderrechtlicher Erfordernisse und Anforderungen der involvierten Parteien eine komplexe Struktur und ist als Public Private Partnership organisiert. Konkret besteht der LSI aus den folgenden vier Gesellschaften: der Managementgesellschaft Life Science Inkubator GmbH (LSI GmbH), der Finanzierungsgesellschaft LSI Pre-Seed-Fonds GmbH (LSI PSF), LSI Betriebs GmbH & Co. KG (LSI KG) und der LSI Sachsen KG (LSI Sachsen).

Die LSI KG und LSI Sachsen sind vor allem über bewilligte Fördermittel des BMBF, des Ministeriums für Wissenschaft und Forschung in Nordrhein-Westfalen sowie des Staatsministeriums für Wissenschaft und Kunst in Sachsen zur Durchführung der Inkubationsprojekte finanziert. Über einen Kooperationsvertrag zwischen der LSI KG und der LSI PSF GmbH werden diejenigen Aufwendungen der LSI KG, LSI Sachsen und LSI GmbH, die nicht über entsprechende Fördermittel gedeckt werden können, bis zu einer festgesetzten Höhe von der LSI PSF erstattet.

Lessons Learned und kritische Erfolgsfaktoren:
- Die Unterstützung der inkubierten Projekte mit einem fundierten und nachhaltigen Projektmanagement durch die Experten der LSI GmbH ist einer der wichtigsten Erfolgsfaktoren für eine erfolgreiche Inkubationsphase.
- Durch regelmäßige Projektmanagementsitzungen zwischen den Mitarbeitern der LSI GmbH und den Gründungsprojekten werden die gründungswilligen Mitarbeiter außerdem effizient auf ihre spätere Selbstständigkeit vorbereitet.
- Die Teamergänzung der meist nur aus Wissenschaftlern bestehenden Inkubationsteams durch erfahrene Mitarbeiter mit betriebswirtschaftlichem Know-how ist ein weiterer wichtiger Erfolgsfaktor.

- Auch die Schulung der wissenschaftlichen Mitarbeiter in Themen wie Mitarbeiterführung, Selbstmanagement und Teamentwicklung im Rahmen eines Coaching-Konzeptes, welches in Zusammenarbeit mit einer Personalberatung speziell für den LSI entwickelt wurde, ist ein zentraler Eckpfeiler des LSI Konzeptes.
- Der Koordinationsaufwand von vier rechtlich selbstständigen Unternehmen in Form einer Public Private Partnership ist enorm. Effiziente Prozesse und Kommunikationsstrukturen sind hier unabdingbar.
- Auch die rechtlichen Fragestellungen, die durch die beschriebene Struktur aufgeworfenen werden, sollten keinesfalls unterschätzt werden. Durch die Einstellung eines erfahrenen Mitarbeiters mit juristischer Expertise konnte dieser Herausforderung erfolgreich begegnet werden.
- Die Definition und transparente Kommunikation von Meilensteinen und klaren Abbruchkriterien zusammen mit den inkubierten Projektteams hat sich als sehr wirkungsvolles und effizientes Steuerungsmodell herauskristallisiert.
- Das Heben von Synergieeffekten im Rahmen der Fördermitteladministration (z. B. Mittelabruf, Berichtswesen, Beantragung Fördermittel) kann die organisatorische Effizienz deutlich erhöhen.
- Auch das Weitergeben von Erfahrungen an zukünftige Projekte und das damit verbundene Wissensmanagement sollte von Anfang an konsequent verfolgt werden um die Integration neuer Projekte so effizient wie möglich zu gestalten.
- Der Austausch zwischen den Mitgliedern der einzelnen Projektteams sollte bestmöglich gefördert werden, da somit eine sehr motivierende Atmosphäre unter den beteiligten Wissenschaftlern geschaffen werden kann.
- Die Etablierung professioneller Strukturen und Arbeitsabläufe, wie sie in der freien Wirtschaft anzutreffen sind, sollte frühstmöglich erfolgen. Somit können die Wissenschaftler langsam an ihre spätere Selbstständigkeit herangeführt werden.
- Das längerfristige Commitment aller Beteiligten ist unabdingbare Voraussetzung für die erfolgreiche Etablierung des LSI Konzeptes.

4.3.2.2 Fotonik Inkubator

Die Idee für den Fotonik Inkubator (PI) ist aus dem Konzept des LSI entstanden und orientiert sich an den Bedürfnissen gründungswilliger Forscher. Ziel des PI ist es, vielversprechende Forschungsergebnisse aus den Bereichen Fotonik, optische Technologien und Plasma in die Anwendung zu bringen und gründungsinteressierte Wissenschaftler auf ihrem Weg in die Selbstständigkeit zu unterstützen. Innovative Gründer finden am PI ein modernes und gut ausgestattetes Forschungsinstitut vor, um ihre Idee weiter auszuarbeiten. Daneben erhalten sie Coaching und Schulungen für ihre zukünftige unternehmerische Tätigkeit. Die Projekt- und Personalkosten werden in dieser Zeit zu 100 Prozent übernommen. Gleichzeitig kümmern sich die Inkubator-Mitarbeiter um eine tragfähige IP-Strategie sowie die nachhaltige Anschlussfinanzierung.

Zudem erprobt der PI zwei neue Inkubationskonzepte: Zum einen die dezentrale Inkubation, die es Forscherteams ermöglicht, die Inkubation auch an ihrem bisherigen Standort voranzutreiben und zusätzlich von einer professionellen Projektsteuerung sowie Team- und Unternehmensentwicklung zu profitieren. Zum anderen das Konzept Gründen ohne Gründer, das versucht, vielversprechende Technologien, die durch ihre Entwickler nicht weiterverfolgt werden und brachliegen, in die Anwendung zu bringen, indem zu diesem Zweck ein neues Projektteam gebildet wird.

Hintergrund

Die öffentlichen Fördermittelgeber des LSI hatten im Rahmen ihrer damaligen Unterstützungszusage ausdrücklich darum gebeten, den Inkubator konzeptionell so aufzusetzen, dass der Ansatz grundsätzlich als Modell auch für andere Technologiebereiche einsetzbar ist. LSI hat daher mit Unterstützung durch MI und dem Laserlaboratorium Göttingen e. V. (LLG) ein für den Bereich Fotonik angepasstes Inkubator-Konzept entwickelt und dem BMBF sowie dem niedersächsischen Ministerium für Wissenschaft und Kultur vorgestellt. Nach einer eingehenden Analyse wurde der Bereich Fotonik gewählt. Zum einen, weil er eine der explizit ausgewiesenen Schlüsseltechnologien im Rahmen der Hightech-Strategie des Bundes darstellt, zum anderen, weil Deutschland in diesem Bereich in verschiedenen Segmenten eine sehr starke Marktposition vorweisen kann und trotzdem im Vergleich zu anderen Bereichen relativ wenige, wenn auch sehr erfolgreiche Gründungsaktivitäten zu verzeichnen hat.

Ziele und Leistungsspektrum der Inkubationsphase

Das grundsätzliche Leistungsspektrum des PI orientiert sich weitestgehend am Modell des LSI, allerdings mit Ausrichtung auf den Bereich Fotonik. Zusätzlich kann PI im Bedarfsfall die Aufstellung eines kompletten Inkubations- und Managementteams anbieten (Gründen ohne Gründer) und die Inkubation zudem dezentral ausgestalten. Der PI ist ebenso wie der LSI offen für Ausgründungsvorhaben aus allen nationalen Universitäten und Forschungseinrichtungen und wählt die bestgeeigneten Projekte im Rahmen einer entsprechenden Due Diligence aus.

Zusammenarbeit mit MI

Die Koordination der Aktivitäten zur Errichtung des PI übernahm der LSI. Dazu gehörten die Beantragung der Fördermittel bei Bund und Land, die Vereinbarung einer vertraglich geregelten Kooperation mit dem LLG, die Evaluierung von geeigneten Gründungsvorhaben sowie die Vorbereitung des operativen Starts. Im Gegensatz zum Partner LLG wurde MI nach der Konzeptionsphase und der Gewinnung der Fördermittelgeber im Wesentlichen nur noch zur Abstimmung und im quartalsweise tagenden Unternehmensbeirat sowie zur Strategiediskussion eingebunden.

Organisation

Die LSI GmbH ist Alleingesellschafter der Fotonik Inkubator GmbH (PI GmbH). Daneben überwacht der PI-Beirat die operativen Geschäfte der PI GmbH. Der Beirat tagt quartalsweise und hat drei Mitglieder.

Über die Auswahl der Gründungsprojekte in den Inkubator beschließt ein Investment-gremium auf Basis eines von der Geschäftsführung vorgelegten Investmentproposals sowie einer persönlichen Präsentation und Diskussion des Vorhabens. Dem Investment-gremium mit sechs Mitgliedern gehören neben verschiedenen ausgewiesenen Branchen-experten auch ein Vertreter des LLG sowie ein MI Senior Patent- und Lizenzmanager an.

Lessons Learned und kritische Erfolgsfaktoren:

- Nachhaltiges und fundiertes Projektmanagement und Controlling im Rahmen der Inku-bation, um einen effizienten Einsatz der jeweiligen Fördermittel zu gewährleisten.
- Die passgenaue Zusammensetzung des Teams, insbesondere beim Konzept Gründen ohne Gründer, ist unabdingbare Voraussetzung für eine erfolgreiche Inkubation. Dabei kommt es nicht nur auf den persönlichen Fit unter den einzelnen Teammitgliedern an, sondern insbesondere auch auf die Passung des jeweiligen Erfahrungshintergrunds und Kompetenz mit der jeweiligen Technologie.
- Im Rahmen des Konzeptes der dezentralen Inkubation ist eine effiziente Kommunika-tion und Koordination, insbesondere auch der Einsatz moderner Informationstechno-logien und Workflowlösungen sehr wichtig.
- Wie beim LSI sind auch die Unterstützung und der Support der Inkubationsteams durch die Projektmanager des PI ein zentraler Eckpfeiler und eine wichtige Grundvorraus-setzung für die erfolgreiche Inkubation.
- Wichtig ist auch eine gute und enge Zusammenarbeit mit den verantwortlichen Mit-arbeitern des LSI. So können große Synergiepotenziale erschlossen und als Chance genutzt werden.
- Eine schnelle und reibungslose Bereitstellung der oftmals teuren Infrastruktur und Ge-räte, insbesondere im Bereich Fotonik und Lasertechnologie, ist wichtige Grundvoraus-setzung für die meisten Projekte. Die Gründer selbst sollten so wenig wie möglich mit den entsprechenden administrativen Aufgaben konfrontiert sein.
- Der Due Diligence Prozess zur Aufnahme neuer Projekte in den PI sollte sehr sorgfältig und gewissenhaft durchgeführt werden, um spätere Überraschungen während der Inkubationsphase zu vermeiden.
- Es empfiehlt sich, frühzeitig ein individuelles Risikomanagementsystem für die inku-bierten Projekte zu implementieren, um mögliche Risiken frühzeitig zu erkennen und gegebenenfalls erfolgreich gegenzusteuern.

4.3.2.3 IT-Inkubator

Der IT-Inkubator (ITI) wurde durch MI zusammen mit der Wissens- und Technologie-transfer GmbH (WuT) der Universität des Saarlandes gegründet. Ziel des ITI ist es, viel-versprechende IT-Projekte aus den MPI sowie den Hochschulen des Saarlandes aufzu-nehmen, diese in der Inkubationsphase weiterzuentwickeln und anschließend durch die Vergabe von Lizenzen an Ausgründungen oder bereits bestehende Unternehmen zu vermarkten.

Hintergrund

Als Partner für die Gründung und Etablierung des ITI wurde die Universität des Saarlandes in Saarbrücken gewählt. Diese verfügt über einen exzellenten Ruf im Bereich der IT sowie einen sehr professionellen Technologietransfer. Zudem unterhält die MPG mit dem MPI für Informatik und einem Teilinstitut des MPI für Softwaresysteme zwei IT-Standorte vor Ort. Ferner war auch das Interesse der WuT sowie der Landesregierung des Saarlandes an der Idee für die Etablierung eines Inkubator-Modelles im Saarland von Beginn an stark ausgeprägt, so dass dort optimale Voraussetzungen für den ITI vorlagen.

Problemstellung

Auch im Bereich der IT- und Software-Projekte gibt es eine große Lücke zwischen den grundsätzlich vielversprechenden Projekten aus den MPI sowie deren wirtschaftlicher Verwertbarkeit. Viele dieser Projekte stehen vor der Herausforderung einer extremen Kapitalknappheit, einer unzureichenden Technologieevaluierung für den Kapitalmarkt sowie fehlender Managementexpertise. Diese Herausforderungen versucht der ITI mit seinem innovativen Inkubationsmodell zu adressieren. So unterstützt dieser potenzielle Gründerteams bei der Weiterentwicklung entsprechender Technologien aus dem IT-Bereich, der Businessplanung, der Ansprache von Investoren und potenziellen Kunden und auch bei der Vervollständigung des Managementteams. Darüber hinaus können im ITI auch reine Technologieprojekte inkubiert werden. Hierbei handelt es sich um vielversprechende Technologien, die innerhalb des ITI bis zur Vermarktungsreife weiterentwickelt und anschließend an bereits bestehende und etablierte Firmen auslizenziert werden. Die Erfinder verbleiben während der Inkubationsphase entweder an der jeweiligen Forschungseinrichtung und beraten das Projekt oder wechseln für eine bestimmte Zeit in den Inkubator und werden durch diesen finanziert.

Die Inkubationsphase der einzelnen Projekte wird mit gewöhnlich drei bis zwölf Monaten im Vergleich zu Inkubatoren in anderen Bereichen relativ kurzgehalten. Dies hängt einerseits mit den schnellen Entwicklungen in den relevanten Zielmärkten, anderseits mit dem Stand der Projekte zusammen. In vielen Fällen werden in den Forschungseinrichtungen bereits funktionsfähige Prototypen von Software entwickelt. Diese Prototypen müssen im Rahmen der Inkubationsphase optimiert werden (z. B. Optimierung des zugrunde liegenden Algorithmus, Anpassung an andere Softwareumgebungen, etc.), damit sie auch im großen Maßstab funktionieren. Hochkomplexe inhaltliche Weiterentwicklungen, wie etwa in der Medikamenten-Entwicklung, sind meist nicht notwendig. Während sich andere IT-Inkubatoren in Deutschland vor allem auf Web-2.0-Ideen und die Bereitstellung von Räumlichkeiten, Infrastruktur und Finanzmitteln für junge Unternehmen fokussieren, bietet der ITI eine Plattform zur Produktentwicklung im Vorfeld einer Ausgründung und schließt damit die Innovationslücke zwischen Grundlagenforschung und wirtschaftlicher Verwertung.

Organisationsstruktur und Governance

Neben vier festangestellte Mitarbeiter und der Geschäftsführung werden zwei erfahrene Inkubationsmanager am ITI beschäftigt. Deren Aufgabe besteht in der professionellen Betreuung der inkubierten Projekte, aber auch in der Identifikation und Auswahl neuer Projekte sowie Unterstützung bei der Vermarktung. Darüber hinaus ist eine weitere Stelle für administrative Tätigkeiten finanziert. Die personellen Ressourcen des ITI sind bewusst relativ schlank aufgestellt, um somit eine größtmögliche Effizienz und Kommunikation sicherzustellen und den bürokratischen Aufwand für den operativen Geschäftsbetrieb des ITI so gering wie möglich zu halten. Über die Aufnahme neuer Projekte sowie die Auslizenzierung an Start-Ups beziehungsweise bestehende Unternehmen und Sachverhalte, welche nicht von grundlegender Bedeutung sind, jedoch nicht durch den Geschäftsführer alleine entschieden werden sollen, entscheidet ein Beirat. Der Beirat besteht aus einem Mitglied von WuT und MI. Zur Abstimmung zwischen den Beiratsmitgliedern sowie der Geschäftsführung werden in der Regel ein- bis zweiwöchentliche Telefonkonferenzen und ergänzend regelmäßige persönliche Treffen abgehalten. Eine Auslizenzierung wird in enger Abstimmung mit derjenigen Technologietransfer-Einrichtung vorgenommen, die für die betroffene Technologie verantwortlich ist. Da die Basis-Technologien für die Projekte des ITI unter anderem aus den MPI stammen, arbeitet die Geschäftsführung zudem auf Projektbasis eng mit den Patent und Lizenzmanagern von MI zusammen.

Zusammenarbeit mit der MPG

Während der Konzeption des ITI war MI eng in die Entwicklung des Konzeptes eingebunden. Neben einem Interim-Manager, war von MI ein Mitarbeiter in dieser initialen Phase circa 5 Tage im Monat mit der Thematik befasst, bis die Leitung des ITI durch einen Geschäftsführer übernommen wurde. MI hat einen Sitz im Beirat des Inkubators eingenommen und wahrt im Rahmen der Gesellschafterversammlung seine Interessen als Gesellschafter. Zukünftig werden durchschnittlich 1–2 Personentage pro Monat für die Betreuung des ITI nötig sein. Darüber hinaus bietet der ITI auch eine große Chance, Projekte aus den einzelnen MPI in dem immer wichtiger werdenden Feld der IT-Innovationen frühzeitig professionell weiterzuentwickeln.

Lessons Learned und kritische Erfolgsfaktoren:
- Ein wichtiger Erfolgsfaktor ist eine detaillierte und fundierte Analyse beziehungsweise Due Diligence der potenziellen Inkubationsprojekte. Insbesondere die IP-Situation sowie proprietäres Know-how und Copyrights spielen für die angestrebte wirtschaftliche Verwertung der zugrunde liegenden Technologie eine herausragende Rolle. Insbesondere dann, wenn die Technologie an bereits etablierte Unternehmen lizenziert werden soll.
- Außerdem wird auch großer Wert auf die Zusammensetzung und das Know-how des Inkubationsteams gelegt. Dabei wird vor allem geprüft, ob neben dem technologischen Know-how auch ausreichend wirtschaftliches Know-how vorhanden ist. Sollte dies

nicht der Fall sein, wird das Team um einen erfahrenen Kollegen mit kaufmännischem Hintergrund und Management Know-how ergänzt.

- Darüber hinaus ist die Erstellung und Überwachung eines detaillierten Projektplans für die Inkubationsphase von essenzieller Bedeutung. Hier werden zusammen mit den potenziellen Teammitgliedern wichtige Meilensteine und das (Entwicklungs-) Ziel der Inkubation definiert. Diese werden im Austausch mit den festangestellten Mitarbeitern des ITI in regelmäßigen Projektmanagementsitzungen gemonitort und gegebenenfalls an weitere Entwicklungen des Projektes angepasst.
- Als wichtiger Erfolgsfaktor hat sich darüber hinaus der frühzeitige Austausch in Bezug auf (Industrie-)Anforderungen mit potenziellen Kunden und bereits etablierten Unternehmen herausgestellt. So können diese frühzeitig im Entwicklungsplan berücksichtigt werden. Idealerweise können somit bereits auch erste Kunden oder Lizenznehmer identifiziert und das Netzwerk frühzeitig ausgebaut werden.

4.3.2.4 Lead Discovery Center

„Das im Jahr 2008 in Dortmund eingerichtete Lead Discovery Center GmbH (LDC) beschäftigt sich mit der pharmazeutischen Wirkstofforschung und treibt Projekte, die aus der Forschung der MPG und aus anderen Forschungseinrichtungen stammen, bis zur sogenannten Leitstruktur („Lead") voran." (Berninger, 2018) Das Lead Discovery Center (LDC) wurde von MI konzipiert und gegründet, um das Potenzial exzellenter Grundlagenforschung besser zu nutzen. Mit einem Team aus erfahrenen Wissenschaftlern, Arzneimittelentwicklern und Projektmanagern bietet das LDC alle Leistungen im Bereich Drug Discovery – vom Taget (biologische Leitstruktur) bis zum Lead (chemische Leitstruktur) – gemäß höchsten Industriestandards. Als unabhängiges, kommerziell orientiertes Unternehmen arbeitet das LDC mit Forschungseinrichtungen, Universitäten und der Industrie zusammen. Es nimmt aussichtsreiche Forschungsprojekte in frühen Entwicklungsstadien auf und entwickelt sie gemeinsam mit den Partnern zu pharmazeutischen Wirkstoff Kandidaten.

Hintergrund und Problemstellung

Die biomedizinische Grundlagenforschung in Deutschland gehört zur Weltklasse. Die Umsetzung der Resultate in kommerziell und medizinisch sinnvolle Produkte bleibt jedoch weit hinter ihrem Potenzial zurück. Diese Innovationslücke zwischen Forschung und Industrie soll das LDC schließen. Viele Jahrzehnte Erfahrung haben gezeigt, dass die größte Hürde im Technologietransfer im frühen Entwicklungsstadium der meisten Forschungsprojekte liegt. Selbst für wissenschaftlich hervorragende und kommerziell aussichtsreiche Projekte lassen sich kaum Industriepartner und Risikokapitalgeber gewinnen, so lange kein Proof of Concept vorliegt. Hinzu kommt, dass Pharmakonzerne aus marktwirtschaftlichen Erwägungen (extrem lange Wertschöpfungszyklen) zunehmend aus den frühen Phasen der Wirkstofforschung aussteigen, sodass die Lücke zwischen Grundlagenforschung und industrieller Arzneimittelentwicklung weiter wächst – trotz eines steigenden Bedarfs an innovativen Wirkstoffen und Therapien mit neuen Wirkmechanismen.

Um das in der MPG vorhandene enorme Potenzial an exzellenter Grundlagenforschung in diesem Bereich besser nutzen zu können, wurde daher im Jahre 2006 das Konzept für eine sinnvolle Inkubation von Forschungsprojekten mit einem therapeutischen Ansatz initiiert. Mit einem integrierten Projektmanagement, projektbasierter Finanzierung und industrieller Expertise im Bereich Drug Discovery hat der LDC beste Aussichten, diese Kluft zu überbrücken. Ohne den üblichen Spielregeln des Kapitalmarktes unterworfen zu sein, kann das Team die aussichtsreichsten Projekte aus Universitäten, öffentlichen Forschungseinrichtungen, u. a. der MPG, oder Biotechnologieunternehmen auswählen und in professionelle biopharmazeutische Entwicklungsprojekte überführen. Das Resultat sind innovative pharmazeutische Leitstrukturen, die in allen Aspekten den hohen Standards der Pharmaindustrie entsprechen.

Organisations- und Gesellschafterstruktur
Das interdisziplinäre circa 60 Mitarbeiter umfassende LDC-Team verbindet führende wissenschaftliche Expertise im Bereich Drug Discovery und Medizinalchemie mit profunden, professionellen Projektleiter- und Managementkenntnissen. Diese basieren auf langjähriger Industrie-Erfahrung der Wissenschaftler und Manager des LDC in der Pharma- oder Biotechbranche. Die gezielt etablierte, flache Hierarchie besteht aus 2 gleichberechtigten Geschäftsführern und sechs Abteilungsleitern für die Bereiche Medizinalchemie, Pharmakologie, Biologie, Assay-Entwicklung & Screening, Finanzen & Administration und Business Development.

Die Gesellschafterstruktur des LDC ist wie folgt:

• 70,1 Prozent DVCI (Stiftung: Deutsches Venture Capital Institut)
• 24,9 Prozent MI
• 5 Prozent S-Venture der Sparkasse Dortmund

Zusammenarbeit mit der MPG
Im Rahmen pharmazeutischer Entwicklungsprojekte erteilen die jeweiligen MPI Forschungsaufträge an das LDC. Dieses bietet der MPG maßgeschneiderte Lösungen im gesamten Spektrum der Wirkstoffforschung. Um den individuellen Anforderungen jedes einzelnen Projektes gerecht zu werden, arbeiten interdisziplinäre Teams in flexiblen Strukturen zusammen und binden, falls erforderlich, zusätzliche externe Expertise ein. Die Wissenschaftler der MPI werden mit ihrem biologischen Know-how dabei eng in die Entwicklung eingebunden. Die MPG erhält erstklassige Resultate und profitiert zudem vom LDC Know-how sowie professionellem Projektmanagement. Alle Projekte werden entlang eines genau definierten Plans mit festgelegten Meilensteinen und klaren Go-/No-Go-Entscheidungen durchgeführt. Während der gesamten Projektlaufzeit konzentriert sich das LDC besonders auf die Absicherung der Patentposition – eine wichtige Voraussetzung für die erfolgreiche Kommerzialisierung. Das typische Resultat von Projekten in Zusammen-

arbeit mit dem LDC: hochqualitative pharmazeutische Wirkstoffe mit erstem Proof of Concept in Tiermodellen. Diese in enger Kooperation entwickelten Wirkstoffprogramme haben die besten Voraussetzungen, zu einträglichen Konditionen an die Pharmaindustrie lizenziert zu werden.

Finanzierung der MPG-Projekte am LDC

Das Portfolio der MPG Projekte in Kooperation mit dem LDC wird in der Regel aus vier unterschiedlichen Quellen finanziert:

- Strategischer Innovationsfonds (SIF)
  Hauptquelle der Finanzierung von MPG Projekten am LDC ist ein Verfügungsrahmen innerhalb des Strategischen Innovationsfonds des MPG-Präsidenten. Projekte werden hier nur auf Einzelentscheidungsbasis bewilligt und finanziert. Die Obergrenze für alle Einzelprojekte der MPG, die über den SIF finanziert werden, liegt bei 6 Mio. Euro pro Jahr.
- Max-Planck-Institute (MPI)
  In seltenen Fällen und nur bei kleineren Projekten können einzelne MPI direkt den Forschungsauftrag am LDC finanzieren.
- Max-Planck-Förderstiftung (MPF)
  Bei einer solchen Finanzierung durch Spendengelder werden gesonderte Verträge zwischen dem LDC, der MPG und der MPF verhandelt.
- Drittmittel (Industrie oder öffentliche Gelder)
  Es muss betont werden, dass diese Projektfördermittel ausschließlich dem LDC in den Konsortien zugutekommen. Darüber hinaus entsteht für die beteiligten MPI aber ein deutlicher Mehrwert, weil sie als Konsortialpartner in diesen Anträgen in der Regel selbst und im Unterschied zum LDC eine 100 Prozent Förderung erhalten und damit auch ihre eigenen Drittmittel deutlich erhöhen können.

Lessons Learned und kritische Erfolgsfaktoren
- Die Etablierung eines Industrial Advisory Boards (IAB):
  In diesem Gremium sind Vertreter mehrerer namhafter Pharmaunternehmen vertreten, welche sich zweimal jährlich treffen und auf Basis nicht vertraulicher Informationen das LDC bei der Auswahl von Projekten beraten und somit die Industrieperspektive auf die Projekte weiter schärfen. Als Gegenleistung bekommen diese einen frühen Einblick in das Portfolio des LDC.
- Etablierung eines nachhaltigen und fundierten Projektmanagements:
  Es wird ein klarer Fokus auf die industrielle Entwicklungsperspektive und wirtschaftliche Verwertung gelegt.

- Flexibilität der Kooperationsmodelle:
  Die frühe Einbindung von verschiedenen Pharmafirmen, verbunden mit einer Flexibilität der Kooperationsmodelle auf Einzelprojektbasis unter Bewahrung der Unabhängigkeit der Entscheidungswege des Gesamtkonzeptes.
- Enge Einbindung der MPI-Wissenschaftler und Experten.
  Aufbau eines starken Vertrauens in die Expertise des LDC, sowohl für Wissenschaftler als auch die Industriepartner
- Nachhaltige Projektfinanzierungen und stabiler Aufbau über einen längeren Zeitraum.

Erfolge

Seit seinem Bestehen hat das LDC mit großem Erfolg dazu beigetragen, die Lücke zwischen Grundlagenforschung und industrieller Arzneimittel-Entwicklung für die MPG Projekte zu schließen. Eine gemeinsame Kommerzialisierungsstrategie zwischen LDC und MI, sowie ein sehr gut etabliertes Netzwerk von Pharmafirmen sichert eine ständig aktualisierte Einschätzung der Kommerzialisierungsaussichten von allen Bestandsprojekten. Die Federführung der Kommerzialisierung liegt bei MI, jedoch mit starker Unterstützung des Business Development Teams und der Wissenschaftler am LDC. Bei erfolgreicher Lizenzierung des Projektes werden die erzielten Erlöse in einem vordefinierten Verhältnis zwischen LDC und der MPG aufgeteilt, so dass ein Kommerzialisierungsanreiz für alle beteiligten Projektpartner gegeben ist.

4.3.3 Weitere Translationsmethoden und Werkzeuge in der nationalen Grundlagenforschung

Das Förderprogramm Good Practice, Enabling Innovation und das Center for Advanced Regenerative Engineering stehen beispielhaft für weitere Methoden und Werkzeuge aus der Grundlagenforschung, die in der MPG zur Anwendung kommen.

4.3.3.1 Förderprogramm Good Practice

Ziel des BMBF-Förderprogramms Good Practice zur Erleichterung von Ausgründungsvorhaben: Erprobung neuer Instrumente, zur Behebung von Managementdefiziten in Gründungs- und Vorgründungsphasen war es, für Ausgründungen aus der MPG Lösungen zu finden und zu erproben, die bereits in der Pre-Seed-Phase die unternehmerische Lücke zwischen Wissenschaft und Management schließt. Damit sollte die Wahrscheinlichkeit erfolgreicher Spin-off-Projekte aus den MPI gesteigert und somit der Grundstein für erfolgreiche Unternehmensgründungen gelegt werden.

Hintergrund

Das Förderprogramm Good Practice wurde vom BMBF über acht Jahre (2007–2015) bei der MPG mit einem Gesamtvolumen von circa 1,9 Mio. Euro finanziert. Im Rahmen dieser Initiative wurden vier unterschiedliche Methoden erprobt, die das Defizit fehlender Managementkompetenzen im Rahmen der Einbringung externer Experten in Ausgründungsprojekten adressiert. Diese Methoden waren:

- Projektmanager:
  Dieser half den Projekten, die wissenschaftlichen Arbeiten zu koordinieren und voranzutreiben und unterstützte die Projektteams bei der Ausarbeitung des Geschäftsmodells sowie des Arbeitsplans für die weitere technische Entwicklung.
- Industrie-Experte:
  Hat temporär die weitere Vorbereitung der Gründung und des Produkts nach professionellen und industrieüblichen Kriterien geplant und unterstützt.
- Interim-Manager:
  Bereitete den operativen Start und die Gründung des Unternehmens vor.
- Coach:
  Unterstützte die Gründungsteams bei Managemententscheidungen und beriet diese bei der Umsetzung gründungsrelevanter Aktivitäten.

Problemstellung

Die wirtschaftliche Verwertung von Erfindungen aus der MPG erfolgt neben der Patentierung und anschließender Lizenzierung auch oft über die Gründung eigenständiger Start-Ups. Die Erfahrung zeigt jedoch, dass die Gründerteams zwar über ausgezeichnete wissenschaftliche Expertise verfügen, jedoch selten das notwendige Management und Industrie-Know-how besitzen, um eine erfolgreiche Entwicklung der Technologie hin zu einem marktfähigen Produkt gewährleisten zu können. Dieses fehlende kaufmännische und industriespezifische Know-how stellt für viele Start-Up Projekte ein kaum zu überwindendes Hindernis auf dem Weg zu einer erfolgreichen Gründung dar. Ziel der Förderinitiative war es daher neue Methoden zu entwickeln und zu erproben, die es ermöglichen, den Start-Up-Projekten dieses fehlende Know-how und Projektmanagementressourcen zur Verfügung zu stellen. Da jungen Gründungsprojekten in der Pre-Seed-Phase kaum finanzielle Mittel zur Verfügung stehen, kann ein entsprechender Unterstützungsbedarf durch externe Experten in der Regel nicht selbst realisiert werden. Nur wenige Gründer sind aufgrund ihres Alters und beruflicher Erfahrung dazu in der Lage, neben dem allgemeinen Gründungsrisiko zusätzliche finanzielle Belastungen hierfür zu tragen. Das zur Verfügung gestellte Management-Know-how sollte dabei jedoch nicht als rein betriebswirtschaftliches beziehungsweise kaufmännisches Erfahrungswissen verstanden werden. Vielmehr soll es dabei helfen, Defizite in unterschiedlichen Bereichen zu überwinden. Hierzu zählten zum Beispiel fehlendes industriespezifisches Entwicklungs- und Marktwissen, fehlendes Unternehmerdenken sowie fehlende anwendungsorientierte Projektmanagementerfahrung. Dadurch sollten die Gründerteams unter anderem in die Lage versetzt werden, ihren Businessplan auf ein solides Fundament zu stellen und erfolgreich Gelder von Investoren (z. B. VC-Unternehmen, Business Angels) einzuwerben.

Identifikation des
Beratungsbedarfs

Identifikation aus
Auswahl
geeigneter
Berater

Kontinuierliches
Monitoring und
administrative
Abwicklung

Abb. 4.2 Prozessdarstellung Good Practice

Prozessbeschreibung
Der Prozess besteht aus drei Schritten (s. Abb. 4.2).

- Identifikation des Beratungsbedarfs:
  Zunächst wurde zusammen mit den gründungswilligen Wissenschaftlern und den betreuenden Start-Up Managern bei MI der externe Unterstützungsbedarf identifiziert. Dies erfolgte auf Basis einer detaillierten Projektplanung und in enger Zusammenarbeit mit den Gründern. Darauf aufbauend wurde ein spezifisches Anforderungsprofil erstellt sowie Kriterien und der konkrete Aufgabenbereich beziehungsweise Unterstützungsbedarf festgelegt. Das somit erstellte Projektprofil beziehungsweise Lastenheft stellt die Grundlage für alle weiteren Schritte dar.
- Identifikation und Auswahl geeigneter Berater:
  Im Anschluss wurden auf Basis des erstellten Projektprofils geeignete Kandidaten gesucht. Dies erfolgte dabei auf unterschiedlichen Wegen. So wurde zum einen das bereits bestehende interne Netzwerk bemüht. Auf der anderen Seite aber auch über das Internet gesucht (z. B. XING/LinkedIn) sowie im Laufe der Zeit eine eigene Expertendatenbank aufgebaut und implementiert, über die geeignete Kandidaten identifiziert wurden. In Ausnahmefällen und bei sehr spezifischen Anforderungen wurde auch mit Personalagenturen und Headhuntern zusammengearbeitet. Die sich anschließenden persönlichen Auswahlgespräche erfolgten immer zusammen mit den Gründern beziehungsweise Wissenschaftlern des Projektes, so dass frühzeitig sichergestellt werden konnte, dass ein persönlicher Fit zwischen Berater und Gründungsteam vorhanden war. Anschließend wurden durch den betreuenden Mitarbeiter von MI die entsprechenden Konditionen festgelegt und ein Beratervertrag ausgehandelt. Die Unterstützungsdauer betrug zwischen einigen wenigen Tagen und mehreren Monaten.
- Kontinuierliches Monitoring und administrative Abwicklung:
  Während der Förderung beziehungsweise Beratung der Projekte wurde großer Wert auf ein nachhaltiges Monitoring gelegt, so dass eventuelle Fehlentwicklungen früh erkannt werden konnten. So wurden regelmäßig die Wissenschaftler zur Zusammenarbeit befragt und auch Berichte von den externen Beratern eingefordert. Darüber hinaus wurde die administrative Abwicklung aller Vertragsmodalitäten durch den Projektbetreuer bei MI übernommen, um das Gründungsteam in ihrer operativen Projektarbeit bestmöglich zu entlasten.

Lessons Learned und kritische Erfolgsfaktoren

- Frühzeitiger Einbezug der Wissenschaftler beziehungsweise des Gründungsteams in die Auswahl der externen Experten, um einen größtmöglichen Fit herzustellen. Die Kommunikation zwischen externen Experten mit wirtschaftlichem Hintergrund und den gründungswilligen Wissenschaftlern kann oft schwierig sein.
- Wichtiger Erfolgsfaktor ist die frühe Einbindung externer Managementexpertise und deren Etablierung so früh wie möglich in der Pre-Seed-Phase. Motivation des externen Beraters selbst in das Start-Up einzusteigen kann sehr förderlich für die Ausgründung sein.
- Alle geförderten Methoden lieferten einen großen Mehrwert, mit Ausnahme der Methode Coach. Diese stellte sich als nicht zielführend heraus. So wünschten sich einige Wissenschaftler ein stärkeres Commitment gegenüber dem Gründungsprojekt, das aus Ihrer Sicht nicht gegeben war. Die Coaches hingegen betonten eher den anleitenden Charakter ihrer Tätigkeit. Coaches als rein anleitende Berater ohne Commitment in das Projekt ist unter den Wissenschaftlern oft unerwünscht.
- Aufbau eins großen Netzwerks an externen Beratern und Industrieexperten, das auch über die Projektlaufzeit hinaus besteht. Außerdem wurde eine Datenbank entwickelt in der die Profile der Berater gespeichert wurden, so dass diese auch in Zukunft zur Verfügung stehen.
- Die Methoden Projektmanager, Industrie-Experte sowie Interim-Manager wurden nach Ende der Projektlaufzeit innerhalb der MPG verstetigt, so dass diese auch für zukünftige Projekte zur Verfügung stehen. Die Finanzierung wird über MPG interne Finanzmittel sichergestellt.

4.3.3.2 Förderprogramm „Enabling Innovation"

Das Förderprogramm Erprobung eines neuen Management-Tools zur Einschätzung und nachhaltigen Entwicklung der Innovationsfähigkeit von Forschungseinrichtungen – Enabling Innovation MPG hat zum Ziel, die Innovationsfähigkeit außeruniversitärer Forschungseinrichtungen zu analysieren und zu optimieren.

Hintergrund

Die Enabling Innovation (EI) Methode wurde im Rahmen eines BMBF-Verbundprojektes über 3 Jahre (2015–2018) mit 340.000 Euro gefördert. An der Entwicklung waren das DLR-Technologiemarketing, die Rheinischen Fachhochschule Köln und die Agentur Görgen & Köller GmbH beteiligt. Die Analyse und Optimierung der Innovationsfähigkeit sollen auf Basis eines leitfadengestützten Workshops zusammen mit den Direktoren, Arbeitsgruppenleitern und verantwortlichen Mitarbeitern der Abteilungen beziehungsweise Arbeitsgruppen erfolgen. Die Ergebnisse dieser Evaluierung sollen zu einer qualitativen Einschätzung der Innovationsfähigkeit führen und die verantwortlichen Mitarbeiter für das Thema Innovationen sensibilisieren sowie zur Diskussion von Veränderungspotenzialen anregen. Die Vorbereitung, Durchführung und Auswertung der EI-Workshops erfolgen in Zusammenarbeit mit externen Beratern und Moderatoren. Um den zeitlichen

Aufwand der Mitarbeiter so gering wie möglich zu halten, werden die Workshops maximal einen Tag dauern. Anhand der strukturierten Erhebung wichtiger Innovationskriterien werden Themen wie Innovationsverhalten sowie Innovations- und Rahmenbedingungen näher beleuchtet. Im Anschluss erhalten die Direktoren beziehungsweise Arbeitsgruppenleiter einen individuellen und vertraulichen Ergebnisbericht. Die internen Teilnehmer der Abteilungen werden dabei individuell von dem verantwortlichen Direktor beziehungsweise Arbeitsgruppenleiter ausgewählt.

Problemstellung

Vorrangiges Ziel der meisten Wissenschaftler innerhalb der MPG ist die Generierung neuer wissenschaftlicher Erkenntnisse und Wissens im Bereich der Grundlagenforschung. Um dies zu veröffentlichen und auch um die eigene wissenschaftliche Karriere zu verfolgen, werden die neuen Erkenntnisse im Rahmen von Publikationen in der Regel schnellstmöglich veröffentlicht. Dieses Vorgehen steht allerdings oftmals im starken Widerspruch zu einer wirtschaftlichen Verwertung der Ergebnisse durch die Patentierung und Lizenzierung neuer Technologien. Die Perspektive und das Bewusstsein für die wirtschaftliche Verwertung neuer Erkenntnisse ist daher nicht erste Priorität und oft wenig ausgeprägt. Hier setzt das Forschungsprogramm EI an und versucht das Bewusstsein für Innovationen, Verwertungsthemen und Start-Ups zu schärfen und den wissenschaftlichen Mitarbeitern auch alternative Karrierewege aufzuzeigen. Indem diese im Rahmen der EI-Workshops mit grundsätzlichen Themen wie Translationsmethoden, Gründung von Start-Ups, Patentierung, Lizenzierung und Innovationen vertraut gemacht werden, sollen die Barrieren und Hindernisse aus dem Weg geräumt und zusätzliches (wirtschaftliches) Know-how vermittelt werden.

Prozessbeschreibung

Der Prozess folgt drei Schritten (s. Abb. 4.3).

- Bekanntmachung und Organisation der EI-Workshops
  In einem ersten Schritt muss das Förderprogramm bei den einzelnen Direktoren und Arbeitsgruppenleitern der MPI bekannt gemacht und beworben werden. Dies erfolgt zumeist in einem persönlichen Gespräch vor Ort und ist daher mit erheblichem Reiseaufwand verbunden. Zusätzlich wurden Infoflyer erstellt, die an die Direktoren per E-Mail versendet werden. Im Anschluss erfolgen die Organisation der konkreten Workshops sowie die Auswahl der entsprechenden Inhalte zusammen mit den Direktoren und den externen Moderatoren.
- Durchführung der EI-Workshops:
  Die EI-Workshops selbst werden an den Standorten der einzelnen Institute durchgeführt, so dass für die teilnehmenden Wissenschaftler der Aufwand so gering wie möglich ausfällt. Die Workshops sind mit einer Dauer von maximal einem Tag so ausgelegt, dass auch das zeitliche Budget der Wissenschaftler nicht zu sehr beansprucht wird. Die Moderation und Durchführung der Workshops erfolgen in der ersten Phase

Abb. 4.3 Prozessdarstellung Enabling Innovation

des Projektes durch die hierfür ausgewählten externen Moderatoren und Berater. Im Laufe des Programms soll jedoch die Verantwortung hierfür sukzessive auf den internen Projektleiter bei MI übergehen, so dass das Projekt, sollte es sich nach Ende der Laufzeit als erfolgreich herausstellen, auch innerhalb der MPG verstetigt werden kann.

- Nachbesprechung der Ergebnisse und Erstellung Ergebnisbericht:
Im Anschluss an die Durchführung der Workshops werden die Ergebnisse zusammen mit den externen Beratern ausgewertet und analysiert. Auf Basis dieser Analyse wird ein vertraulicher und individueller Erlebnisbericht erstellt, der ausschließlich den teilnehmenden Direktoren und Arbeitsgruppenleitern übergeben wird. Darüber hinaus wird auf Wunsch auch eine persönliche Nachbesprechung zusammen mit den Direktoren und Arbeitsgruppenleitern organisiert, um Optimierungspotenziale und Verbesserungsfähigkeiten hinsichtlich der Innovationsfähigkeit der Institute zu diskutieren und ggf. erste Veränderungsmaßnahmen einzuleiten. Auf Wunsch der Direktoren kann nach einem gewissen Zeitrahmen (typischerweise ein Jahr) ein weiterer Workshop durchgeführt werden, um die Ergebnisse und Outcomes der angestoßenen Verbesserungsmaßnahmen aus den ersten Workshops zu analysieren und zu evaluieren.

Lessons Learned und kritische Erfolgsfaktoren:
- Die Flexible Gestaltung der Workshops und der darin behandelten Themen steigert die Bereitschaft zur Teilnahme und stellt den größtmöglichen Nutzen für die teilnehmenden Wissenschaftler sicher.
- Die Bereitschaft zur Teilnahme an den EI-Workshops durch die verantwortlichen Direktoren und Arbeitsgruppenleiter sinkt in dem Maße, wie EI als Benchmarking-Instrument wahrgenommen wird. Dieser Eindruck ist dringend zu vermeiden.

4.3.3.3 Center for Advanced Regenerative Engineering (CARE)

Zentrales Ziel des in München angesiedelten CARE-Forschungszentrums ist es, die Grundlagen für die Entwicklung eines aussagefähigen, reproduzierbar zu erzeugenden und kostengünstigen in vitro-Testsystems auf Basis von humanen Zellen zu legen. Diese Zellen sollen auf Basis der sogenannten induzierten pluripotenten Stammzellen (iPS-Zellen) hergestellt werden. Ein wichtiges Anwendungsbeispiel für die geplanten Testsysteme ist die Forschung und Entwicklung im Bereich der Biotechnologie und pharmazeutischen Industrie, mit dem Ziel, eine bessere und schnellere Medikamentenentwicklung

zu ermöglichen. Als sogenannte translatorische Einrichtung, die Erkenntnisse der Grundlagenforschung für die praktische Anwendung in der Medizin übersetzt, übernimmt das
CARE eine wichtige Funktion im Rahmen des Technologietransfers der MPG. Grundlage
ist das geschaffene Know-how im Bereich der iPS-Zellen und deren Differenzierung und
Kultivierung zu adulten Zellen, Zellverbänden und (Teil-)Organen, die die natürliche Situation im Patienten so naturgetreu wie möglich widerspiegeln und damit insbesondere
vielen Tiermodellen, aber auch humanen Zelllinien deutlich überlegen sind.

Hintergrund und Problemstellung

Bis zu fünfzehn Jahre dauert es im Durchschnitt, bis ein neues Medikament zugelassen
wird. Dieser Prozess ist mit vielen Risiken sowie Forschungs- und Entwicklungskosten in
Milliardenhöhe verbunden, die sich wiederum als erhöhte Kosten für die Gesundheits-
systeme niederschlagen. Doch trotz aller Anstrengungen und Investitionen sinkt die Zahl
neu zugelassener Medikamente jährlich. Daher bedarf es neuer Methoden und Technologien, die diesen Aufwand reduzieren und gleichzeitig zu mehr und besseren Wirkstoffen
führen. Die rasante Entwicklung im Feld der iPS-Zellen der letzten zehn Jahre weist hier
den Weg für neue und innovative Lösungsansätze auf. Aus iPS-Zellen differenzierte
Körperzellen sollen als ideale Modellsysteme für die Wirkstoffforschung entwickelt und
etabliert werden. Erstens sollen die Forscher mögliche Wirkstoffe direkt und somit ver-
lässlicher in menschlichen Zellen testen können, die im Organismus an der Krankheit beteiligt sind. Zusätzlich soll hierdurch die Zahl der notwendigen Tierversuche deutlich reduziert werden, da erste Tests direkt in menschlichen Zellen durchgeführt werden können.
Zweitens sollen Systeme entwickelt werden, die toxikologische Nebenwirkungen an entsprechend generierten Leber- oder Herzmuskelzellen Jahre vor den ersten klinischen Tests
aufzeigen können. Somit ließen sich toxische und ineffektive Wirkstoffe schon in den
ersten frühen Experimenten aussortieren. Nur aussichtsreiche Wirkstoffkandidaten gelangen dann in die aufwändigen und kostenintensiven klinischen Versuchsphasen. Hierdurch würden sich viele Risiken für die Pharmaentwicklung aber auch für die Patienten
minimieren. Auch neuere Ansätze der personalisierten Medizin sollen mit der
iPS-Zell-Technologie verfolgt, etabliert und evaluiert werden. Ein weiterer wichtiger Aspekt ist, dass für die iPS-Zell- Technologie keine embryonalen Stammzellen benötigt werden, die unter ethischen Gesichtspunkten insbesondere in Deutschland derzeit hoch um-
stritten sind.

    Das hochkomplexe Feld der Stammzellen und deren Differenzierung für die Krank-
heitsmodellierung erfordern einen kostenintensiven und langwierigen Prozess der Etablierung und Optimierung, bevor Plattformtechnologien für wirtschaftsorientierte Anwendungen ausgereift sind. Die notwendigen Etablierungszyklen liegen jenseits der
normalen Zeitspannen von Förderungsprogrammen oder der börsengesteuerten Logik von
Pharmaunternehmen. Das CARE verfolgt daher nicht nur den Ansatz, neues Wissen zu
schaffen, sondern auch die Möglichkeit, komplexe Projekte mit der notwendigen Infra-

struktur, Personal und Planungssicherheit angehen zu können. Ohne solche trans-
latorischen Einrichtungen wird die Kluft zwischen Basiswissen und patientenrelevanter
Anwendung noch auf lange Zeit hin nicht geschlossen werden können.

Organisationsstruktur und Finanzierung

Das CARE ist rechtlich unabhängig von seinem Initiator, dem MPI für molekulare Biomedizin in Münster, basiert jedoch in wesentlichen Bereichen auf den hier entwickelten
Technologien der iPS-Zellen. Finanziert wird das CARE zunächst über öffentliche Förde-
rungen sowie über die eigene Refound-Förderstiftung, die sich wiederum aus Spenden
unterschiedlicher Quellen finanziert. Später sollen sich aus dem gemeinnützigen
Forschungszentrum eigene Unternehmen ausgründen, die zur Refinanzierung beitragen
sollen. Möglich werden soll dies aber auch insbesondere durch Kooperationen und durch
den Verkauf beziehungsweise die Auslizenzierung von Forschungsergebnissen an Bio-
tech- und Pharmaunternehmen (s. Abb. 4.4).

Zusammenarbeit mit der MPG

Neben der iPS-Zell-Basistechnologie wurden wichtiges Know-how und Schutzrechte im
Bereich der iPS-Zellen gewonnen. Die Differenzierung der Zellen wurde am MPI für molekulare Biomedizin entwickelt. Insofern ist eine sehr enge Zusammenarbeit mit der MPG
gegeben. Zudem wurden auch die Konzeptentwicklung und Planung für das neue
Forschungszentrum intensiv durch Mitarbeiter von MI begleitet und vorangetrieben. Mit
dem LDC wird es eine enge Kooperation geben. Es ist geplant, gegebenenfalls ein LDC-
Biologicals in München zu etablieren, das wiederum intensiv mit dem CARE kooperieren wird.

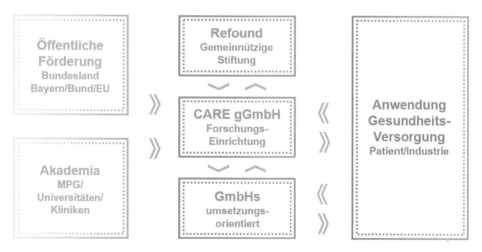

Abb. 4.4 Business Modell CARE

Lessons Learned und kritische Erfolgsfaktoren:

- Die Ausarbeitung eines tragfähigen Finanzierungskonzeptes war die größte Herausforderung zur Etablierung eines Forschungszentrums, das sich explizit der Translationsforschung widmen soll und somit in keine der bestehenden universitären oder außeruniversitären Forschungsstrukturen und -organisationen integrieren lässt.
- Trotz eingeplanter Rückflüsse aus der Lizenzierung von Schutzrechten ist davon auszugehen, dass das CARE auch mittel- und langfristig auf eine öffentliche Förderung angewiesen sein wird. Insofern war es notwendig, ein Modell zu entwickeln, dass nicht nur kurz- und mittelfristig aus Projektmitteln finanziert werden kann, sondern auch darüber hinaus eine institutionelle Förderung ermöglicht.
- Eng mit diesem Punkt verbunden ist der Aspekt der Kommunikation insbesondere in die Politik und zuständigen Ministerien. Hier konnte in der Vergangenheit nicht immer ein hinreichender Abgleich der Interessen und Möglichkeiten umgesetzt werden, was zu erheblichen Zeitverlusten führte und mehrere Stufen der Anpassung der Gesamtstruktur notwendig machte.

4.4   Innovationsförderung durch Wissenschafts-Wirtschafts-Kooperationen

Sue Rossano-Rivero, Thomas Baaken und Thorsten Kliewe

4.4.1   Wissenschafts-Wirtschafts-Kooperationen

Unter Wissenschafts-Wirtschafts-Kooperationen (University-Business Cooperation = UBC) versteht man die Zusammenarbeit von Hochschulen und Unternehmen mit Unterstützung der Regierung zum gegenseitigen und gesellschaftlichen Nutzen (Davey et al., 2011b). Mehrere Studien haben ergeben, dass UBC das Potenzial hat, ein besser vernetztes und effizienteres regionales Innovationsökosystem zu entwickeln.

In diesem Sinne spielt die UBC eine zentrale Rolle bei der Entwicklung und Umsetzung politischer Strategien, die die *Triple Helix*[2]-Akteure aus den Bereichen Wissenschaft, Technologie und Innovation (z. B. Regierungen, Hochschulen und Unternehmen) verbinden. Solcherlei Interaktionen können Synergien und einen Mehrwert für die Gesellschaft als Ganzes schaffen. Dieser neue Mehrwert kann durch kollaborative Forschung und Entwicklung (FuE), Unternehmensberatung, Test von Prototypen, Joint Ventures, ge-

---

[2] Das Triple Helix Modell der Innovation bezieht sich auf eine Reihe von Interaktionen zwischen Wissenschaft, Industrie und Regierungen, zur Förderung der wirtschaftlichen und sozialen Entwicklung. Dieses Framework wurde erstmals in den 90er Jahren von Henry Etzkowitz und Loet Leydesdorff theoretisiert.

meinsamen Ressourcen und Ausrüstung oder berufliche Mobilität von Akademikern und Geschäftsleuten geschaffen werden (Mazzucato, 2011). In diesem Zusammenhang schafft eine erfolgreiche UBC Vorteile und Nutzen für alle Beteiligten sowie auch für die Gesellschaft im weiteren Sinne.

Im Folgenden werden leistungsfähige Tools und Praktiken für den Wissenstransfer vorgestellt, die im Mittelpunkt der Zusammenarbeit zwischen Hochschulen und Unternehmen stehen. Sie sind nach dem UBC-Framework[3] organisiert, das vom Science-to-Business Marketing Research Centre (S2BMRC) der FH Münster entwickelt wurde. Das UBC-Framework klassifiziert die verschiedenen Aktivitäten, durch die Hochschulen und Unternehmen interagieren, in vier Hauptbereiche: Bildung, Forschung, Valorisierung[4] und Management.[5] Im folgenden Kapitel werden verschiedene Tools und Praktiken vorgestellt, die exemplarisch stehen für UBC-Aktivitäten der FH Münster (siehe Auszug UBC-basierte Tools und Praktiken für den Wissens- und Technologietransfer an der FH Münster).

Jedes Tool und jede Praktik liefert wichtige Informationen über die wichtigsten Meilensteine für die Umsetzung und die Übertragbarkeit auf andere Hochschulen in einem ähnlichen Kontext. Darüber hinaus werden in diesem Kapitel Fakten über den Entwicklungsstand der einzelnen Tools und Praktiken sowie über deren Umsetzung in Deutschland vermittelt. Dies wird auf verschiedenen Ebenen umgesetzt, beginnend bei der strategischen Ebene der Organisation bis hin zur operativen Ebene (s. Abb. 4.5).

Der Stand der Zusammenarbeit zwischen Hochschulen und Unternehmen (University-Business Cooperation = UBC) in Deutschland

Von Januar 2016 bis November 2017 führte das S2BMRC eine Großstudie mit dem Titel *„State of European University – Business Cooperation"* für die GD Bildung und Kultur der Europäischen Kommission (EAC/10/2015) durch. Es untersuchte den Zustand der UBC aus der Perspektive von Hochschulen und Unternehmen in verschiedenen Ländern Europas. Die Daten wurden im Rahmen einer Online-Umfrage erhoben, die von Oktober bis November 2016 per E-Mail an alle registrierten europäischen Hochschulen in 33 Ländern verschickt wurden. Die Studie maß die Wahrnehmungen der Befragten in Bezug auf ihre Kooperationsbemühungen, Barrieren, Treiber, Unterstützungsmechanismen und wahrgenommenen Fähigkeiten zur Durchführung von UBC.

Im Hinblick auf Deutschland wurden insgesamt 992 Antworten von deutschen Hochschulen sowie insgesamt 325 Antworten von deutschen Unternehmen erhoben. Deutsche

---

[3] Weitere Informationen zur UBC-Studie finden Sie unter: https://www.ub-cooperation.eu/pdf/final_report2017.pdf.

[4] Valorisierung bezieht sich auf die Kommerzialisierung von Wissen aus einer Hochschule wie „Kommerzialisierung von FuE", „akademisches Unternehmertum" und „studentisches Unternehmertum".

[5] Die Managementaktivitäten beziehen sich auf die strategische Ausrichtung der Zusammenarbeit zwischen Hochschulen und Unternehmen, wobei die Aktivitäten in drei Kategorien unterteilt sind: „Governance", „gemeinsame Ressourcen" und „Unterstützung der Industrie".

Bereich	Kooperationsart	Praxis / Tool für den Wissens- und Technologietransfer
Bildung	Co-Lieferung des Curriculums	a. Projekte mit Unternehmen der Region in der Lehre
	Co-Design des Curriculums	b. Stiftungsprofessuren an der FH Münster
	Lebenslanges Lernen (LLL)	c. TRAIN in Steinfurt
	Mobilität der Studierenden	d. Aufenthalt in einem Unternehmen in Form eines Pflichtpraktikumssemesters oder im Rahmen eines Semesterkurses.
Forschung	Mobilität der Akademiker	e. Nachwuchsprofessuren
	Zusammenarbeit in FuE	f. Partnerschaftsmodell an der FH Münster
		g. UB Get Together
Valorisierung	Kommerzialisierung von FuE	h. Transferagentur der Fachhochschule Münster - TAFH Münster GmbH
		i. Science-to-Business Canvas
		j. TechAdvance™ - Technologiebewertung
	Akademisches Unternehmertum	k. Anreize für Wissenschaftlerinnen und Wissenschaftler
	Studentisches Unternehmertum	l. Battling the Dragons - Ideenentwicklung und Pitching-Kurs
Management	Governance	m. Beteiligung von Wissenschaftlern in Wirtschaftsbeiräten - Der Fall der Kurago Biotek Deutschland GmbH
	Gemeinsame Ressourcen	n. Das Co.creation Lab
	Unterstützung der Industrie	o. Stiftungsprofessuren an der FH Münster (in Verbindung mit dem Co-Design des Curriculums)

Abb. 4.5 Auszug UBC-basierte Tools und Praktiken für den Wissens- und Technologietransfer an der FH Münster

Wissenschaftler beschäftigen sich am häufigsten mit der Wirtschaft in Bezug auf die Mobilität von Studierenden (4,6/10) und die Zusammenarbeit bei FuE-Aktivitäten mit der Wirtschaft (4,3/10), die als die traditionellen Formen solcherlei Kooperationen in Deutschland wahrgenommen werden. Allerdings sind mindestens 40 Prozent der deutschen Wissenschaftler überhaupt nicht an diesen Aktivitäten beteiligt (Davey et al., 2018b).

Deutsche Unternehmen engagieren sich vor allem in den Bereichen FuE (6,6/10) und Mobilität der Studierenden (5,1/10), die im deutschen Kontext als traditionelle Kooperationsformen angesehen werden können. Andere Aktivitäten sind weniger bekannt oder weniger entwickelt, da deutsche Unternehmen in diesen Bereichen in der Regel weniger Erfahrung haben (Davey et al., 2018a).

4.4.2   UBC-basierte Tools und Praktiken an der FH Münster

Das Beispiel der FH Münster zeigt eine Hochschule, die einen hochschulweiten strategischen Partnerschaftsansatz für die Zusammenarbeit mit der Wirtschaft entwickelt hat (Davey et al., 2011a). Angesichts der Kürzung der staatlichen Mittel in den späten 90er-Jahren hat die FH Münster langfristige sowie „frühzeitige" Partnerschaften und Kooperationen auf höchstem Niveau fokussiert und wurde daher für ihre Bemühungen bundesweit als Best Practice anerkannt. Heute nimmt die FH Münster in Bezug auf Drittmittel eine Führungsposition unter den deutschen Fachhochschulen ein.

Darüber hinaus ist es der Anspruch der FH Münster, erste Adresse für das Zusammenwirken von praktischer Lehre und Forschung zu sein, sodass Qualitätskontrolle in allen Bereichen höchste Priorität hat. Sie dient mit ihren vielfältigen, marktorientierten Angeboten als Maßstab für die Lehre. Die Hochschule erzielt weiterhin hervorragende Forschungserfolge, was die Unternehmen zu strategischen Allianzen und Partnerschaften mit der Hochschule anregt (Schröder et al., 2012). Dies wurde durch ein subtil angepasstes System der internen Ressourcenallokation erreicht. Alle qualitativen Merkmale zusammengenommen prägen das Bild und das Erscheinungsbild einer modernen, leistungsstarken und kundenorientierten Hochschule.

Eine Besonderheit der FH Münster ist, dass sich die Hochschule im Rahmen von UBC nicht allein auf die Technik konzentriert. Die FH Münster motiviert UBC in allen 13 Fachbereichen. Nur sieben sind im Bereich Technologie angesiedelt, während andere wirtschaftlich und sozial ausgerichtet sind oder zum Design- und Architektursektor zählen.

Entlang der verschiedenen Fachbereiche hat die FH Münster eine Reihe von Praktiken und Tools entwickelt, mit denen die Hochschule ein nachhaltiges und langfristiges Engagement für den Wissenstransfer in die Wirtschaft und letztlich in die Gesellschaft als Ganzes schaffen konnte. Einige dieser Tools und Praktiken werden in den folgenden Unterkapiteln näher beschrieben.

4.4.2.1 Projekte mit Unternehmen der Region in der Lehre
UBC-Bereich: Bildung
      Kooperationsart: Co-Lieferung des Curriculums

Konzeptioneller und theoretischer Hintergrund
Co-Lieferung des Curriculums mit dem Unternehmen:

Unter Co-Lieferung des Curriculums mit dem Unternehmen versteht man die Bereitstellung von Programmen, Kursen und Inhalten an Studierende über eine Vielzahl von Mechanismen, wie z. B. Gastdozenten aus der Industrie, UBC-basiertes und projektbasiertes Lernen (PBL), Praktika und andere Formate (Davey et al., 2011b; Carolin Plewa et al., 2015). Die Realisierung praxisorientierter Forschungsprojekte in Zusammenarbeit mit einem Industriepartner ist ein Schwerpunkt im Fachbereich Betriebswirtschaftslehre der FH Münster. Insbesondere die Ausbildung in den Bereichen Marketing und Marktforschung wird durch die Integration von Industrieprojekten unterstützt.

Der Prozess des Wissenstransfers
Wissenschaftler bringen in ihrer Rolle als Pädagogen reale Erfahrungen aus der Wirtschaft in das Unterrichtsumfeld ein und kombinieren ihre pädagogische Expertise mit Praxiswissen, um die Entwicklung unternehmerischen Verhaltens unter den Studierenden anzustoßen (Täks et al., 2014). Externe Akteure wie Unternehmen erhalten durch die Arbeit der Studierenden und Dozenten an der Hochschule Zugang zu neuem Wissen (Teixeira & Mota, 2012) und neuen Methoden und Tools, um die realen Probleme in ihrem Geschäftsumfeld zu lösen. Diese neuartigen Kombinationen von Ressourcen und Informationen, insbesondere durch neue Wege des Austauschs und der Kombination von Ressourcen, wurden als Quellen neuer Wertschöpfung betrachtet (Tsai & Ghoshal, 1998 S. 468).

Beschreibung des Tools im Wissenstransfer
Ziel dieser Kooperationsprojekte ist es, den Studierenden reale Erfahrungen zu vermitteln und das theoretische Wissen der Lehre durch die Anwendung in der Praxis greifbarer zu machen. Die Projektaktivitäten reichen von der Ansprache potenzieller Kunden über die Kommunikation mit dem Kunden bis hin zur transparenten Kommunikation des Projektfortschritts, der Entwicklung und Umsetzung einer geeigneten Forschungsstrategie und der Präsentation der Ergebnisse gegenüber dem Kunden.

Das Budget für das Projekt wird vom Unternehmen zur Verfügung gestellt. Die Kosten betragen ca. 10.000 Euro pro Projekt. Die Einnahmen sind Teil der Hochschulfinanzierung. Sie werden teilweise für Projektforschungsaspekten (Datenbank, Feldarbeit usw.) und teilweise für den Kauf allgemeiner Ausrüstung für die Hochschule (Computer, Publikationen usw.) verwendet.

Implementierung
Wichtigste Meilensteine:

- Zu Beginn des Semesters werden die Studierenden den Projekten zugeordnet. Je nach Umfang des zu erwartenden Arbeitsaufkommens und den Interessen der Studierenden kommen jeweils etwa 10 bis 20 Studierende hinzu. Zwei Master-Studierende sind für die Leitung und Qualitätssicherung des Projekts verantwortlich.
- In Woche 2 verteilen die Delegierten jedes Partnerunternehmens das Briefing und die Aufgabe. Dies kann als Kickoff-Workshop betrachtet werden. Alle Arten von Fragen sind willkommen.
- In Woche 3 findet eine interne Diskussion zur Entwicklung eines ersten Projektdesigns statt, das sich an den Anforderungen und Fragen des Unternehmens orientiert. In dieser Phase findet ein Rebriefing (persönlich oder per Skype) statt, um sicherzustellen, dass

alle Beteiligten (Studierende, Dozenten und Unternehmensvertreter) das gleiche Verständnis für das Problem haben und die Methodik, die Teil des Projektdesigns ist, unterstützen.

- In den folgenden Wochen wird das Projekt durchgeführt. Fragebögen werden entwickelt, Basisgruppen definiert und organisiert, Proben erstellt, Feldarbeit und Datenanalysen durchgeführt, Empfehlungen entwickelt und ein Bericht verfasst.
- Jede Woche trifft sich die gesamte Gruppe in einer Plenarsitzung, um die Ergebnisse ihrer Untergruppen zu präsentieren. Zu jeder Plenarsitzung wird ein Protokoll erstellt und das Protokoll (nach einer Vorlage des Referenten) am folgenden Tag an das Partnerunternehmen geschickt.
- Nach Fertigstellung des Abschlussberichts reist die gesamte Gruppe zu den Räumlichkeiten des Unternehmens und präsentiert den Delegierten des Unternehmens die Ergebnisse.
- Die Studierenden erhalten ein Zertifikat, das die Projekte in ihren Schlüsselelementen beschreibt und das Leistungsniveau der Gruppen bewertet. Das Zertifikat wird auf dem Briefbogen des Unternehmens gedruckt und von den verantwortlichen Managern des Unternehmens unterzeichnet, sodass es den Absolventen bei der Bewerbung um eine Stelle hilft.

Übertragbarkeit

Erfolgsfaktoren im Wissenstransfer:

Der Projektpartner ist ständig in den Prozess eingebunden, indem er wöchentlich Protokolle an den Industriepartner sendet, um über die Vorgänge im Projekt zu informieren. Auf diese Weise hat der Industriepartner die Möglichkeit, sich in das Projekt einzubringen, indem er zusätzliche Hintergrundinformationen liefert, zu einer Diskussion beiträgt oder eine Entscheidung anpasst.

Die Abschlusspräsentation des Projekts findet in den Räumlichkeiten des Unternehmens statt. Vor Ort können mehrere Mitarbeiter des Unternehmens teilnehmen und die Studierende werden mit einem professionellen Umfeld außerhalb der Hochschule konfrontiert.

Höhe der zu bindenden Ressourcen: Niedrig

Erforderliche Zeit zur Implementierung: 10–12 Wochen

Aktionsebene: Operativ

Eingebundene Anspruchsgruppen:

- 1 Professor oder Nachwuchsprofessor, der die Qualität der Umsetzung überwacht.
- 1 Doktorand für die Betreuung der Projektdurchführung
- 2 Master-Studierende, die das Team von 10–13 Bachelor-Studierenden leiten.
- 10–13 Bachelor-Studierende
- 1 Ansprechpartner des Industriepartners

4.4.2.2 Stiftungsprofessuren an der FH Münster

UBC-Bereich: Bildung, Forschung und Management

Kooperationsart: Co-Design des Curriculums, Zusammenarbeit in FuE und Unterstützung der Industrie

Konzeptioneller und theoretischer Hintergrund

Co-Design des Curriculums, Zusammenarbeit in FuE und Unterstützung der Industrie:Die Einrichtung von Stiftungsprofessuren ist eine Praxis, die Spill-over-Effekte zwischen Management, Forschung und Lehre der Hochschule hervorruft.

Innerhalb des Managementbereichs kann UBC in Form von Unterstützung durch die Industrie erfolgen. Durch diese Tätigkeit kann die Wirtschaft der Hochschule die Förderung von Stiftungsprofessuren (gesponserter Lehrstuhl in einem Interessengebiet) anbieten. Der Inhaber einer Stiftungsprofessur ist ein akademisch erfolgreicher Professor, der sich mit Lehr- und Forschungstätigkeiten sowie Dienstleistungen für externe Fachleute beschäftigt. In gleicher Weise können sich die Hochschulen an Einrichtungen zur Förderung von Innovationen im Unternehmen beteiligen, indem sie innerhalb der Hochschule ein Forschungszentrum einrichten, das sich der Entwicklung von Themen widmet, die für den Industriepartner von Interesse sind.

Im Rahmen der Forschung erleichtert diese Praxis die Entwicklung gemeinsamer Forschungs- und Entwicklungsaktivitäten (FuE), bei denen Hochschulen und Unternehmen zusammenarbeiten, um gemeinsam und im Namen beider Parteien Forschungsziele zu verfolgen.

Bezogen auf die Bildung unterstützt diese Praxis die Zusammenarbeit zwischen Wissenschaft und Wirtschaft bei der gemeinsamen Gestaltung von Studiengängen. Unter Co-Design des Curriculums mit der Wirtschaft versteht man die gemeinsame Entwicklung und Bereitstellung eines festen Programms von Kursen, Modulen, Studienschwerpunkten sowie geplante Erfahrungen zusammen mit Delegierten externer Organisationen im Rahmen von Bachelor-, Master- oder PhD-Programmen (Davey et al., 2011b).

Als Beispiel für diese Praxis stellen wir den Fall der Kooperation zwischen FH Münster und dem Textilunternehmen *Ernsting's family* vor. Beide Organisationen arbeiten seit vielen Jahren im Rahmen von Stipendien und Studienprojekten zusammen. Im Wintersemester 2018/2019 beschloss die Textilkette, die FH Münster mit einer neuen Stiftungsprofessur im Fachbereich Wirtschaft zu unterstützen. Die Expertin für Marketing und Mode-Einzelhandel, Prof. Dr. Carmen-Maria Albrecht, ist die Stiftungsprofessorin (FH Münster, 2018).

Der Prozess des Wissenstransfers

Heutzutage müssen sich Studierende darauf vorbereiten, unvorhergesehene Veränderungen und Chancen in einem herausfordernden beruflichen Umfeld zu bewältigen. Um die Studierenden dabei realitätsnah zu unterstützen, müssen die Lehrpläne gemeinsam mit allen Beteiligten, insbesondere mit den Unternehmen in der Region, überprüft und neugestaltet werden (Ishengoma & Vaaland, 2016; Rae, 2011).

So wird beispielsweise die Stiftungsprofessur von Prof. Dr. Carmen-Maria Albrecht dazu dienen, die Lehrinhalte für die Entwicklung der folgenden Themen mitzugestalten: „Digitalisierung der Lieferkette", „Omnichannel-Einzelhandel" oder „Störung des Handels durch Virtual Reality." Darüber hinaus sind zwei bis drei Doktorarbeiten und bis zu zehn Semesterprojekte mit Studierenden geplant, die konkrete Aufgaben aus dem Bereich Mode und Handel beinhalten.

Stiftungsprofessuren gelten in diesem Sinne als wesentliche Brücken zwischen Wirtschaft und Hochschulen, da sie eine Form des Wissenstransfers und damit vermutlich einen Beitrag zur regionalen Entwicklung darstellen (Guerrero et al., 2016).

Beschreibung des Tools im Wissenstransfer

Wenn Wissenschaft und Wirtschaft gemeinsam bedarfsorientierte Studiengänge entwickeln, profitieren Unternehmen, Hochschulen und vor allem die Studierenden. Ziel dieser Praxis ist es, traditionelle Lehrmethoden hinter sich zu lassen, um sich mehr den realen Wirtschaftsstrukturen zuzuwenden. Diese Synergieeffekte wirken sich positiv auf die Leistung eines Unternehmens aus und stärken seine Wettbewerbsvorteile, wodurch das Potenzial entsteht, die regionale Entwicklung positiv zu beeinflussen (Ketchen et al., 2016).

Implementierung

Wichtigste Meilensteine:

- Die Finanzierung erfolgt durch Dritte wie Unternehmen, Verbände oder Einzelpersonen und ist oft direkt mit bestimmten Bereichen wie Branchen, speziellen Forschungsthemen oder konkreten Zwecken verbunden (Frank et al., 2009; Rezaee et al., 2004).
- Die Finanzierung von Stiftungsprofessuren ist langfristig gesichert. Der größte Teil der Sponsoren entfällt auf Unternehmen, Stiftungen und Forschungsverbände (Frank et al., 2009).
- Der Industriepartner und die Hochschule vereinbaren den Inhalt des Curriculums, die Themen für die abzuschließenden Doktorandenprojekte und die Ziele, die bei Semesterprojekten mit den Studierenden zu erreichen sind.
- Darüber hinaus ist eine regelmäßig erscheinende Studie geplant, die im Laufe der Jahre erstellt wird und sich immer wieder mit wissenschaftlich fundierten und spannenden neuen Erkenntnissen sowie aktuellen Entwicklungen aus der Textilindustrie und dem Einzelhandel beschäftigt (Ernsting's Familiy, 2018).
- Schließlich wird auch ein regelmäßig vergebener *„Kurt Ernsting Science Prize"* in Betracht gezogen, der beispielsweise die beste Dissertation über die Zukunft des Handels auszeichnen könnte (Ernsting's Familiy, 2018).

„Es ist uns als Unternehmen wichtig, die seit vielen Jahren vom selektiven Austausch geprägte Zusammenarbeit mit der FH Münster in eine kontinuierliche, wissensbasierte Zukunft für beide Seiten zu übertragen".
Horst Beeck, CFO (Chief Financial Officer) der Ernsting's Family

Übertragbarkeit

Erfolgsfaktoren im Wissenstransfer:

- Aufbau einer Partnerschaft zur Entwicklung gemeinsamer Ziele
- Die Einrichtung eines Ansprechpartners bei der Gesellschaft.
- Ständige Kommunikation zwischen dem Professor und einem Vertreter des Industriepartners.
- Die Bedürfnisse der Industrie werden direkt im Curriculum-Design-Prozess berücksichtigt.

Höhe der zu bindenden Ressourcen: Hoch

Erforderliche Zeit zur Implementierung: Langfristiges Engagement beider Unternehmen

Aktionsebene: Strategisch, operativ und strukturell

Eingebundene Anspruchsgruppen:

- Führungsebene der Hochschule
- Führungsebene des Unternehmens
- Der Inhaber der Stiftungsprofessur
- Studierende, die von der Mitgestaltung und Umsetzung des Lehrplans profitieren

4.4.2.3 TRAIN in Steinfurt

UBC-Bereich: Bildung

Kooperationsart: Lebenslanges Lernen (LLL)

Konzeptioneller und theoretischer Hintergrund

Lebenslanges Lernen (LLL, Life-Long-Learning):

Im Rahmen der Hochschul-Unternehmens-Kooperationen ist LLL definiert als das Angebot kontinuierlicher Erwachsenenbildung, Weiterbildung und/oder Ausbildung durch Hochschulen, wobei der Schwerpunkt auf dem Erwerb von Fähigkeiten, Wissen, Einstellungen und Verhaltensweisen durch Personen liegt. Beispiele für LLL-Aktivitäten sind Erwachsenenbildung (Tamilina, 2012), Unternehmenstraining (European Commission, 2010) sowie Trainingskurse für spezifische industrielle Qualifikationen und Ausbildungsbedürfnisse (Caniëls & van den Bosch, 2011). Wissen entwickelt sich zunehmend schnell und dynamisch weiter. So wird es erforderlich, dass sich Mitarbeiter in Unternehmen auf dem neuesten technischen und wissenschaftlichen Stand befinden.

Eine Erfolgsgeschichte mit Zukunft ist TRAIN – Transfer in Steinfurt. Seit 2001 ist TRAIN das zentrale Projekt der strategischen Allianz zwischen dem Landkreis Steinfurt und der FH Münster. Ziel ist es, das Innovationspotenzial von Unternehmen im Landkreis Steinfurt zu erschließen.

Der Prozess des Wissenstransfers

Die Rolle der Hochschulen hat sich seit ihrer Gründung langsam entwickelt (Breznitz & Feldman, 2010; Etzkowitz, 2002). Von den Hochschulen wird heute erwartet, dass sie neue Ausbildungswege entwickeln, die besser auf die Bedürfnisse der Wirtschaft abgestimmt sind. Gleichzeitig müssen sie Wege finden, um ihre Aufgaben mehr auf die Bedürfnisse der Gesellschaft auszurichten.

Durch LLL-Aktivitäten wie TRAIN gewinnen und erhalten Unternehmen ihren Wettbewerbsvorteil in heterogenen, dynamischen und internationalen Märkten (Tresserras et al., 2005; Tucker, 2002) mit anspruchsvolleren Prozessen, Technologien und Methoden sowie leistungsfähigeren Mitarbeitern.

Verankert ist Train in der Wirtschaftsförderungs- und Entwicklungsgesellschaft des Kreises Steinfurt mbH (WESt) und der TAFH Münster GmbH. Dadurch können die Kompetenzen der Hochschule optimal mit Akteuren im Kreis Steinfurt zur Stärkung des Forschungs- und Wissenstransfers sowie der Stimulierung von Gründungen vernetzt werden.

Um kurze Wege zwischen Wissenschaft und Wirtschaft zu gewährleisten, war das Mitarbeiterbüro von Train von Beginn an auf dem Campus der Fachhochschule in Steinfurt. Im Gründer- und Innovationspark Steinfurt (GRIPS) haben sich (neben Train) auch Gründer und technologieorientierte Unternehmen in unmittelbarer Nähe zu den ingenieurwissenschaftlichen Fachbereichen der FH Münster angesiedelt. Dadurch können sie viele Angebote der Fachhochschule mitnutzen, in Kontakt mit kooperierenden Unternehmen treten und beim Train-Team Unterstützung bekommen.

Die Wirtschaftsförderungs- und Entwicklungsgesellschaft Steinfurt mbH (WESt) bietet bei Bedarf ein begleitendes Coaching an.

Beschreibung des Tools im Wissenstransfer

Kontinuierliche Weiterbildung (LLL) von Menschen ist in vielen Ländern zur Selbstverständlichkeit geworden. In Deutschland ist das bis dato weniger der Fall. Dort herrscht vielfach noch die Wahrnehmung vor, dass man sich durch Lehre und Studium alles notwendige Wissen und alle Kompetenzen aneignet, die für ein erfolgreiches Berufsleben notwendig sind.

Gleichwohl entwickelt sich Wissen heute dynamisch und sehr schnell. Jeder muss sich auf dem aktuellen Stand halten. Dafür sind Unternehmen und Arbeitgeber, aber auch und in besonderem Maße der Einzelne selbst verantwortlich.

Train – Transfer in Steinfurt bietet zu diesem Zweck eine niederschwellige und flexible Plattform. Das Programm richtet sich nach dem Markt. Es agiert und reagiert auch kurzfristig auf Bedarfe und löst Weiterbildungsaufgaben insbesondere für Unternehmen in der Region.

Implementierung

Wichtigste Meilensteine:

- Bedarfsanalyse
- Willensbildung zwischen Kommune/Kreis, Hochschule und Unternehmen ein solches Programm zu realisieren
- Finanzierungsmodell
- Kontinuierliche Kommunikation zwischen den Akteuren mit jährlicher Evaluation und Handlungsentscheidung

Übertragbarkeit
Erfolgsfaktoren im Wissenstransfer:

- Bedarfe erfassen und schnell zielführende und passgenaue Lösungen entwickeln
- Aktive und nachhaltige Kommunikation des Programms an die Zielmärkte

Höhe der zu bindenden Ressourcen: Hoch
Erforderliche Zeit zur Implementierung: Abhängig vom Finanzierungsmodell 1 bis 2 Jahre
Aktionsebene: Strategisch in Sinne des Programms und operativ im Sinne der einzelnen Maßnahme
Eingebundene Anspruchsgruppen:

- Von Seiten der Unternehmen die Mitarbeiter und Entscheidungsträger
- Von Seiten der Hochschule die Professoren und Wissenschaftler
- Von Seiten der Agentur die erforderlichen Koordinatoren und Vermarkter

4.4.2.4 Aufenthalt in einem Unternehmen

in Form eines Pflichtpraktikumssemesters oder im Rahmen eines Semesterkurses

UBC-Bereich: Bildung
 Kooperationsart: Mobilität der Studierenden

Konzeptioneller und theoretischer Hintergrund
Mobilität der Studierenden:

Die vorübergehende Mobilität von Studierenden zwischen Hochschule und Industrie dürfte eine der effektivsten Möglichkeiten sein, Wissen zu teilen und von der Hochschule in den privaten Sektor zu übertragen (Bienkowska et al., 2016; Crespi et al., 2007). Die Effizienz dieser Methode hat politische Entscheidungsträger und Manager an Hochschulen dazu motiviert, diese Tätigkeit als Voraussetzung für den Abschluss zu etablieren. Die Mobilität der Studierenden kann in vielerlei Hinsicht erfolgen, einschließlich Praktika und Doktorarbeiten in Industrie-Laboren (Lamichhane & Nath Sharma, 2010).
Ungeachtet der Wirksamkeit für den Wissenstransfer, sind in der Literatur nur wenige Praxisbeispiele dokumentiert oder gar als starke Praxis zur Förderung regionaler Innova-

tion anerkannt. Der Grund für diese mangelnde Aufmerksamkeit mag darin liegen, dass die meisten Hochschulen die *Mobilität der Studierenden* nicht als Teil der UBC betrachten, da diese Praxis in der Regel von Karrierebüros verwaltet wird und nicht von Akademikern oder anderen Akteuren des Wissenstransfers, wie Inkubatoren oder Technology Transfer Offices (TTOs).

Mit Blick auf die Bedeutung dieser Praxis für die Förderung regionaler Innovationen stellen wir in diesem Beitrag den Fall der FH Münster und zwei gemeinsame Praktiken zur Förderung der Mobilität von Studierenden vor. Die eine erfordert einen längerfristigen Aufenthalt in einem Unternehmen in Form eines Pflichtpraktikumssemesters und die andere die ständige Mobilität der Studierenden zwischen Hochschule und Unternehmen im Rahmen eines Semesterkurses.

Der Prozess des Wissenstransfers

Durch diese Aktivität zirkuliert das Wissen zwischen Hochschule und Wirtschaft. Die Studierenden erweitern ihre praktischen Fähigkeiten, Kenntnisse und Erfahrungen (Bozeman & Boardman, 2013). Durch sie stehen den Unternehmen junge Talente mit Problemlösungskapazitäten zur Verfügung (Debackere & Veugelers, 2005), die das Potenzial haben, Innovationen im Unternehmen zu fördern (Kaufmann & Tödtling, 2001).

Die vorübergehende Mobilität der Studierenden im Rahmen eines Semesterkurses wirkt sich positiv auf ihre subjektive Lernerfahrung während des Studiums aus (Rossano et al., 2016), und spielt eine entscheidende Rolle bei der Entwicklung ihrer beruflichen Karriere (Teichler, 2009). Schlussendlich spielt der Prozentsatz der Bevölkerung mit Hochschulbildung eines Landes eine bedeutende Rolle in Bezug auf die Innovationsleistung von Regionen und Ländern[6] (Cornell University et al., 2018).

Beschreibung von Tools im Wissenstransfer

Das Hauptziel ist, den Studierenden praktische Erfahrungen zu vermitteln, bei denen sie ihr theoretisches Wissen anwenden können. Diese neuartigen Bildungsformate schaffen einen zusätzlichen Wert für die Lernerfahrung der Studierenden und auch für externe Akteure. Daher werten sie (oft unbeachtet) den neuartigen und wertschöpfenden Charakter dieser Aktivitäten als sinnvoll und fordern, dass sie als Beispiele für erfolgreiche Praktiken des Wissenstransfers angesehen werden.

Implementierung

Wichtigste Meilensteine:

- Das Praktikum muss einen Zeitraum von mindestens 20 Wochen und die wöchentliche Arbeitszeit mindestens 35 Stunden umfassen. Die Bewertung erfolgt mit 30 ECTS (zusammen mit dem Praktikumsbericht).

---

[6] Wie vom Global Innovation Index vorgeschlagen https://www.globalinnovationindex.org/Home.

- Das Praktikum kann in einem Unternehmen in Deutschland, Europa oder Lateinamerika absolviert werden.
- Während des Praktikums werden die Studierenden durch konkrete Aufgaben und praktische Tätigkeiten in Unternehmen oder anderen außeruniversitären Einrichtungen in die Berufspraxis eingeführt.
- Am Ende des Praktikums wird den Studierenden des Unternehmens ein Zertifikat ausgestellt.
- Der Praktikumsbericht ist Voraussetzung für die Anrechnung des Praktikumssemesters. Es wird nicht mit einer Note bewertet, sondern mit „bestanden" oder „nicht bestanden".
- Den Studierenden wird ein akademischer Betreuer zugewiesen. Dieser begleitet auch die Abschlussarbeit der Studierenden und wertet den Praktikumsbericht aus.
- Für den Fall der vorübergehenden Mobilität von Studierenden zur Industrie im Rahmen eines Lehrgangs, wurde in der Literatur dokumentiert, dass sie hauptsächlich von der akademischen Vernetzung und von der Stärke der Beziehungen zu den Unternehmen abhängt.

Übertragbarkeit

Erfolgsfaktoren im Wissenstransfer:

- Das persönliche Netzwerk der Akademiker mit der Wirtschaft spielt eine entscheidende Rolle, da sie die wichtigsten Ansprechpartner für eine diesbezügliche Zusammenarbeit sind.
- Es muss eine Partnerschaft oder Zusammenarbeit zwischen Wissenschaftlern und Geschäftsleuten bestehen, um die Mobilität der Studierenden kontinuierlich zu fördern.
- Ständige Kommunikation zwischen den wichtigsten Interessengruppen
- Ein akademischer Betreuer, der die Lernerfahrung der Studierenden überwacht und sicherstellt, dass sie an sinnvollen Aufgaben für ihre berufliche Entwicklung beteiligt sind.

Höhe der zu bindenden Ressourcen: Mittel

Erforderliche Zeit zur Implementierung: Kurzfristig: Eintägiger Besuch im Rahmen eines akademischen Kurses; Langfristig: Ein Semester im Rahmen eines PflichtpraktikumsAktionsebene: Kurzfristige Mobilität: Operativ; langfristige Mobilität: Strategisch und operativ

Eingebundene Anspruchsgruppen:

- Akademischer Leiter des Programms
- Studierende
- Industriepartner
- Ein Vorgesetzter im Unternehmen
- Karrieredienste

- Ein Professor oder ein Nachwuchsprofessor als Hauptverantwortlicher für die -Entwicklung des Studierenden während des Praktikums.

4.4.2.5 Nachwuchsprofessuren an der FH Münster

UBC-Bereich: Forschung
  Kooperationsart: Mobilität der Akademiker

Konzeptioneller und theoretischer Hintergrund
Mobilität der Akademiker:

Unter beruflicher Mobilität von Fachkräften versteht man die vorübergehende Verlagerung von Lehrkräften oder Forschern von Hochschulen zu externen Organisationen, wie beispielsweise Unternehmen. Gleiches gilt für Mitarbeiter, Manager und Forscher von externen Organisationen bis hin zu Hochschulen. Beispiele für berufliche Mobilität sind Sabbatzeiten für Professoren und Fachleute der Gegenorganisation (Davey et al., 2018b).

Die FH Münster hat die berufliche Mobilität von Akademikern einen Schritt weitergebracht. Die FH Münster hat ein Modell für die „Nachwuchsprofessur" entwickelt. Im Rahmen dieses Modells werden junge Wissenschaftler befristet beschäftigt, mit einer halben Stelle für Lehr- und Forschungsaufgaben an einem der Fachbereiche der Fachhochschule und einer halben Stelle in einem Unternehmen. Mit dem Modell einer Nachwuchsprofessur hat die FH Münster einen bundesweiten Präzedenzfall geschaffen, bei dem das Ministerium für Innovation, Wissenschaft und Forschung ein Programm zur bundesweiten Nachwuchsförderung vorgelegt hat (FH Münster, 2016).

Der Prozess des Wissenstransfers
Im Rahmen des Wissenstransfers trägt die berufliche Mobilität zur Verbreitung und zum Austausch von stillschweigendem und explizitem Wissen zwischen Hochschulen und Unternehmen bei (Arundel et al., 2013). Es hat auch das Potenzial, ein besseres Verständnis zwischen den beiden Kulturen zu entwickeln, da die Individuen selbst in beide Arbeitsumgebungen (Hochschulen und Unternehmen) eingebettet sind. Diese ständige Kommunikation und der Austausch von Wissen schafft das notwendige Vertrauen und Engagement für einen erfolgreichen Wissenstransfer von der Hochschule in die Wirtschaft und umgekehrt.

Beschreibung des Tools für den Wissenstransfer
Bei der Suche nach qualifizierten Bewerbern für eine Professur konkurrieren die Fachhochschulen mit Unternehmen um die besten Köpfe. Um hochqualifizierte Talente zu gewinnen, hat die FH Münster 2013 das Nachwuchsprofessoren-Modell geschaffen (s. Abb. 4.6). Dieses Modell dient ihr als einer der Bausteine zur Verbesserung der Bedingungen für eine wissenschaftliche Karriere an einer Fachhochschule (von Lojewski, 2016).

Das Konzept der „Nachwuchsprofessoren" an der FH Münster gestaltet sich im Rahmen eines dreijährigen Programms und richtet sich an hoch qualifizierte Wissenschaftler,

Abb. 4.6 Das Modell der Nachwuchsprofessur. (Quelle: FH Münster)

die eine akademische Karriere an einer Fachhochschule anstreben. Die Nachwuchs-professur ist eine Vollzeitstelle, dennoch verbringt die Nachwuchsprofessorin 50 Prozent ihrer Zeit an der Fachhochschule und 50 Prozent in der Industrie. Die Fachhochschule ist zu 75 Prozent für das Gehalt des Nachwuchsprofessors verantwortlich und der Industrie-partner zahlt die restlichen 25 Prozent. Gleichzeitig profitiert er von einem hoch quali-fizierten Mitarbeiter, der mit einer halben Stelle im Unternehmen arbeiten wird. Durch die Mitarbeit im Unternehmen sammeln Nachwuchsprofessoren die notwendigen Praxis-erfahrungen – was oft Voraussetzung für eine Professur an einer Fachhochschule ist (FH Münster, 2016).

Implementierung
Wichtigste Meilensteine:

- Der zu fördernde Kandidat muss bereits eine besondere Qualifikation für wissenschaft-liche Arbeiten nachweisen können, in der Regel durch eine abgeschlossene Promotion.
- Es sollte mindestens zwei Jahre Berufserfahrung im Hochschulbereich vor-weisen können.
- Im Rahmen des Programms sollten drei Jahre Berufserfahrung außerhalb der Hoch-schule erworben werden.
- Die Laufzeit des Programms beträgt drei Jahre.
- Die Abteilung an der Fachhochschule muss keine Personalkosten tragen, da diese voll-ständig vom Programm und dem Praxispartner getragen werden. Der Kandidat benötigt jedoch für die Dauer des Programms einen Arbeitsplatz und Zugang zur Forschung (z. B. Labor).
- Die Lehrbelastung muss 4–8 SWS umfassen.[7]

---

[7] An deutschen Hochschulen wird eine Semesterwochenstunde (SWS) verwendet, um den Zeitauf-wand des Studierenden für eine Lehrveranstaltung anzugeben oder um die Unterrichtsbelastung des Dozenten zu messen. Die Angabe „1 SWS" bedeutet, dass die entsprechende Lehrveranstaltung für die Dauer der durchschnittlichen Vorlesungszeit eines Semesters 45 Minuten pro Woche unter-richtet wird.

- Der Förderantrag muss von mindestens einem Professor der Fachhochschule für einen bestimmten Kandidaten gestellt werden.
- Der Antrag ist an die Hochschulleitung zu richten. Der Dekan bezieht den Fachbereichsrat ein, da der Nachwuchsprofessor auch in die Lehre einbezogen wird.
- Die Stellung beim Kooperationspartner in der Industrie muss grundsätzlich die Möglichkeit bieten, spezielle Dienstleistungen bei der Anwendung oder Entwicklung wissenschaftlicher Erkenntnisse und Methoden zu erbringen.
- Während des Programms betreuen die Teilnehmer zwei Professoren, die als Mentoren Ansprechpartner für verschiedene Fragen sind.

Übertragbarkeit
Erfolgsfaktoren im Wissenstransfer:

Die Position gegenüber dem Kooperationspartner in der Industrie muss im Rahmen eines Projekts zur Entwicklung neuer wissenschaftlicher Erkenntnisse und Methoden festgelegt werden. Die Tätigkeiten müssen so ausgerichtet sein, dass sie die Aneignung wissenschaftlicher Kenntnisse begünstigen.

Die Mentoren der Nachwuchsprofessorin müssen in ständiger Verbindung zu ihr stehen. Sie sollten insbesondere zu Beginn des Programms die wichtigste Verbindung zwischen dem Industriepartner und der Nachwuchsprofessorin sein.

Die Fachhochschule bietet professionelle Karriereberatung. Damit wird eine individuelle Unterstützung bei der Klärung beruflicher Perspektiven und der Entwicklung maßgeschneiderter Lösungen für mögliche Herausforderungen (z. B. Selbstorganisation, Zeitmanagement, Konflikte) geboten.

Höhe der zu bindenden Ressourcen: Hoch
Erforderliche Zeit zur Implementierung: Programmdauer, drei Jahre
Aktionsebene: Strategisch
Eingebundene Anspruchsgruppen:

- Nachwuchsprofessor
- Industriepartner
- Zwei Professoren der Fachhochschule als Mentoren des Nachwuchsprofessors
- Professionelle Personalberatung innerhalb der Hochschule, die die erfolgreiche -Entwicklung der Nachwuchsprofessorin vorsieht.

4.4.2.6 Partnerschaftsmodell an der FH Münster
UBC-Bereich: Forschung
Kooperationsart: Zusammenarbeit in FuE

Konzeptioneller und theoretischer Hintergrund
Zusammenarbeit in Forschung und Entwicklung (FuE):

Unter Zusammenarbeit im Bereich Forschung und Entwicklung versteht man Verein-
barungen, bei denen Hochschulen und Unternehmen zusammenarbeiten, um gemeinsam
und im Namen beider Parteien Forschungsziele zu verfolgen (Cohen et al., 2002), Auftragsforschung zu betreiben (D'Este & Perkmann, 2011), FuE-Beratung anzubieten
(Cohen et al., 2002; Etzkowitz et al., 2001) und von der Industrie finanzierte FuE durchzuführen (Hall et al., 2001).

Die FH Münster setzt diese Aktivitäten mit dem Schwerpunkt auf nachhaltigere Beziehungen zwischen beiden Organisationen (Hochschulen und Unternehmen) um. Dieses
Ziel wird erreicht, indem man einem Treppenmodell (*Stairway Model*) zur Bildung strategischer Partnerschaften folgt.

Dieses Tool wurde vom Science-to-Business Marketing Research Centre® (S2BMRC)
nach einer konsequenten Beziehungsmarketing-Perspektive entwickelt (Dottore et al.,
2010; Kesting et al., 2014). Das *Stairway Model* ist ein forschungsbasiertes Instrument,
das als exemplarisches Tool zur Steuerung einer profitablen und beidseitig vorteilhaften
Zusammenarbeit im Bereich FuE vorgestellt wird. Das in verschiedenen Kontexten validierte Instrument wird seit mehreren Jahren auf Konferenzen und Workshops propagiert,
die sich mit der Zusammenarbeit zwischen Hochschulen und Unternehmen befassen. Derzeit wird es von einigen europäischen Hochschulen genutzt und teilweise angepasst (Kesting et al., 2014).

Der Prozess des Wissenstransfers
Das *Stairway Model* wurde sowohl auf Beziehungsmarketingaspekten als auch auf
Business-to-Business-Grundsätzen wie dem Partnering-Fokus aufgebaut, d. h. „(…) Kunden halten, indem sie aktuelle Bedürfnisse erfüllen und mit ihnen zusammenarbeiten, um
ihre Probleme zu lösen" (Kotler & Armstrong, 2014, S. 192).

Dies geht einher mit der Integration des Kunden in den Forschungsprozess, wobei zuerst der Kunde kommt und dann das eigentliche Projekt folgt.

Das Modell beinhaltet unter anderem zwei bemerkenswerte Entwicklungsprozesse:
vom Business Development Management bis zum Key Account Management (KAM) und
von einem individuellen Fokus hin zu einem übergeordneten organisatorischen Fokus.
Somit wird die Nachhaltigkeit von wiederkehrenden Projekten mit einem strategisch
wichtigen Partner sichergestellt, der von einem Key Account Manager betreut wird.

Beschreibung des Tools für den Wissenstransfer
Das Stairway Model zur strategischen Partnerschaft bietet eine nützliche Struktur für die
Entwicklung einer hochschulweiten Strategie für die Zusammenarbeit mit der Wirtschaft
(s. Abb. 4.7).

Implementierung
Wichtigste Meilensteine:

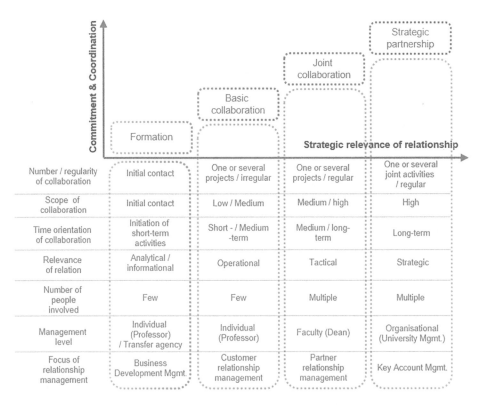

Number / regularity of collaboration	Initial contact	One or several projects / irregular	One or several projects / regular	One or several joint activities / regular
Scope of collaboration	Initial contact	Low / Medium	Medium / high	High
Time orientation of collaboration	Initiation of short-term activities	Short - / Medium -term	Medium / long-term	Long-term
Relevance of relation	Analytical / informational	Operational	Tactical	Strategic
Number of people involved	Few	Few	Multiple	Multiple
Management level	Individual (Professor) / Transfer agency	Individual (Professor)	Faculty (Dean)	Organisational (University Mgmt.)
Focus of relationship management	Business Development Mgmt.	Customer relationship management	Partner relationship management	Key Account Mgmt.

Abb. 4.7 Stairway Model zu strategischen Partnerschaften (Science-to-Business Marketing Research Centre, 2011, S. 100)

- Das Stairway Model zur strategischen Partnerschaft führt die Kooperationspartner der Hochschulen von der ersten Kontaktaufnahme bis hin zur Bildung einer strategischen Partnerschaft, während Geschäftspartner auch auf einer bestimmten Stufe bleiben oder zu einer niedrigeren Stufe der Treppe hinuntersteigen können.
- Beim Treppensteigen steigt die strategische Relevanz der Beziehung und die Bindungen zwischen den Akteuren werden enger.
- Begleitet von regelmäßigen und umfangreichen Gemeinschaftsaktivitäten nimmt auch das Engagement und die Koordination der Partnerschaft aufgrund der daraus resultierenden höheren Komplexität zu.
- Die Vertiefung der Beziehung führt zu einer schrittweisen Entwicklung vom Customer Relationship Management (CRM) über das Partner Relationship Management (PRM) bis hin zum Key Account Management (KAM).

Übertragbarkeit
Erfolgsfaktoren für den Wissenstransfer:

- Der Fokus auf den Aufbau langfristiger und nachhaltiger Beziehungen spielt eine wesentliche Rolle.
- Da es auf Beziehungsmarketingprinzipien aufbaut, stehen die wichtigsten Treiber für die erfolgreiche Umsetzung und Entwicklung in Bezug zueinander. Dies drückt sich aus in ständiger Kommunikation zwischen den Partnern, Vertrauen, gemeinsamen Zielen und Transparenz.
- Das Tool muss an den Kontext angepasst werden, in dem es eingesetzt wird.
- Es hilft den Hochschulen, den Entwicklungsstand ihrer Beziehungen zu externen Akteuren zu visualisieren und Ressourcen besser bei deren Pflege und Entwicklung einzusetzen.
- Es unterstützt die Hochschulen bei der Entwicklung erster Kontakte mit externen Akteuren und beim Aufbau langfristiger strategischer Partnerschaften.

Höhe der zu bindenden Ressourcen: Von niedrig (Erstkontakt) bis hoch (Entwicklung strategischer Partnerschaften)
  Erforderliche Zeit zur Implementierung: Langfristig
  Aktionsebene: Strategisch
  Eingebundene Anspruchsgruppen:

- Beide Organisationen, nämlich Hochschulen und Unternehmen
- Von der individuellen Ebene (Wissenschaftler und Mitarbeiter externer Organisationen) bis zur organisatorischen Ebene (Führungsebene)

4.4.2.7 University-Business Get Together
UBC-Bereich: Forschung
  Kooperationsart: Zusammenarbeit in FuE

Konzeptioneller und theoretischer Hintergrund
Zusammenarbeit in FuE:

Nachdem die FH Münster im Rahmen ihrer Forschungsoffensive alle Maßnahmen evaluiert und neu bewertet hat, die bis dato über Jahre hinweg oder z. T. auch innerhalb eines Jahres eingesetzt wurden, konnten einige Maßnahmen gestrichen, andere neu ausgestaltet und wieder andere vollständig neu entwickelt werden.
  So wurden aufgrund ausbleibender messbarer Ergebnisse z. B. die „Tage der offenen Tür" vom Plan genommen. „Messebeteiligungen" wurden vollständig überarbeitet und professionalisiert.

Der Prozess des Wissenstransfers
Neu entstanden ist ein Instrument mit den Namen Hochschul-Unternehmen Get Together. Eine Gruppe von 10 bis 12 Vertretern eines Unternehmens besucht die Hochschule für einen halben Tag. Analog werden 10 bis 12 Wissenschaftler mit an den Tisch geholt, die die Vertreter inhaltlich matchen. Nach einer kurzen Vorstellungsrunde separieren sich die

so entstandenen Paare (Produktionsleiter und Professor in Produktionstechnik, Logistik-leiter und Professor der Logistik, ...). Dafür stehen separate Räume zur Verfügung. Die Spielregel ist, dass die Smartphones ausgeschaltet werden und die Paare sich nun eine Stunde lang zu aktuellen und künftigen Fragestellungen austauschen.

Nachdem die Gesprächspartner wieder zusammenkommen, werden Ideen für Projekte auf dem Whiteboard gelistet. Jedes Paar bringt auf diese Weise zwei bis vier Projekte in die Liste ein (wenn es zehn Paare waren, stehen nun 30 potenzielle Projekte auf der Liste). Diese Liste wird nun diskutiert, bearbeitet und auf eine Short List reduziert. Es bleiben dann zehn Projekte auf der Liste, die nun nach Auflösung des Get Toghethers den Umriss einer gemeinsam anzugehenden Agenda bilden.

Sowohl Hochschul- als auch Unternehmensleitung überprüfen im Laufe der nächsten Wochen die Fortschritte, sodass reale Projekte vereinbart werden, die dann in die Umsetzungsphase gehen. Auch diese wird durch die Leitungen im Rahmen eines Monitoring-Prozesses begleitet und überprüft.

Beschreibung des Tools im Wissenstransfer
Durch die Einbindung der jeweiligen Leitungen, durch die unmittelbare Möglichkeit (und Notwendigkeit) des Austausches auf inhaltlicher Ebene und durch den Monitoring-Prozess entsteht ein gewisser Handlungsdruck bei allen Beteiligten.

Auf diese Weise werden aus einem Get-Together rund 30 Projektideen generiert, wovon zehn in die konkrete Entscheidungsphase und sechs in die Umsetzung gelangen. Im Rahmen der „Tage der offenen Tür" haben es keine der entstandenen Projektideen in die Umsetzungsphase geschafft.

Der Erfolg dieser Maßnahme wird durch Weiterempfehlung und narrative Darstellungen in anderen Meetings weitergetragen. Unternehmen melden sich aktiv, um in Get-Together Maßnahmen aufgenommen zu werden.

Zweck des Tools ist es, mit überschaubarem Aufwand zu einer nennenswerten Anzahl von Kooperationsprojekten zu gelangen, die durch die Beteiligung unterschiedlicher Führungsebenen in beiden Organisationen für ein Momentum sorgen und entsprechend auch weitergetragen werden.

Implementierung:
Wichtigste Meilensteine

- Identifikation potenzieller Unternehmen
- Anknüpfung, Abstimmung und Vereinbarung
- Spielregeln
- Monitoring der Short List

Übertragbarkeit

Erfolgsfaktoren im Wissenstransfer:

* Engagement und Bedeutungsbetonung durch die Leitungsebene
* Aktives Monitoring in beiden Organisationen
* Eins-zu-Eins-Workshops (nur ein Unternehmen und eine Hochschule)

Höhe der zu bindenden Ressourcen: Je Organisation ein halber Tag mit je 10–12 Teilnehmern

Erforderliche Zeit zur Implementierung: Wenige Wochen

Aktionsebene: Strategisch in Sinne des Programms und operativ im Sinne der einzelnen Maßnahme

Eingebundene Anspruchsgruppen:

* Auf Seite der Unternehmen die Leitung/Geschäftsführung und leitende Mitarbeiter und Entscheidungsträger
* Auf Seite der Hochschule die Hochschulleitung und Professoren und Wissenschaftler
* Auf Seite der Agentur ein Begleiter und evtl. Moderator

4.4.2.8 Transferagentur der FH Münster (TAFH Münster GmbH)

UBC-Bereich: Valorisierung

Kooperationsart: Kommerzialisierung von FuE Ergebnissen und weitere Leistungen

Konzeptioneller und theoretischer Hintergrund

Kommerzialisierung von FuE-Ergebnissen:

Unter der Kommerzialisierung von FuE-Ergebnissen versteht man den Übergang wissenschaftlicher Forschung und Technologien in den Markt durch den Handel in Form von geistigen Eigentumsrechten. Der Umgang mit Patenten und geistigen Eigentumsrechten in Kooperationsprojekten zwischen Wissenschaft und Praxis ist oft ein sensibler Bereich. Dennoch hat die Transferagentur der FH Münster (TAFH Münster GmbH) diese Aktivitäten partnerschaftlich gelöst. Die Philosophie dahinter ist, dass der Wissenstransfer zwischen Organisationen Vertrauen braucht; das Grundprinzip für die Kommerzialisierung von FuE-Ergebnissen ist *„Innovation durch Partnerschaft"* (TAFH Münster GmbH, 2019).

Der Prozess des Wissenstransfers

Neben Lehre und Forschung ist der Transfer und die Verwertung wissenschaftlicher Ergebnisse eine der zentralen Aufgaben der Hochschulen. Während Akademiker und Hochschulen Einkommen (D'Este & Perkmann, 2011) und Reputation (Göktepe-Hulten & Mahagaonkar, 2010) erzielen, erschließen Unternehmen neue Produkte und Dienstleistungen (Bercovitz & Feldman, 2008; Strunz et al., 2003) und schaffen Wettbewerbsvorteile.

Beschreibung des Tools im Wissenstransfer

Unternehmen denken meist nicht in universitären Strukturen. Sie suchen nach Kompetenzen und Lösungen für ihre Fragen und sind besonders daran interessiert, neue Impulse für marktfähige Produkte und Dienstleistungen zu erhalten. Es spielt für sie keine oder nur eine untergeordnete Rolle, ob auf eine Anfrage im Bereich Sensorik nun ein Forscher aus dem Bereich der Elektro- oder der physikalischen Technik antwortet.

Die FH Münster hat Aufgaben des Wissenstransfers, einschließlich der Vermarktung von FuE-Ergebnissen, an die TAFH Münster GmbH übertragen. Unter dem Leitgedanken „Innovation durch Partnerschaft" fördert die TAFH Münster GmbH beispielsweise den Wissens- und Technologietransfer und die Entwicklung von Netzwerken und Projekten für Innovationspartnerschaften.

Die TAFH Münster GmbH ist das zentrale Unternehmen zur Förderung von Innovation und Projektentwicklung mit Unternehmen. Ein einzigartiges Team von Experten aus Wissenschaft und Praxis initiiert dort innovative Projekte – zum Beispiel in Forschung und Entwicklung, Weiterbildung oder Unternehmensgründung.

Implementierung

Wichtigste Meilensteine:

- Um das Innovationspotenzial von Unternehmen in der Region zu stärken, haben der Landkreis Steinfurt und die FH Münster im Jahr 2001 eine strategische Partnerschaft im Bereich Wissens- und Technologietransfer gestartet.
- Das Projekt erhielt den Namen „TRAIN". TRAIN ist verankert in der Wirtschaftsförderungsgesellschaft des Landkreises Steinfurt mbH (WESt) und im Transferbereich der Fachhochschule.
- Die FH Münster hat erkannt, dass die Anforderungen an Transferprozesse stetig steigen. Unternehmen haben aufgrund kürzerer Produkt- und Technologielebenszyklen einen höheren Innovationsbedarf.
- Auf diese Anforderungen reagierte man 2004 mit einem neuen Angebot – der „TAFH Münster GmbH." In dieser Agentur werden operative Transferprozesse der FH Münster zusammengeführt.
- Die TAFH Münster wurde in Form einer GmbH gegründet. Sie ist jedoch nach wie vor tief in die Strukturen der FH Münster eingebettet.
- Im Jahr 2008 wird der Geschäftsführer der TAFH Münster GmbH als Ausschussvorsitzender in die Fachhochschulleitung integriert.
- Im Jahr 2010 wird er zum Vizepräsidenten für Wissenstransfer und Partnerschaften ernannt. Derzeit ist er Vizepräsident für Transfer, Kooperation und Innovation. Er ist verantwortlich für Aufgaben wie Forschungsmanagement, Wissens- und Technologietransfer (u. a. Gründungen, Beteiligungen, Verwertung), Kooperationen und Partnerschaften, Marketing, Alumnimanagement und Innovationsmanagement auf strategischer sowie operativer Ebene.

Übertragbarkeit

Erfolgsfaktoren für den Wissenstransfer:

- Mit dem Spin-off kann die FH Münster die Transferleistungen noch zielgruppen-spezifischer und damit marktorientierter gestalten.
- Die TAFH Münster GmbH ist in die internen Entscheidungs- und Kommunikations-prozesse der Hochschule integriert, was einen optimalen Transferdienst gewährleistet.
- Die FH Münster führt eine Vielzahl von Forschungs- und Entwicklungsprojekten mit externen Forschungspartnern durch. Die TAFH Münster GmbH bezieht Forscher der FH Münster als Projektleitungen ein und nutzt die Forschungsinfrastruktur der Hoch-schule über einen Rahmenvertrag. Auf diese Weise ist die TAFH Münster GmbH besser gerüstet, um Fragen und Probleme, die sich im Auftrag wirtschaftlicher Projektpartner stellen, zu bearbeiten.
- Die TAFH Münster GmbH ist bedarfsorientiert, was zu einem genau auf die Bedürfnisse der wirtschaftlichen und praktischen Partner zugeschnittenen Leistungsangebot führt.
- Die TAFH Münster GmbH legt einen starken Fokus auf partnerschaftliche Ansätze zum Wissens- und Technologietransfer. Mit diesem Ansatz nimmt sie ihre Rolle als ge-sellschaftlicher Wirtschaftsmotor ernst. Auf diese Weise ist Transfer keine Einbahn-straße, sondern ein multidirektionaler Austauschprozess zwischen Partnern.

Höhe der zu bindenden Ressourcen: Hoch
Erforderliche Zeit zur Implementierung: Langfristig
Aktionsebene: Strategisch und strukturell
Eingebundene Anspruchsgruppen:

- Regionale Akteure in der Innovationsszene
- Führungsebene der FH Münster, Präsidium
- Externe Akteure der Industrie
- Wissenschaftler und Professoren
- Transfermanager

4.4.2.9 Science-to-Business Canvas

UBC-Bereich: Valorisierung
  Kooperationsart: Kommerzialisierung von FuE Ergebnissen

Konzeptioneller und theoretischer Hintergrund

Kommerzialisierung von FuE Ergebnissen durch Science-to-Business Marketing:Zu den Formen der Kommerzialisierung (Bercovitz et al., 2001; Markman et al. 2008), gehören die Offenlegung von Erfindungen, die Patentierung, Lizenzen sowie Ausgründungen in Form von Spin-Offs (Jones-Evans & Klofsten, 1997). Nun ist der Schritt von der Theorie zur Praxis schwierig. Insbesondere sind Hochschulen oft überfordert, welche Ansätze mit welchen Unternehmen und auf welche Weise verfolgt werden sollen. Daher ist eine be-liebte Abschlussfrage bei allen Workshops, die das Science-to-Business Marketing Research Centre (S2BMRC) in den letzten 10 Jahren durchgeführt hat, die folgende: „Alles prima, aber was genau soll ich jetzt am Montagmorgen, wenn ich ins Büro komme, als erstes tun?" Das Tool „Science-to-Business Canvas" gibt hier die Antwort.

Der Prozess des Wissenstransfers

In einem Workshop mit Vertretern aus der Hochschule werden zunächst die Kompetenzen/Technologien/Forschungsschwerpunkte der Hochschule (oder des Fachbereichs, des Instituts, etc.) waagerecht aufgeführt. Senkrecht werden dann die Marktsegmente (oder Industriecluster, Branchen der Region etc.) schriftlich fixiert. Beide Listen sind nicht begrenzt doch es sollte bei einer handhabbaren Größe bleiben (Simeonova, 2018).

In einem nächsten Schritt werden die potenziellen Leistungsbeiträge der Kompetenzfelder der Hochschule in Bezug auf die Segmente bewertet. Durch einfache Symbole (xxx = hoch, xx = mittel, x = niedrig, O = keine) entsteht ein erstes Bild der Möglichkeiten und davon, welche Kompetenzträger sinnvoll miteinander agieren könnten. Dadurch erschließen sich diverse Handlungsoptionen.

Der Erfolg hängt jedoch nicht nur von der Passung der Leistungs- und Marktoptionen ab. Maßgeblich sind primär zwei Größen: 1. Das Potenzial des Marktes und 2. die Erschließbarkeit dieses Marktes.

Beide Größen werden nun über validierte Kriterien bewertet: die Stärke der Bedarfe (Wie stark ist die Notwendigkeit einer Lösung für Unternehmen?), die Zugänglichkeit des Marktes (Hat die Hochschule bereits einige Kontakte in diesem Segment?), einige Erfahrungen und Referenzen (Referenzen und/oder erfolgreiche Projekte in diesem Segment) und auch die Erschließung des potenziellen Marktes (z. B.: wie viele Unternehmen sind auf dem Markt präsent und um welche Art von Unternehmen handelt es sich). Abhängig von den Ergebnissen können Entscheidungen bezüglich der prioritären Aktionen getroffen werden. Die Priorisierungen wurden von allen Teilnehmern vorgenommen. Außerdem werden Zeitpläne und Verantwortlichkeiten festgelegt.

Die fotografische Dokumentation des Workshops und die Zeit- und Aktionspläne mit klar definierten personellen Verantwortungen lassen das Tool zu einem Erfolgsfaktor im Transfer werden.

Beschreibung des Tools für den Wissenstransfer

Ziel des Instrumentes ist es, mit relativ geringem Aufwand zu einer Handlungsliste mit Zeit- und Zielplänen sowie Verantwortlichkeiten zu gelangen, die anschließend durch genaues Monitoring verfolgt wird.

Implementierung

Wichtigste Meilensteine:

- Zusammenstellung einer Gruppe interessierter und beitragswilliger Akteure
- Workshop mit Beschlüssen und Dokumentation
- Monitoring

Übertragbarkeit

Erfolgsfaktoren im Wissenstransfer:

- Zusammenstellung einer Gruppe interessierter und beitragswilliger Akteure
- Moderation
- Potenzialbewertung und Bewertung der Erschließungs-Wahrscheinlichkeit
- Festlegung der Aktionspläne und Bestimmung der Verantwortlichkeiten

Höhe der zu bindenden Ressourcen: Ein halber Tag mit 10–12 Teilnehmern
Erforderliche Zeit zur Implementierung: Wenige Tage
Aktionsebene: Operativ
Eingebundene Anspruchsgruppen:

- Professoren/Wissenschaftler und Transfermitarbeiter
- Von Seiten der Agentur ein Begleiter und evtl. Moderator

4.4.2.10 TechAdvance™ – Technologiebewertung

UBC-Bereich: Valorisierung
Kooperationsart: Kommerzialisierung von FuE Ergebnissen

Konzeptioneller und theoretischer Hintergrund

Technologiebewertung:

Die Praxis des Technology Assessment (TA) besteht seit über 50 Jahren (Ely et al., 2011). Der Begriff wurde jedoch erstmals 1972 in den Vereinigten Staaten mit der Gründung des *Office of Technology Assessment* (OTA) institutionalisiert.[8]

Diese Praxis ist auch heute noch weltweit im Einsatz und kombiniert verschiedene Analysegrade und Prozesse, um mögliche Ergebnisse des technologischen Fortschritts richtig zu bewerten und im Idealfall vorherzusagen (Van Zwanenberg et al., 2009).

In Unternehmen kann das frühzeitige Erkennen von unternehmerischen Chancen mit dem höchsten Potenzial zu Wachstum und zur Etablierung einer Wettbewerbsposition im Markt führen (Lim & Xavier, 2015). Dennoch können aufgrund der begrenzten Ressourcenverfügbarkeit nicht alle unternehmerischen Chancen für die weitere Entwicklung unterstützt werden. Unternehmen stehen oft vor der Herausforderung, Technologien zu bewerten, die das größte Kommerzialisierungspotenzial haben (Davey et al., 2010; Heslop et al., 2001).

Um Unternehmen bei dieser anspruchsvollen Aufgabe zu unterstützen, hat das Unternehmen apprimo – ein *Spin-off* des Science-to-Business Marketing Research Centre

---

[8] Das Office of Technology Assessment (OTA) war von 1972 bis 1995 ein Büro des Kongresses der Vereinigten Staaten. Ziel der OTA war es, den Mitgliedern und Ausschüssen des Kongresses eine objektive und autoritative Analyse der komplexen wissenschaftlichen und technischen Fragen des späten 20. Jahrhunderts zu ermöglichen (https://ota.fas.org/).

(S2BMRC) an der FH Münster – *TechAdvance™* entwickelt. Dabei handelt es sich um ein Tool, das bei der Bewertung von Forschungs- und Technologieprojekten in puncto Kommerzialisierungspotenzial hilft.

Der Prozess des Wissenstransfers

Im Hochschulkontext bedeutet der Ausdruck „Wissens- und Technologietransfer", dass Wissen und Technologie von einem Anbieter auf einen Empfänger übertragen wird (Audretsch, 2002; Baaken et al., 2016). Mit anderen Worten, die wissenschaftliche Forschung wird vom Lieferanten auf den Anwender übertragen.

Der Wissenstransfer von einer Hochschule in die Praxis kann jedoch nur dann erfolgen, wenn das Ziel des Transfers einem Bedarf entspricht. Daher sollte der Ausgangspunkt eines erfolgreichen Transfers darin bestehen, die Bedürfnisse und Interessen von Nutzern zu berücksichtigen, die einen potenziellen Markt darstellen (Kesting, 2012). Die Anwendung von TechAdvance™ bei der frühzeitigen Bewertung von Technologien unterstützt die Ausrichtung auf den Markt, was ein effektiver Weg ist, um die Chancen von Technologien zu erhöhen, erfolgreiche Produkte und Dienstleistungen auf dem Markt zu werden.

Beschreibung des Tools für den Wissenstransfer

TechAdvance™ wurde entwickelt, um Forschungs- und Technologieprojekte frühzeitig auf die Bedingungen des Marktes auszurichten und die Berücksichtigung von Fragen bezüglich der Kommerzialisierung des Projektes zu begünstigen. Dabei gilt: Je früher ein Forschungs- und Technologieprojekt einen Markt finden oder sich darauf ausrichten kann, desto größer ist die Wahrscheinlichkeit, dass es ein Marktbedürfnis lösen und damit eher am Markt erfolgreich sein kann (TechAdvance, 2010).

Implementierung

Wichtigste Meilensteine:

- Beurteilen: Das Tool besteht aus einem dreidimensionalen Modell, in dem die Dimensionen „Marktattraktivität", „Technologiepotenzial" und „Menschen" als Schlüsseldimensionen für die Bewertung von Technologien angesehen werden.
- Marktattraktivität: Bezieht sich auf das Verfahren zur Bewertung des Marktpotenzials
- Technologie-Potenzial: Bezieht sich auf die Bewertung des Entwicklungspotenzials für eine bestimmte Technologie
- Menschen: Diese Dimension bezieht sich auf die Fähigkeit und das Potenzial von Schlüsselpersonen zusammenzuarbeiten und die Möglichkeiten der Technologiekommerzialisierung zu verbessern

     Das Tool verwendet 43 Bewertungskriterien, die auf den drei oben genannten Dimensionen basieren. Dies ermöglicht dem Anwender eine Makroperspektive des Prozesses und die Möglichkeit, schnell zu erkennen, in welcher der drei Dimensionen Probleme auftreten.

- Strukturierung: Nach der Bewertung wird die Punktzahl aus jedem Kriterium zu einer Gesamtpunktzahl addiert, die eine Bewertung des Potenzials des Projekts ermöglicht. Es wird eine Struktur für die Priorisierung der den Projekten zugewiesenen Ressourcen (entsprechend ihrer Punktzahl) bereitgestellt. Die Methode liefert somit wertvolle Informationen für die Entscheidungsfindung bezüglich des Technologiepotenzials eines Projekts oder eines Portfolios von Projekten.
- Risikomanagement: Die Bewertungskriterien stellen eine wertvolle Checkliste von Überlegungen dar, um Probleme zu vermeiden, die ein Risiko im Vermarktungsprozess bedeuten.
- Entwicklung: Die Methode ist in einen Stage-Gate-Prozess integriert, um die Bewertung innerhalb ihrer Organisation praxisnäher und nutzbarer zu machen.

Übertragbarkeit

Erfolgsfaktoren für den Wissenstransfer:

- Die frühzeitige Bewertung von Technologien sowie deren Ausrichtung auf den Markt in einem frühen Entwicklungsstadium erhöht die Wahrscheinlichkeit, dass Technologien zu erfolgreichen Produkten und Dienstleistungen werden.
- Die Bewertung von Forschung und Technologie unter Berücksichtigung der drei wichtigsten Variablen Marktattraktivität, Technologiepotenzial und Menschen
- Die Verwendung eines *Stage-Gate*-Prozesses, um die Bewertung innerhalb der Organisation praktischer und nutzbarer zu machen
- TechAdvance™ ermöglicht es seinen Nutzern, ein „organisationsspezifisches Kriterium" hinzuzufügen, eine individuelle Bewertung vorzunehmen und so zu berücksichtigen, in welchem Entwicklungsstadium sich das Projekt oder die Technologie derzeit befindet.

Höhe der zu bindenden Ressourcen: Niedrig
Erforderliche Zeit zur Implementierung: Kurzfristig
Aktionsebene: Operativ
Eingebundene Anspruchsgruppen:

- Forschungseinrichtungen
- Technologietransferstellen

4.4.2.11 Anreize für Wissenschaftlerinnen und Wissenschaftler
UBC-Bereich: Valorisierung
  Kooperationsart: Akademisches Unternehmertum

Konzeptioneller und theoretischer Hintergrund
Incentives und Nudges, Akademisches Unternehmertum:

Beim Wissenstransfer handelt es ich um einen „zweiseitigen Markt". Auf der einen Seite stehen die Unternehmen als Empfänger, auf der anderen die Wissenschaftler, deren Erkenntnisse aus der Forschung transferiert werden sollen. Durch Anreize und *Nudging* sollen Wissenschaftler intern motiviert werden, sich stärker im Transfer zu engagieren.

Sowohl für Hochschulen als auch für Unternehmen sind Wissenschafts-Wirtschafts-Kooperationen eine diskretionäre Tätigkeit, die für die Akteure nicht selbstverständlich ist. Daher müssen geeignete Mechanismen geschaffen werden, um die Zusammenarbeit zu fördern und zu unterstützen. Diese unterstützenden Mechanismen zielen darauf ab, die größten Barrieren (z. B. Bürokratie) abzubauen oder zu beseitigen, erleichternde Faktoren (z. B. gemeinsame Ziele) bereitzustellen, Anreize (z. B. Anerkennung) zu schaffen und die Hochschulen und Unternehmen für die Durchführung der Aktivität belohnen.

Es besteht die Möglichkeit, Verhaltensänderung durch Anreizsetzungen zu erreichen. Man unterscheidet zwischen extrinsischer Motivation (z. B. Ressourcen oder Reduktion des Lehrdeputats) sowie intrinsischer Motivation (inhaltlich befriedigende Aufgaben).

Die Nudge-Theorie von Thaler und Sunstein (2009) bietet eine Alternative zu den traditionellen Mitteln, um Richtungsentscheidungen von Menschen positiv zu beeinflussen.

Nudging (Synonym für anregen, lenken, formen) ist eine verhaltensökonomische Methode, bei der versucht wird, das Verhalten zu beeinflussen, ohne dabei auf Verbote, Gebote oder ökonomische Anreize zurückzugreifen. (Thaler & Sunstein, 2009)

Hierzu werden die Rahmenbedingungen der Entscheidungsoptionen so verändert, dass die betroffene Person sich zu Gunsten einer bestimmten Intention entscheidet. Die Mechanismen werden von den Entscheidenden dabei nicht als manipulativ wahrgenommen. Denn viele, wenn nicht die meisten täglichen Entscheidungen, werden im Unterbewusstsein getroffen (Marchiori et al., 2017). Viele Menschen würden sich selbst als rationale Entscheidungsträger bezeichnen, aber die Beobachtung der Verhaltensweisen zeigt etwas Anderes.

Der Prozess des Wissenstransfers

Die Literatur weist auf besondere Merkmale der Funktionalität eines wissenschaftlichen Belohnungs- und Anreizsystems hin (Osterloh & Frey, 2008). Insbesondere nichtmonetäre Anreize erscheinen für die Berufsgruppe der Wissenschaftler bedeutsam. Es ist die Anerkennung durch die wissenschaftliche Gemeinschaft und Peers in Form von Preisen, Ehrendoktoraten oder Mitgliedschaften in prestigereichen Akademien (Stephan, 2008; Frey & Neckermann, 2008), aber auch die Verbesserung der Rahmenbedingungen in der eigenen Forschung (Zugriff auf Wissen und Kompetenzen, Abbau administrativer Hürden, Service der Verwaltung). Nudges, die im Kontext des Wissenstransfers Einsatz finden, sind z. B.

- Opt-in und Opt-Out Variationen
- Neue Begriffe generieren oder Begriffe neu definieren
- Zertifikate und Awards
- Role modelling

Art des Treibers	Erklärung
Relationale Triebkräfte	Treiber, die sich auf die Beziehung zwischen Hochschulen/Wissenschaftlern und Wirtschaft beziehen • Bestehen von gegenseitigem Vertrauen • Vorhandensein von gemeinsamen Verpflichtungen • Eine vorherige Beziehung mit dem Geschäftspartner • Ein gemeinsames Ziel haben • Ein gemeinsames Verständnis haben • Zusammenarbeit als wirksames Mittel zur Bewältigung gesellschaftlicher Herausforderungen

Abb. 4.8 Treiber und begünstigende Rahmenbedingungen im Wissenstransfer. (Quelle: Angepasst von Davey et al. (2011b))

- Storytelling
- Creative spaces, Co-Creation-Space

Beschreibung des Tools für den Wissenstransfer
Bestimmte Treiber begünstigen den Wissenstransfer (s. Abb. 4.8).

Mit Anreizen und Nudges sollen Mitglieder der Hochschule motiviert und bewegt werden, sich aktiv am Wissenstransfer zu beteiligen.

Implementierung
Wichtigste Meilensteine:

- Zusammenstellung einer Liste potenzieller Anreize und Nudges
- Priorisierung anhand einer mit Vertretern der Hochschule durchgeführten Analyse
- Entscheidung über Anreize; Definition eines Anreizsystems – oder Portfolios
- Kommunikation des Systems und transparente Vergabe der Anreize

Übertragbarkeit
Erfolgsfaktoren im Wissenstransfer:

- Ressourcen
- Engpässe bei Forschern identifizieren

Höhe der zu bindenden Ressourcen: Erheblich, da das System über Jahre hinweg berechenbar sein muss

Erforderliche Zeit zur Implementierung: Erheblich, da messbare Effekte erst verzögert auftreten

Aktionsebene: Strategisch

Eingebundene Anspruchsgruppen:

- Hochschulleitung
- Zielgruppe: Professoren/Wissenschaftler und Transfermitarbeiter

4.4.2.12 Battling the Dragons – Ideenentwicklung und Pitching-Kurs

UBC-Bereich: Valorisierung

    Kooperationsart: Studentisches Unternehmertum

Konzeptioneller und theoretischer Hintergrund

Studentisches Unternehmertum:

In den letzten Jahren hat die Literatur die Relevanz der Vermittlung der Idee des Unternehmertums an Hochschulen hervorgehoben; ein Phänomen, das als *Academic Entrepreneurship* (akademisches Unternehmertum) bekannt wurde (Rothaermel et al., 2007). Unter akademischem Unternehmertum versteht man die Kommerzialisierung der Forschung durch Spin-offs, Lizenzen und Patente, während unternehmerische Bildungsformen, bei denen der Wissenszirkulation durch externe Organisationen eine zentrale Rolle zukommt, generell übersehen werden.

In dieser Hinsicht kann eine bildungsorientierte Zusammenarbeit zwischen Wissenschaftlern und externen Akteuren sowohl in Bezug auf die Prävalenz als auch auf die wirtschaftlichen Auswirkungen gleichermaßen wichtig sein. Frühere Studien haben gezeigt, dass die Zusammenarbeit der akademischen Welt mit externen Akteuren wie der Wirtschaft die Bildung bereichert (Forsyth et al., 2009; Plewa et al., 2015), da sie die unternehmerischen Fähigkeiten der Studierenden verbessert (Baaken et al., 2015; Kiel, 2014).

Mit dem Ziel die Studierenden zu stärken, wurde der Kurs „Battling the Dragons" für Bachelor- und Master-Studierende der Business School der FH Münster konzipiert. In diesem einsemestrigen Kurs entwickeln Studierende ihre eigene Gründungsidee mit einem Geschäftsmodell. Diese Idee wird am Ende des Semesters vor echten Unternehmern und Experten aus der Industrie gepitcht, die den Innovationsgrad der Ideen der Studierenden bewerten.

Der Prozess des Wissenstransfers

Der Abschlussabend findet am Ende des Semesters statt. Jedes Studierenden-Team präsentiert den „*Dragons*" (Unternehmer, Vertreter von Unternehmen, regionale Entwicklungsagenturen, Regierungs- und Unternehmerclubs und -verbände) und anderen Studierenden einen 5-minütigen Pitch. Nach jedem Pitch fordern die fünf Drachen die Ideen heraus, indem sie Fragen stellen und Kommentare abgeben.

Beschreibung des Tools für den Wissenstransfer
Der Kurs „Battling the Dragons" zielt darauf ab, die Herzen und Köpfe der Studierenden für unternehmerisches Denken und Handeln im Hochschulkontext zu gewinnen.

Der Kurs basiert auf der IC3-Methodik (Interdisciplinary Critical Creative Collaboration), die eigens für diesen Kurs entwickelt wurde und durch Feedback der Studierenden kontinuierlich verbessert wird. Der Kurs ist gegliedert in vier Blockseminare über das Semester verteilt sowie in eine Abschlussveranstaltung.

In Face-2-Face-Vorlesungen müssen die Studierenden eine Idee entwickeln, empirische Daten sammeln, die Chancen auf dem Markt abschätzen und ihre sozialen Auswirkungen identifizieren. Der Kurs wird von einer einzigartigen Kombination aus Akademikern aus den Bereichen Marketing und Entrepreneurship (Prof. Dr. Thorsten Kliewe), Innovation (Dr. Lina Landinez) und Design (Luiza Leorato) geleitet, um eine ganzheitliche Perspektive auf die Ideenfindung und Chancenentwicklung zu bieten. *Battling the Dragons* wurde an der FH Münster entwickelt und in Münster (Deutschland), Lissabon (Portugal) und Tallinn (Estland) umgesetzt.

Implementierung
Wichtigste Meilensteine:

- Der Kurs wird als Wahlpflichtfach angeboten, um die Motivation der Studierenden zu gewährleisten. Zu Beginn des Semesters wird der Kurs den Master- und Bachelor-Studierenden vorgestellt, um die Vorteile des Einstiegs in den Studiengang aufzuzeigen.
- Der Kurs wird in vier Blockseminare zu je einem Tag angeboten. Das erste Blockseminar vermittelt den Studierenden ein grundlegendes Verständnis von Unternehmertum und Innovation. Darüber hinaus absolvieren die Studierenden verschiedene Kreativitätsübungen und Workshops zur Ideenfindung. Bei diesem ersten Blockseminar werden Teams gebildet.
- Zwischen dem ersten und zweiten Blockseminar validieren die Studierenden die erste Geschäftsidee, indem sie qualitative Interviews mit den wichtigsten Interessengruppen der Idee, einschließlich Kunden und Lieferanten, durchführen.
- Im zweiten Blockseminar analysieren und verstehen die Studierenden latente Bedürfnisse und Wettbewerb. Mit der Outcome-driven Innovationsmethode sowie der *Blue Ocean Strategy* entwickeln die Studierenden ihre Idee weiter.

  Zwischen dem zweiten und dritten Blockseminar validieren die Studierenden ihre Idee auf quantitative Weise mit Hilfe einer Umfrage, die darauf abzielt, die (latenten) Bedürfnisse der Hauptzielgruppe(n) besser zu verstehen. Darüber hinaus werden die Studierenden aufgefordert, weitere Einblicke in die Wettbewerbslandschaft zu gewinnen.
- Im dritten Blockseminar entwickeln die Studierenden unter Nutzung der Erkenntnisse aus der quantitativen Studie und der Konkurrenzanalyse mehrere Geschäftsmodelle mit Hilfe des Business Model Canvas und untersuchen die finanzielle Tragfähigkeit der Idee.

- Zwischen dem dritten und vierten Blockseminar entwickeln die Studierenden ihr Geschäftsmodell und ihren Finanzplan weiter.
- Das vierte Blockseminar widmet sich der Erstellung von Ideenwettbewerben sowie den individuellen Herausforderungen der Unternehmerteams.
- Zwischen dem vierten Blockseminar und dem Abschlussabend erstellen die Studierenden die endgültigen Ergebnisse, die durch das Feedback der Vorlesungen unterstützt werden.
- Der Abschlussabend findet am Ende des Semesters statt. Verschiedene Auszeichnungen werden an die Studierenden-Teams vergeben: (1) Dragons-preis, gewählt von den Dragons, (2) Publikumspreis für die Idee, die die größte finanzielle Chance bietet, gewählt durch eine mobile Anwendung, die es dem Publikum ermöglicht, virtuelles Geld in jede Idee zu investieren und (3) Publikumspreis für die Idee, die die größte soziale Wirkung erzeugt, identifiziert durch die Verwendung eines Schallmessers, der das Jubeln des Publikums für jede Idee misst. An der Präsentationsnacht 2019 der *Battling the Dragons* nahmen rund 185 Personen teil.

Übertragbarkeit

Erfolgsfaktoren für den Wissenstransfer:

- Schaffung einer ansprechenden Markenidentität (*Battling the Dragons*).
- Der Designer, der das Lehrteam ergänzt, erleichtert und befähigt die engagierte Kommunikation der Methodik, des konzeptionellen Rahmens sowie der Ideen und Geschäftsaussichten der Studierenden.
- Wir engagieren Akademiker, die Theorie und Praxis in Einklang bringen und über unternehmerische Erfahrung verfügen.
- Einbindung externer Anspruchsgruppen, die den Ideenentwicklungsprozess unterstützen und bei der abschließenden Pitching-Veranstaltung als „Dragons" auftreten.
- Integration von unterstützenden Partnern wie der Handelskammer und Unternehmen, die die Relevanz der Ideen und die Verbreitung der Abschlussveranstaltung unterstützen.
- Breite Kommunikation der Abschlussveranstaltung, um eine Plattform für die Ideenpräsentation zu schaffen und das Networking während der Veranstaltung zu verbessern. Insbesondere Social-Media-Marketing und Promotionen über die Fachhochschul-Website wurden als wirkungsvoll empfunden.

Höhe der zu bindenden Ressourcen: Niedrig (insbesondere nach dem Aufbau der Marke)
Erforderliche Zeit zur Implementierung: 10–12 Wochen
Aktionsebene: Operativ
Eingebundene Anspruchsgruppen:

- Zwei Wissenschaftler (ein Professor und ein Nachwuchsprofessor)
- Ein Designer

- Anspruchsgruppen des unternehmerischen Ökosystems, die die Ideenentwicklung unterstützen und als Dragons agieren
- 15 bis 20 Studierende

4.4.2.13 Beteiligung von Wissenschaftlern in Wirtschaftsbeiräten, Beispiel Kurago Biotek Deutschland GmbH

UBC-Bereich: Management
    Kooperationsart: Governance

Konzeptioneller und theoretischer Hintergrund
Governance – Teilnahme von Wissenschaftlern an Unternehmensbeiräten:

Governance als Kooperationsart umfasst folgende Szenarien: Wissenschaftler, die an Unternehmensentscheidungen beteiligt sind oder in den Verwaltungsräten von Unternehmen sitzen (Davey et al., 2011b), Wirtschaftsführer, die an Entscheidungen von Hochschulen beteiligt sind oder in ihren Verwaltungsräten sitzen, Wirtschaftsführer, die an Entscheidungen von Hochschulen beteiligt sowie auf der Führungsebene der Fachbereiche beteiligt sind, Strukturen und Modelle hierarchischer Governance (Jessop, 1998), Politikgemeinschaften, Beraterrollen (Kitagawa & Lightowler, 2013) und regionale Politik für die UBC (Drucker & Goldstein, 2007).

Bei der hier vorgestellten Praxis handelt es sich um eine personenbasierte Strukturpraxis für den Wissenstransfer, bei der herausragende akademische Professoren der FH Münster als Teil des Beirats für High-Tech-Gründungen fungieren. Der hier vorgestellte Fall stammt vom Start-Up-Unternehmen Kurago Biotek Deutschland GmbH[9] und dem aus akademischen Professoren bestehenden Beirat.

Der Prozess des Wissenstransfers
Die Teilnahme von Wissenschaftlern an Unternehmensbeiräten ermöglicht eine gegenseitige Befruchtung von Ideen und Wissenszirkulation zum Nutzen beider Seiten. Einerseits ermöglicht der Input und die Expertise von Akademikern in Governance-Strukturen bei etablierten Unternehmen und Start-Ups den Zugriff auf Wissen und Expertise für junge Start-Ups, das ihnen sonst nicht zur Verfügung stünde (Freitas et al., 2013). Auf der anderen Seite bringen personenbasierte strukturelle Ansätze zur UBC zusätzlichen Nutzen für die Lernerfahrung der Studierenden. So haben die Studierenden beispielsweise Zugang zu Praktika und die Möglichkeit, ihre Abschlussarbeit im Unternehmen zu schreiben.

Beschreibung des Tools für den Wissenstransfer
Zwei ehemalige Studierende der FH Münster gründeten im Sommer 2017 die Kurago Biotek Deutschland GmbH. Das Start-Up ist ein deutsch-mexikanisches Biotechnologie-Joint-Venture mit dem Ziel, eine in Mexiko patentierte Technologie in Europa zur Verfügung zu stellen, um funktionale und für den europäischen Markt geeignete Produkte

---

[9] Mehr Informationen über die Kurago Biotek Deutschland GmbH https://kuragobiotek.com/de/.

herzustellen. Die Kurago Biotek Deutschland GmbH arbeitet eng mit dem Fachbereich Ökotrophologie und dem lokalen „Food Lab",[10] einem Kompetenzteam mit einem Labor für Lebensmitteltechnologie innerhalb der Fachhochschule, zusammen.

Hauptziel war, Innovationen in der Produktentwicklungsphase zu erleichtern. Durch die Anwesenheit von akademischen Professoren im Gründungsbeirat kann das Start-Up-Unternehmen mit anderen relevanten Forschungszentren innerhalb der FH Münster verbunden werden, die möglicherweise eine Zusammenarbeit mit der Wirtschaft anstreben, um Anwendungen für ihre Forschung weiterzuentwickeln.

Den Beirat der Kurago Biotek Deutschland GmbH bilden Prof. Dr. Fritz Titgemeyer (lehrt und forscht im Gebiet Lebensmittelmikrobiologie und insbesondere mit probiotischen Mikroorganismen), Prof. Dr. Guido Ritter (Ernährungswissenschaftler und Lebensmittelexperte) und Prof. Dr. Thomas Baaken (Direktor und Gründer des Science-to-Business Marketing Research Centre in Münster).

Implementierung
Wichtigste Meilensteine:

- 2017 wird die Kurago Biotech Deutschland GmbH von zwei Studierenden der FH Münster gegründet.
- 2017 beginnen sie die formelle Zusammenarbeit mit der FH Münster, insbesondere mit dem Fachbereich Ökotrophologie und dem „Food Lab".
- Das Start-Up steht vor der Herausforderung, eine patentierte Biotechnologie aus Mexiko auf den deutschen Markt zu übertragen. Aus diesem Grund ist es wichtig, dass sie Zugang zu dem mikrobiologischen Labor von Prof. Titgemeyer haben.
- Die Mitarbeitenden des Start-Ups arbeiten in den Einrichtungen der FH Münster, aber auch die Studierenden der FH Münster arbeiten an der Anpassung der Produkte an den deutschen Markt.
- Da die Technologie auf die Marktbedürfnisse ausgerichtet werden muss, gründen sie 2018 eine weitere Kooperation mit dem Science-to-Business Marketing Research Centre von Prof. Thomas Baaken, um die Marktforschung durchzuführen, die die weitere Produktanpassung vorgibt.

Übertragbarkeit
Erfolgsfaktoren für den Wissenstransfer:

- Ständige Kommunikation zwischen dem Beirat und den Start-Up-Gründern
- Eine personenbasierte Struktur, die über die Unternehmensgrenzen hinausgeht.

---

[10]Weitere Informationen über das Food Lab in FH Münster: https://www.fh-muenster.de/food-lab-muenster/index.php.

Höhe der zu bindenden Ressourcen: Hoch
Erforderliche Zeit zur Implementierung: Langfristig
Aktionsebene: Strukturell und strategisch
Eingebundene Anspruchsgruppen:

- Gründer und Mitarbeitende
- Studierende
- Akademische Professoren
- Wissenschaftler an der FH Münster
- Engagement auf Fachbereichsebene
- Hochschulmanagement

4.4.2.14 Das Co.Creation Lab
UBC-Bereich: Management
Kooperationsart: Gemeinsame Ressourcen

Konzeptioneller und theoretischer Hintergrund
Gemeinsame Ressourcen mit dem Unternehmen:

Die gemeinsamen Ressourcen beziehen sich auf eine Vielzahl von Kooperationsaktivitäten wie spezialisierte Forschungszentren (Bercovitz & Feldman, 2008), gemeinsame Personalressourcen (Henrekson & Rosenberg, 2001), Finanz- und Beratungshilfen für forschungsbasierte Unternehmen (Henrekson & Feldman, 2001; Rosenberg, 2001), Innovations-/Inkubationszentren (Bonaccorsi & Piccaluga, 1994), Forschungs-, Wissenschafts- und Technologieparks (Bonaccorsi & Piccaluga, 1994), Aufbau elektronischer Netzwerke (Fontana et al., 2006) und Austausch von Ausrüstung und Ressourcen (Kitagawa & Lightowler, 2013).
Neue Innovationschancen eröffnen sich, wenn der kreative Problemlösungsprozess mit Empathie für die Zielgruppe beginnt – sei es für akademische Kollegen oder die Wirtschaft. Die FH Münster hat dafür ein Umfeld geschaffen, das die strukturelle Nähe zwischen Wirtschaft und Wissenschaft fördert, um gemeinsam an der Definition neuer Werte zu arbeiten. Dieser gemeinsame Raum bildet die Grundlage für ein neues Wissensaustauschsystem, um die Transformation von Wissensanwendung und Wissensinnovation im kollaborativen Innovationsprozess der Hochschulen sicherzustellen.

Der Prozess des Wissenstransfers
Gemeinsame Ressourcen führen zu einem effizienteren Wissensmanagement in der Zusammenarbeit zwischen Hochschulen und Industrie (Hu et al., 2019). Die Kultur des Ressourcenaustausches zwischen Industrie und Hochschulen trägt zur Schaffung einer Atmosphäre des Wissensaustauschs bei, die es weiter ermöglicht, Wissen nach Bedarf und Zielen zu integrieren, von beiden Parteien glaubwürdige und nützliche Informationen zu gewinnen, redundante Teile aus dem gemeinsamen Wissen herauszufiltern und die Integrität ihres ursprünglichen Wissens zu verbessern. Die gemeinsame Nutzung der Wissens-

infrastruktur hat sich als Anreiz für die Innovationsfähigkeit von Unternehmen erwiesen (Xu et al., 2018).

Beschreibung des Tools für den Wissenstransfer
Design Thinking, Agile Development und Lean Management sind nur einige der Methoden, die zunehmend in Unternehmen eingesetzt werden, um einen schnellen, risikoarmen und unternehmerischen Prozess zu ermöglichen. Ziel der Existenz eines *Co.Creation.Lab* ist es, einen nach den Prinzipien des *„Design Thinking"* konzipierten physischen Raum anzubieten, um Kreativität, Vernetzung und Wissenstransfer zu fördern. Letzteres erfordert eine innovative und designorientierte Kultur, bei der der Arbeitsplatz ein Schlüsselelement ist, da er die Art der Zusammenarbeit und des Verhaltens im Team auf eine verstärkte Kooperationsbereitschaft ausrichtet.

Gleichzeitig bietet es ein besseres Umfeld für die Entwicklung unternehmerischer Fähigkeiten, nicht nur bei Studierenden, sondern auch bei Akademikern und Geschäftsleuten, die an Weiterbildungskursen teilnehmen. Im Co-Creation.Lab haben Einzelpersonen die Möglichkeit, die ersten Schritte eines Innovationsprojektes/Stiftung zu gestalten.

> „Es war unsere Vision, einen kreativen und anderen Raum für unsere industriellen und unternehmerischen Projekte und unsere innovative Lehre zu schaffen".
> Prof. Dr. Thomas Baaken – Initiator

Implementierung
Wichtigste Meilensteine:

- Erster Schritt war ein Antrag im Oktober 2016 im Rahmen des Programms „Projektbezogene Qualitätsverbesserungsmittel".
- Im folgenden Jahr beauftragte Prof. Dr. Thorsten Kliewe eine Agentur mit der Gestaltung des Raumes des Co.Creation.Lab.
- Eine Reihe von Besuchen an verschiedenen Hochschulen mit ähnlichen Laboren wurde durchgeführt, um weitere Anregungen für das Co.Creation.Lab-Design zu erhalten.
- Die Entwicklung des Co.Creation.Lab dauerte etwa 1 Jahr.
- Das Co.Creation.Lab wurde am 3 März 2018 eröffnet.

Übertragbarkeit
Erfolgsfaktoren für den Wissenstransfer:

- Eine physische Raumstruktur innerhalb der FH Münster, die organisatorische Grenzen überschreitet, indem sie die Co-Creation zwischen Wissenschaftlern und Geschäftsleuten fördert

- Es bietet einen physischen Raum, der bestehende UBC-Praktiken nutzt, wie z. B.:
- Curriculum Co-Design und Co-Delivery
- Zusammenarbeit in FuE
- Kommerzialisierung von FuE (z. B. Entwicklung von Prototypen)
- Weiterbildungsprogramme für Unternehmen

Höhe der zu bindenden Ressourcen: Mittel

Erforderliche Zeit zur Implementierung: 1,5 Jahre von der Konzeption bis zur Umsetzung

Aktionsebene: Strukturell und operativ

Eingebundene Anspruchsgruppen:

- Studierende
- Professoren und Dozenten
- Unternehmenspartner, die gemeinsam Beratungsprojekte durchführen
- Wandelwerk[11] – Zentrum für Qualitätsentwicklung – Hauptsponsor des Projekts Co.Creation.Lab.

Literatur

Arundel, A., Es-Sadki, N., Barjak, F., Perret, P., Samuel, O., & Lilischkis, S. (2013). *Knowledge transfer study 2010–2012: Final report*.

Audretsch, D. (2002). In D. Audretsch (Hrsg.), *Entrepreneurship: Determinants and policy in a European-US comparison*. Springer Science & Business Media.

Baaken, T., Kiel, B., & Kliewe, T. (2015). Real world projects with companies supporting competence development in higher education. *International Journal of Higher Education, 4*(3), 129–139.

Baaken, T., Davey, T., & Rossano, S. (2016). Marketing – Making a difference for entrepreneurial universities. In C. Plewa & J. Conduit (Hrsg.), *Making a difference through marketing* (S. 247–265). Springer.

Bercovitz, J., & Feldman, M. (2008). Academic entrepreneurs: Organizational change at the individual level. *Organization Science, 19*(1), 69–89. http://orgsci.journal.informs.org/cgi/doi/10.1287/orsc.1070.0295.

Bercovitz, J., Feldman, M., Feller, I., & Burton, R. (2001). Organizational structure as a determinant of academic patent and licensing behavior: An exploratory study of Duke, Johns Hopkins, and Pennsylvania State Universities. *The Journal of Technology Transfer, 26*(1–2), 21–35.

Berninger, M. (2017). Max-Planck-Innovation – die Technologietransfer-Organisation der Max-Planck-Gesellschaft Forschungsbericht 2017 Max-Planck-Gesellschaft.

---

[11] Das Wandelwerk – Zentrum für Qualitätsentwicklung ist eine zentrale Betriebseinheit der FH Münster. Sie überwacht die Hochschuldidaktik, das hochschulweite Prozessmanagement und die Bewertung der Lehre im Rahmen des hochschulweiten Qualitätsmanagements an der Fachhochschule.

Berninger, M. (2018). Technologietransfer vom Labor in innovative Anwendungen.

Bienkowska, D., Klofsten, M., & Rasmussen, E. (2016). PhD students in the entrepreneurial university-perceived support for academic entrepreneurship. *European Journal of Education, 51*(1), 56–72.

Bonaccorsi, A., & Piccaluga, A. (1994). A theoretical framework for the evaluation of university-industryrelationships.*R&DManagement,24*(3),229–247.https://doi.org/10.1111/j.1467-9310.1994.tb00876.x.

Bozeman, B., & Boardman, C. (2013). Academic Faculty in University Research Centers: Neither Capitalism's Slaves nor Teaching Fugitives. *The Journal of Higher Education, 84*(1), 88–120.

Breznitz, S., & Feldman, M. P. (2010). The larger role of the university in economic development: Introduction to the special issue. *The Journal of Technology Transfer, 37*(2), 135–138.

Caniëls, M. C. J., & van den Bosch, H. (2011). The role of Higher Education Institutions in building regional innovation systems. *Papers in Regional Science, 90*(2), 271–286. https://doi.org/10.1111/j.1435-5957.2010.00344.x.

Cohen, W. M., Nelson, R. R., & Walsh, J. P. (2002). Links and impacts: The influence of public research on industrial R&D. *Management Science, 48*(1), 1–23.

Cornell University, INSEAD, & WIPO. (2018). *Global Innovation Index 2018 energizing the world with innovation.*

Crespi, G., D'Este, P., Fontana, R., & Geuna, A. (2007). The impact of academic patenting on university research and its transfer. *Research Policy, 32*(3), 195–215.

D'Este, P., & Perkmann, M. (2011). Why do academics engage with industry? The entrepreneurial university and individual motivations. *The Journal of Technology Transfer, 36*(3), 316–339. https://doi.org/10.1007/s10961-010-9153-z.

Davey, T., Kliewe, T., & Baaken, T. (2010). *TechAdvance method user guide.* Apprimo.

Davey, T., Baaken, T., Deery, M., & Galán-Muros, V. (2011a). 30 best practice case studies in university-business cooperation. *European Commission, DG Education and Culture.* ISBN 978-92-79-23168-1.

Davey, T., Baaken, T., Galán-Muros, V., & Meerman, A. (2011b). Study on the cooperation between Higher Education Institutions and Public and Private Organisations in Europe. *European Commission, DG Education and Culture.* ISBN 978-92-79-23167-4.

Davey, T., Baaken, T., Galan-Muros, V., Meerman, A., Orazbayeva, B., Rossano-Rivero, S., … Melonari, M. (2018a). *The state of University-Business Cooperation in Germany – Business Perspective.* Luxembourg. https://ub-cooperation.eu/index/reports.

Davey, T., Meerman, A., Galan-Muros, V., Orazbayeva, B., & Baaken, T. (2018b). *The state of University-Business Cooperation in Europe.* Luxembourg. February 17, 2019. https://www.ub-cooperation.eu/pdf/final_report2017.pdf.

Debackere, K., & Veugelers, R. (2005). The role of academic technology transfer organizations in improving industry science links. *Research Policy, 34*(3), 321–342.

Dottore, A., Baaken, T., & Corkingdale, D. (2010). A partnering business model for technology transfer: The case of the Muenster University of Applied Sciences. *International Journal Entrepreneurship and Innovation Management, 12*(2), 190–216.

Drucker, J., & Goldstein, H. (2007). Assessing the regional economic development impacts of universities: A review of current approaches. *International Regional Science Review, 30*(1), 20–46.

Ely, A., Van Zwanenberg, P., & Stirling, A. (2011). *New models of technology assessment for development* (Bd. 45).

Ernsting's Family. (2018). *Ernsting's family stiftet neue Professur an der FH Münster.* Retrieved February 2, 2019, from https://images.ernstings-family.com/corp/unternehmen/fileadmin/user_upload/Unternehmen/Presse/Pressemeldungen_Dateien/181002_PM_Ernsting_s_family_neue_Stiftungsprofesseur_fuer_FH_Muenster.pdf.

Etzkowitz, H. (2002). Incubation of incubators: Innovation as a triple helix of university-industry-government networks. *Science and Public Policy, 29*(2), 115–128.

Etzkowitz, H., Asplund, P., & Nordman, N. (2001). *Beyond Humboldt: Emergence of academic entrepreneurship in the US and Sweden*. CERUM Working paper no. 27.

European Commission. (2010). *Europa 2020 – eine Strategie für intelligentes, nachhaltiges und integratives Wachstum*.

FH Münster. (2016). *Förderprogramm „Karriereweg FH-Professur.“* Retrieved February 17, 2019, from https://www.fh-muenster.de/hochschule/ueber-uns/karriere/foerderprogramm-karriereweg-fh-professur.php.

FH Münster. (2018). *Wie verhalten sich Konsumenten im Handel? Marketing-Professorin an den Fachbereich Wirtschaft der FH Münster berufen*. Retrieved February 2, 2019, from https://www.fh-muenster.de/hochschule/aktuelles/pressemitteilungen.php?pmid=7731.

Fontana, R., Geuna, A., & Matt, M. (2006). Factors affecting university–industry R&D projects: The importance of searching, screening and signalling. *Research Policy, 35*(2), 309–323. https://doi.org/10.1016/j.respol.2005.12.001.

Frank, A., Kralemann, M., & Schneider, M. (2009). *Stiftungsprofessuren in Deutschland. Zahlen, Perspektiven, Erfahrungen*.

Freitas, I. M. B., Marques, R. A., & de Paula e Silva, E. M. (2013). University–industry collaboration and innovation in emergent and mature industries in new industrialized countries. *Research Policy, 42*(2), 443–453.

Frey, B. S., & Neckermann, S. (2008). *Academics appreciate awards-a new aspect of incentives in research*. CESifo working paper series no. 253. Retrieved February 2, 2019, from https://papers.ssrn.com/sol3/papers.cfm?abstract_id=1319323.

Göktepe-Hulten, D., & Mahagaonkar, P. (2010). Inventing and patenting activities of scientists: In the expectation of money or reputation? *The Journal of Technology Transfer, 35*(4), 401–423.

Guerrero, M., Urbano, D., Fayolle, A., Klofsten, M., & Mian, S. (2016). Entrepreneurial universities: Emerging models in the new social and economic landscape. *Small Business Economics, 47*(3), 551–563.

Hall, B., Link, A., & Scott, J. (2001). Barriers inhibiting industry from partnering with universities: Evidence from the Advanced Technology Program. *Journal of Technology Transfer, 26*(1–2), 87–98.

Helmholtz-Gemeinschaft. (2014). Strategische Weiterentwicklung des Technologietransfers on der Helmholtz-Gemeinschaft.

Henrekson, M., & Rosenberg, N. (2001). Designing efficient institutions for science-based entrepreneurship: Lesson from the US and Sweden. *The Journal of Technology Transfer, 26*(3), 207–231.

Heslop, L., Mcgregor, E., & Griffith, M. (2001). Development of a technology readiness assessment measure: The cloverleaf model of technology transfer. *The Journal of Technology Transfer, 26*(4), 369–384. https://doi.org/10.1023/A:1011139021356.

Hu, Y. F., Hou, J. L., & Chien, C. F. (2019). A UNISON framework for knowledge management of university–industry collaboration and an illustration. *Computers & Industrial Engineering, 129*, 31–43.

Ishengoma, E., & Vaaland, T. I. (2016). Can university-industry linkages stimulate student employability? *Education + Training, 58*(1), 18–44.

Jessop, B. (1998). The rise of governance and the risks of failure: The case of economic development. *International Social Science Journal, 50*(155), 29–45.

Jones-Evans, D., & Klofsten, M. (Hrsg.). (1997). *Technology, innovation and enterprise: The European experience*. Springer.

Kaufmann, A., & Tödtling, F. (2001). Science–industry interaction in the process of innovation: The importance of boundary-crossing between systems. *Research Policy, 30*(5), 791–804.

Kesting, T. (2012). *Wissens- und Technologietransfer durch Hochschulen aus einer marktorientierten Perspektive: Ansatzpunkte zur Gestaltung erfolgreicher Transferprozesse an Universitäten und Fachhochschulen.* Springer-Verlag.

Kesting, T., Kliewe, T., Korff, N., & Serbin, D. (2014). Organisational marketing–making use of linkages and transfer potential between marketing disciplines. In T. Kesting & T. Kliewe (Hrsg.), *Moderne Konzepte des organisationalen Marketing* (S. 3–21). Springer.

Ketchen, D. J., Thomas, J. B., & McDaniel, R. R. (2016). Process, content and context: Syner-gistic effects on organizational performance. *Journal of Management, 22*(2), 231–257.

Kitagawa, F., & Lightowler, C. (2013). Knowledge exchange: A comparison of policies, strategies, and funding incentives in English and Scottish higher education. *Research Evaluation, 22*(1), 1–14.

Kotler, P., & Armstrong, G. (2014). *Principles of marketing* (Fifteenth). Pearson Education Limited.

Lamichhane, S., & Nath Sharma, T. (2010). University-industry relations: A thrust for transformation of knowledge and economic acceleration. *Journal of Education and Research, 2,* 59–66. https://scholar.google.de/scholar?cluster=6453231598662975058&hl=en&as_sdt=0,5.

Lim, W. L., & Xavier, S. R. (2015). Opportunity recognition framework: Exploring the technology entrepreneurs. *American Journal of Economics, 5*(2), 105–111.

von Lojewski, U. (12 July 2016). *Transcript from Nachwuchsprofessur: FH Münster liefert Vorbild für ganz NRW.* (FH Münster, Interviewer, 12. July 2016). February 17, 2019. https://www.fh-muenster.de/hochschule/aktuelles/news/index.php?newsId=168.

Marchiori, D. R., Adriaanse, M. A., & De Ridder, D. T. (2017). Unresolved questions in nudging research: Putting the psychology back in nudging. *Social and Personality Psychology Compass, 11*(1), e12297.

Markman, G. D., Siegel, D. S., & Wright, M. (2008). Research and technology commercialization. *Journal of Management Studies, 45*(8), 1401–1423.

Mazzucato, M. (2011). *The entrepreneurial state.* Demos.

Osterloh, M., & Frey, B. S. (2008). *Anreize im Wissenschaftssystem.* CREMA research paper, Universität Zürich.

Plewa, C., Galán-Muros, V., & Davey, T. (2015). Engaging business in curriculum design and delivery: A higher education institution perspective. *Higher Education, 70*(1), 35–53. http://link.springer.com/article/10.1007/s10734-014-9822-1.

Rae, D. (2011). Professional learning in the business curriculum: Engaging industry, academics and students. *Education + Training, 11*(8–9), 605–619.

Rezaee, Z., Elmore, R. C., & Spiceland, D. (2004). Endowed chairs in accounting worldwide. *Accounting Education, 13*(1), 29–50.

Rossano, S., Meerman, A., Kesting, T., & Baaken, T. (2016). The relevance of problem-based learning for policy development in university-business cooperation. *European Journal of Education, 51*(1), 40–55. https://doi.org/10.1111/ejed.12165.

Schröder, C., Baaken, T., & Korff, N. (2012). The triangle for innovation in knowledge transfer and partnering at Münster University of applied sciences. In G. Gorzka (Hrsg.), *Knowledge transfer – The new core responsibility of Higher Education Institutions. Practice and perspectives in Russia and Germany* (S. 61–78). University Press.

Simeonova, M. (2018). *Das S2B-Canvas Tool zur Marktbearbeitung im Tansfer.* Masterarbeit im MIMS Master in International Marketing & Sales.

Stephan, P. E. (2008). Science and the university: Challenges for future research. *CESifo Economic Studies, 54*(2), 313–324.

Strunz, K., Yokoyama, A., & Palma Behnke, R. (2003). Collaboration is key internationally. *IEEE Power and Energy Magazine, 99*(4), 50–55.

TAFH Münster GmbH. (2019). *Innovation durch Partnerschaft.* February 18, 2019. https://www. fh-muenster.de/transfer/index.php.

Täks, M., Tynjälä, P., Toding, M., Kukemelk, H., & Venesaar, U. (2014). Engineering students' experiences in studying entrepreneurship. *Journal of Engineering Education, 103*(4), 573–598.

Tamilina, L. (2012). *LLLight project definitions of lifelong learning categories.* February 2, 2019. http://www.lllightineurope.com/fileadmin/lllightineurope/download/background/wp7_LLLcategories_position_paper_120322_lt.pdf.

TechAdvance. (2010). TechAdvance Technology Assessment Online Tool.

Teichler, U. (2009). Professionally relevant academic learning. In U. Teichler (Hrsg.), *Higher education and the world of work – Conceptual frameworks, comparative perspectives, empirical findings* (S. 295–308). Sense, Publishers B.V.

Teixeira, A. A. C., & Mota, L. (2012). A bibliometric portrait of the evolution, scientific roots and influence of the literature on university–industry links. *Scientometrics, 93*(3), 719–743. https:// doi.org/10.1007/s11192-012-0823-5.

Thaler, R., & Sunstein, C. (2009). *Nudge: Wie man kluge Entscheidungen anstößt.* Econ.

Tresserras, J., MacGregor, S., & Espinach, X. (2005). SME collaboration as a driver of design research and education development. In P. Rodgers, L. Brodhurst & D. Hepburn (Hrsg.), *Crossing design boundaries: Proceedings of the 3rd Engineering & Product Design Education International Conference* (S. 415). Taylor & Francis Group.

Tsai, W., & Ghoshal, S. (1998). Social capital and value creation: The role of intrafirm networks. *Academy of Management Journal, 41*(4), 464–476.

Tucker, J. (2002). Partners and rivals: A model of international collaboration in advanced technology. *International Organization, 45*(1), 83–120.

Van Zwanenberg, P., Ely, A., & Stirling, A. (2009). *Emerging technologies and opportunities for international science and technology foresight* (Bd. 30).

Xu, J., Hou, Q., Niu, C., Wang, Y., & Xie, Y. (2018). Process optimization of the university-industry-research collaborative innovation from the perspective of knowledge management. *Cognitive Systems Research, 52*, 995–1003.

Die Zukunft des Innovationsökosystems

5

Christian Junker und Bernd Büdding

Dieses Buch zeigt, wie sich das komplexe Feld regionaler Innovationsförderung theoretisch und praktisch erfassen lässt. Die umfassende Auseinandersetzung mit ganz grundsätzlichen Begrifflichkeiten wie Innovation, Region, Innovationsindikatoren, Innovationskompetenz oder Innovationsförderung wurde am Beispiel der mittelständisch geprägten Region des Münsterlands veranschaulicht. Dabei wurden drei zentrale Fragen beleuchtet:

▶
- Wie innovativ ist die Region?
- Welche thematischen Innovationskompetenzen hat die Region?
- Wie lassen sich die Innovationskompetenzen der Region unterstützen und fördern?

Das Münsterland ist innovativ!
Kapitel zwei beantwortet insbesondere die Frage nach der Messbarkeit der Innovativität in heterogen mittelständisch geprägten Regionen wie dem Münsterland. Mit Hilfe alternativer Innovationsindikatoren ist es gelungen, ein sensitiveres System der Innovationsmessung zur Verfügung zu stellen.

C. Junker (✉)
Technologieförderung Münster GmbH und FH Münster, Münster, Deutschland
E-Mail: junker@fh-muenster.de

B. Büdding
Münsterland e.V., Greven, Deutschland
E-Mail: buedding@muensterland.com

Dieses System ist kein Selbstzweck, der den allseits präsenten überregionalen und internationalen innovativen Konkurrenzdruck herunterspielen soll, um als sanftes Ruhekissen zu dienen. Im Gegenteil: Nur das exakte Wissen um den Status quo in puncto Innovation hat es ermöglicht, eine zukunftsweisende Innovationsstrategie für die Region aufzubauen. Dafür ist ein sehr detailreicher Überblick hinsichtlich der regionalen Innovationsaktivitäten der entscheidende Erfolgsfaktor, um ihrer Komplexität gerecht zu werden. Es ist gelungen, eine sehr breite Informationsbasis mit Daten aus Mittelstand, Start-Ups, Hochschulen, Wirtschaftsförderungseinrichtungen und vielen mehr zu integrieren, sodass tatsächlich von DER Region mit ihren Innovationen gesprochen werden kann.

Fakt ist: Das Münsterland ist sehr innovativ – wenn auch nicht in einer Spitzenposition bei den Ausgaben für Forschung und Entwicklung oder Anzahl der Patentanmeldungen!

Die Region hat fünf hervorstechende Innovationskompetenzfelder.
Erwartungsgemäß fanden sich mit Hilfe des Innovationsindikatorensystems zahlreiche Ansätze für eine Clusterung der regionalen Innovationskompetenzen, die Region stützt sich auf fünf Innovationskompetenzfelder:

1. Digital Solutions
2. Engineering Pro
3. Life Sciences
4. Materials and Surfaces
5. Sustainable Eco

Diese fünf Innovationskompetenzfelder adressieren eine Reihe strategisch hoch potenzialträchtiger Themen, wie sie auch in überregionalen Strategien, beispielsweise der Bundesregierung oder der EU zu finden sind. Damit verfügt das Münsterland über eine solide Ausgangssituation für seine weitere innovative Entwicklung.

Nach diesen strategischen Vorbereitungen ist nun die Förderung und Weiterentwicklung dieser Themen eine der zentralen Herausforderungen für das innovative Münsterland. Die Region bildet dabei ihren eigenen Innovationsraum. Darin ist gelungen, prominenten Vorbildern ein Stück näher zu kommen und zugleich den eigenen Innovationscharakter der Region zu prägen und zu vertiefen – die münsterländische Antwort auf das Silicon Valley liegt in der Region mit ihren Stärken. Es gilt weniger, diese Referenzbeispiele mit all ihren Vor- und Nachteilen zu kopieren, sondern vielmehr die eigene Innovationsidentität weiter zu entwickeln.

Vernetzung, Werkzeuge und Fokusprojekte treiben die Innovationskompetenzfelder aktiv voran.
Die oben geforderte und beschriebene Weiterentwicklung der Innovationskompetenzfelder ist mit Hilfe eines Transferkonzepts auf drei Ebenen erfolgt. Maßnahmen in den Bereichen „Event und Netzwerk", „Toolbox" und „Fokusprojekte" wurden konkret umgesetzt.

Vernetzung bringt Vertrauen und Transfer

Zahlreiche Events und Veranstaltungsformate haben unter „Events und Netzwerk" den innovativen Transfer zwischen den regionalen Innovationsakteuren beflügelt. Als eine zentrale Grunderkenntnis lässt sich aber insbesondere feststellen, dass die wesentliche Aufgabe und zugleich große Herausforderung der regionalen Innovationsförderung das regionale „Community Building" ist. Es geht darum, die Region als Innovationsraum zu vernetzen.

Dazu gehört es, innovationsaffine Unternehmen, die Innovations-Akteure aus den Hochschulen und Forschungseinrichtungen, die teilregionalen Innovationsförderungs-akteure aus Wirtschaftsförderungen und Kammern, die Gründungsszene sowie innovations-interessierte Teile der Gesellschaft einzubinden. Die Zusammenarbeit auf regionaler Ebene liegt zwar oft nahe, ist aber alles andere als selbstverständlich.

Für diese Zusammenarbeit muss zunächst Vertrauen geschaffen werden und die Er-kenntnis reifen, dass die regionale Kooperation für alle gewinnbringend ist. Der Ansatz, der im Rahmen des Projektes immer wieder gewählt wurde und besonders vielver-sprechend ist, ist die Kollaboration an niedrigschwelligen konkreten Fragestellungen innerhalb der regionalen Innovationskompetenzfelder. Es geht also zunächst nicht nur darum, Spitzentechnologien zu entwickeln oder disruptiv in den Markt einzugreifen, son-dern auch um die Bildung von Vertrauen.

Dieses Vertrauen ist die Grundlage für weiterführende florierende Innovations-kooperationen, den gelungenen Transfer zwischen Wissenschaft und Wirtschaft oder eine enge Zusammenarbeit von etablierten Unternehmen und Start-Ups. Gerade in einer Re-gion, in der die Forschungs- und Entwicklungskapazitäten knapp sind, stellt dies einen Schlüssel zur Innovationsfähigkeit dar. Folglich beschäftigt sich Kapitel vier mit einer Reihe von Transfer-Referenzbeispielen. Alle Transferaktivitäten bedeuten einen wesent-lichen Beitrag für die Region und ihre Innovativität. Sie leisten ihren Teil für die Bildung und Förderung der fünf Innovationskompetenzfelder.

Tools und Methoden bringen Umsetzungserfolg

Auf dem Grundstein des Vertrauens, der Zusammenarbeit und des Transfers wurden in „Enabling Innovation Münsterland" eine Reihe von Tools und Methoden etabliert und in vielen Fällen durch mehrere Akteure der Region gemeinsam eingesetzt. Übergreifend lässt sich festhalten, dass für die Entwicklung der Innovationskompetenzfelder sowohl eine Vision und strategische Projekte von Bedeutung sind, als auch die kontinuierliche opera-tive Arbeit daran. Die Enabling Innovation Toolbox hat sich daher als hilfreich erwiesen, um die skizzierten Zusammenarbeitsziele im täglichen Geschäft zu operationalisieren und zugleich einen kontinuierlichen und direkt messbaren Nutzen für die Innovations-kompetenzfelder zu generieren. Mit Hilfe der Toolbox wurden beispielsweise Innovations-ideen, Gründungen, Geschäftsmodelle oder Kooperationen initiiert und realisiert.

Fokusprojekte bringen die Vision ein Stück näher

Über den eher operativen Einsatzbereich der Tools und Methoden hinaus forcieren Fokusprojekte die strategische Fortentwicklung der fünf Innovationskompetenzfelder. Diese Projektideen unterstützen den Standort Münsterland dabei, sich überregional zu spezialisieren und die Wettbewerbsfähigkeit für alle Unternehmen und Hochschulen der Region zu erhöhen. Sie schaffen Vernetzung, eine besondere Expertise, sind nachhaltig für alle Wirtschaftsakteure in der Region zugänglich und wurden regionenweit abgestimmt bzw. verabschiedet. Im Kontext des aktuellen Projekts „Enabling Innovation Münsterland" konnten die Grundsteine für fünf Fokusprojekte gelegt werden. Deren Konkretisierung und Umsetzung, z. B. über den Konzeptstatus oder Initiativenbildung hinaus, wird für die nahe Zukunft angestrebt.

Wie geht es weiter?

Die Innovationsregion Münsterland hält an ihrer Vision fest, Spitzenleistungen in ihren definierten Innovationskompetenzfeldern hervorzubringen und hierin überregional als Innovationsstandort wahrgenommen zu werden. Diese Innovationskompetenzfelder werden auch in Zukunft den Fokus für die regionale Zusammenarbeit setzen. Um hier erfolgreich zu sein, setzt die Innovationsförderung auf eine stetig professionalisierte und schnelle Vernetzung.

Ein neuer Ansatz, der sich direkt aus den Projekterkenntnissen und dieser Zielsetzung ableitet, ist es, die Kooperation der Innovationsakteure noch intensiver voranzutreiben. U. a. im Jahr 2020 angelaufenen EFRE-Projekt „Enabling Networks Münsterland" geschieht dies mit einer Reihe von Aktivitäten und mit tatkräftiger Unterstützung des Landes NRW bzw. der Europäischen Union.[1]

So wird es möglich, noch größere und ambitioniertere regionale Innovationserfolge zu schaffen. In diesem und weiteren Projekten entstehen beispielsweise regionale Hubs oder Labs im Themenfokus der Innovationskompetenzfelder, Gründungszentren oder auch neue Fokusprojekte in der Region.

Weitere Innovationserfolge werden insbesondere gelingen, wenn unternehmerisches Denken stärker in die regionale Innovationsförderung integriert wird und sich Unternehmensverbindungen mit einem „Entrepreneurial Spirit" bilden. Gemeinsam geht es darum, an der Strukturentwicklung teilzuhaben und die Potenziale für regionale Kooperation zu erkennen. In diesem Sinne wurde in „Enabling Networks Münsterland" das Konzept regionaler „Innovations-Thinktanks" geformt, in denen motivierte Unternehmen in die regionale Innovationsförderung eingebunden werden. Sie leiten hier auf Basis von Foresight- und Technologie-Analysen, Innovationsscouting-Reisen oder intensiven Workshoptagen, Handlungsempfehlungen und Maßnahmen für die regionale Innovationsförderung ab. Dieser Prozess wird partizipativ und transparent gestaltet und nimmt alle begeisterten und relevanten regionalen Akteure mit.

Ergänzt wird diese Maßnahme durch die Etablierung von fünf Technologiescouts. Sie sind bei fünf Einrichtungen verortet, die jeweils einem Innovationskompetenzfeld zugeordnet sind. Ihre Aufgabe ist es, die regionalen Akteure über Zukunftstechnologien zu

---

[1] www.muensterland.com/wirtschaft/service/projekte/enabling/.

informieren und sie zu sensibilisieren. Gemeinsam setzen sie diese Zielsetzungen im Rahmen weiterer Projekte über „Enabling Innovation Münsterland" hinaus um.

Abschließend lässt sich sagen, dass die Zusammenarbeit an regionalen Innovationsthemen immer ein sehr aktivierendes Momentum hat. Es empfiehlt sich, stets offen für neue Impulse der Innovationsförderung zu bleiben und die regionalen Projektpartner aktiv in die Ideenfindung und Umsetzung einzubinden. Dies hat im Fall von „Enabling Innovation Münsterland" zu einer sehr vertrauensvollen, freudigen und erfolgreichen Zusammenarbeit geführt. Im Ergebnis stellt sie einen erheblichen Mehrwert für die Region dar – heute und für die Zukunft, die sich hierauf gründet.

Insbesondere die hier im Rahmen des Projektes Enabling Innovation Münsterland gewonnenen Erkenntnisse lassen sich durchaus auch auf andere Regionen übertragen und versprechen gewinnbringende Möglichkeiten der Adaption. Ganz im Sinne des „Open-Innovation-Ansatzes" lassen sich anhand dieser Praxiserfahrungen eigene Ideen ableiten, Erfolgsfaktoren und Hürden identifizieren und ein individuelles Vorgehen entwickeln.

Printed by Printforce, the Netherlands